111 Gründe, das Rudern zu lieben

Arno Boes

111 GRÜNDE, DAS RUDERN ZU LIEBEN

Rückwärts voraus –
Von Olympiamedaillen und Freizeitspaß

Eine Liebeserklärung an die
großartigste Sportart der Welt

SCHWARZKOPF & SCHWARZKOPF

INHALT

VORWORT

ALLES VORWÄRTS! – LOS!

Man sitzt mit dem Rücken zur Fahrtrichtung und sieht eigentlich kaum, wohin man gerade fährt. Die Aktionen im Boot sehen auch eher aus wie ein eintöniges Hin und Her. Für eine Individualität beim Sport ist kaum gesorgt, denn alle Protagonisten führen zum gleichen Zeitpunkt die mehr oder weniger gleiche Bewegung aus, und alle folgen dem Takt, der durch eine Person im Boot vorgegeben wird. Und wenn man dann noch Rudern im Fernsehen anschaut, wie sich die Athletinnen und Athleten anstrengen, sich mit offenbar schmerzverzerrtem Gesicht abmühen, um in einem Rennen möglichst weit vorne zu landen, dann mag man sich schon fragen, was denn an dieser Sportart so Begeisterndes sein soll, um sie tatsächlich zu lieben, wie es im Buchtitel heißt.

Ich kann eine solche Frage durchaus nachvollziehen, denn wer (noch) keine eigenen Erfahrungen im Ruderboot gemacht hat, wer noch nie erlebt hat, wie es sich anfühlt, ein Boot allein mit seiner eigenen Körperkraft durch das Wasser gleiten zu lassen, der mag mit gewisser Skepsis an den Rudersport herangehen.

Wer es aber doch wagt, der wird sehr schnell merken, dass Rudern gar nicht so eintönig ist, wie es nach außen wirkt. Der wird auch die Erfahrung machen, dass man nicht nur einfach den Rhythmus halten muss, sondern auch selber mental in Anspruch genommen wird, um einen Ruderschlag locker, fehlerfrei und elegant wirken zu lassen. Und er wird auch feststellen, dass die anfängliche Mühe des Lernens, der sich einstellende Muskelkater im ganzen Körper, die noch fehlende und Blasen verhindernde Härte der Hände und des Sitzfleisches schnell vergessen sind, wenn man mal ein paar Kilometer so ganz frei und ohne groß nachdenken zu müssen über das Wasser gefahren ist. Keine Angst, das dauert nicht etwa Monate oder Jahre, das kann man schon nach wenigen Übungsstunden erleben.

Alleine das würde aber nicht ausreichen, 111 Gründe für den Rudersport zu definieren. Da kommen noch viele Dinge hinzu, wie das gemeinsame Sporttreiben in der Gruppe, die sich schnell entwickelnde Fitness und das gesundheitliche Wohlbefinden, das gesellige Beisammensein im Boot oder im Bootshaus, das Kennenlernen der vertrauten Region aus ganz anderem Blickwinkel, die möglichen Reisen auf Wanderfahrten oder auch beim Besuch von Regatten und die vielen tollen Menschen und Persönlichkeiten, die man beim Rudern kennenlernen kann. Rudern hat so viele Facetten vom Hochleistungssport bis zur gemütlichen und entspannenden Wanderfahrt und Freizeitgestaltung, vom einfachen Mitmachen bis hin zu haupt- oder ehrenamtlichem Engagement mit vielen Erlebnissen rund um den Erdball. Ich durfte in rund 50 Jahren, in denen ich mich für und in diesem Sport habe einbringen können, sehr viele dieser Dinge erleben, habe geografisch gesehen und auch im übertragenen Sinne Ziele erreicht, an die ich wohl ohne diesen Sport nie herangekommen wäre. In meinen eigenen sportlichen Rennen hat es nur zu ein paar Siegen im Schülerrudern gereicht, auf dem Gebiet der ehren- und später dann hauptamtlichen Arbeit für das Rudern durfte ich viele Länder auf allen Kontinenten bereisen und dabei Olympische Spiele, Weltmeisterschaften und zahlreiche weitere faszinierende Wettbewerbe erleben. Eine Erfahrung, die nicht nur meine Liebe zum Sport geweckt, sondern auch in vielen Bereichen mein Leben geprägt hat, privat wie beruflich.

Mir hat es jedenfalls Spaß gemacht, die mir als nennenswert erscheinenden Gründe in der vorliegenden Form zusammenzufassen. Und wenn Sie, liebe Leserin und lieber Leser, damit eine Motivation gefunden haben, die früher mal im Rudern gemachten Erfahrungen wiederaufzufrischen oder ganz neu in diesen Sport einzusteigen, dann werden Sie selber noch viel mehr Gründe finden, um ihn zu ihrer »Liebe« zu machen.

In diesem Sinne wünsche ich Ihnen viel Spaß beim Lesen, den bei Ruderern üblichen Riemen- und Dollenbruch und immer die notwendige Handbreit Wasser unter dem sprichwörtlichen Kiel.

Arno Boes

1. KAPITEL

GRUNDLAGEN FÜR KÖRPER UND GEIST

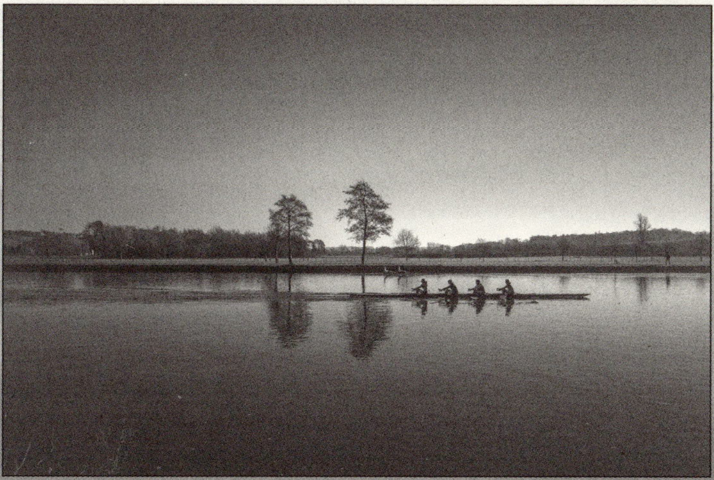

1. GRUND

Weil Rudern bequem ist

Es ist Frühjahr, Ihr Auto hat schon einige Jahre auf dem Buckel, und es wird Zeit, an ein neues zu denken. Sie gehen zum Händler Ihrer Wahl, lassen sich vom Verkäufer beraten und entscheiden sich für ein Modell, das Ihren Ansprüchen genügt. In der Flotte der Vorführwagen ist genau das Modell verfügbar, und Sie nutzen gleich die Möglichkeit, das Fahrzeug auszuprobieren. Der Händler bemüht sich um Sie und lädt Sie ein mit den Worten: »Steigen Sie ein – nehmen Sie Platz – machen Sie es sich bequem!«

Und was hat das nun mit Rudern zu tun? Ganz einfach, der Weg zum Rudern ist in etwa der gleiche wie beim Autokauf: Es ist Frühjahr, im zurückliegenden Winter ist Ihr Körperumfang wieder etwas gewachsen, und Sie beschließen, dass es Zeit wird, dagegen etwas zu tun. Sie schauen nach einer interessanten Sportart mit schönem Umfeld möglichst im Freien, entscheiden sich für den Ruderverein in Ihrer Stadt und treffen dort auf den Trainer, der Ihnen gerne alles rund um die Sportart und den Verein erklärt. Am Steg liegt ein Ruderboot und Sie nutzen die Möglichkeit, das gleich mal auszuprobieren. Der Trainer hat Zeit und lädt Sie ins Boot ein mit den Worten: »Steigen Sie ein – nehmen Sie Platz – machen Sie es sich bequem!«

Zugegeben, die Bewegungsabläufe auf einem Autositz und in einem Ruderboot sind nach dem Einsteigen dann schon sehr unterschiedlich, und die Beanspruchung des Körpers ist beim Autofahren eine andere als beim aktiven Rudern. Gemeinsam aber ist beiden das Sitzen, und damit gehört der Rudersport zu den wenigen Sportarten, die man eben im Sitzen ausüben kann. Das hat viele Vorteile – abgesehen von der anfänglichen Bequemlichkeit –, denn durch das Sitzen wird der gesamte Körper erst mal vom eigenen Gewicht entlastet. Beim Laufen, Springen und auch beim Schwimmen schleppt man dieses Körpergewicht mit sich rum, und das kann vor allem am Anfang zu einem bremsenden Rucksack werden. Sitzt man im Ruderboot, trägt dieses das Gewicht, und man hat Arme, Beine und Oberkörper, die das Boot mitsamt dem Gewicht bewegen können. Und darauf kommt es beim Rudern ja schließlich an.

Das Sitzen hat noch einen großen Vorteil, der zum körperlichen Wohlbefinden beitragen kann: Der gesamte Bewegungsapparat mit Muskeln, Sehnen und Gelenken ist vom eigenen Gewicht entlastet, und damit ist das Verletzungsrisiko für Zerrungen, Muskelrisse, Gelenkverdrehungen und »blaue Flecken« erheblich gemindert. Da ja auch kein Gegner mit einer »Blutgrätsche« in die Beine rauschen kann, sollte es nach den ersten Übungsstunden beim Muskelkater bleiben, der sich nach längerer Sportabstinenz halt einstellen könnte.

Bequem hinsetzen, trotzdem den Körper trainieren und die Figur wieder auf »Strandniveau« bringen – das macht einen großen Pluspunkt des Rudersports aus. Zugegeben, der Rollsitz, auf dem man im Ruderboot Platz nimmt, ist trotz ergonomischer Formung etwas hart für das eigene Sitzfleisch. Aber da gibt es inzwischen auch angepasste Kissen, die man dazwischenschieben kann. Und der Rest ist dann Gewöhnungssache.

2. GRUND

Weil Rudern gesund ist und alle Muskel bewegt werden, auch die Lachmuskeln

Wir streben ja gerne danach, dass für uns nur das Beste gut genug ist. Das ist dann auch beim Sport gerne so. Natürlich empfindet jeder Sporttreibende genau die Sportart, für die er sich vielleicht schon in jungen Jahren entschieden hat und in der man auch Erfolge vorzeigen kann, als »die beste«. Wer aber bisher nach dem Churchill'schen Motto gelebt hat »No sports!«, sucht da vielleicht nach objektiver Orientierung für die Auswahl. Helfen können die Sportwissenschaft und die einschlägigen Medien, die gerne mit entsprechenden Tests aufwarten. Da schneidet der Rudersport in der Bewertung »Gesündeste Sportart« meist mit Top-Benotungen ab. In einer Studie der Zeitschrift *FOCUS* aus dem Jahre 1995 stand Rudern sogar ganz oben beim Gesundheits-Check. Dazu bei trug natürlich die geringe Verletzungsanfälligkeit, die schon im ersten Grund eine Rolle spielt. Dazu aber wurde auch wissenschaftlich fundiert gemessen, dass alle wichtigen Muskeln des Bewegungsapparates beim Rudern genutzt und somit auch trainiert werden. Und ein natürlich trainierter Muskel ist in jedem Fall gesünder als ein schlaffer.

Die Bewegung der Muskulatur beim Rudern erfolgt immer in der gleichen Richtung. Die Beinmuskulatur schiebt den Körper auf dem Rollsitz durch das Boot und zieht ihn auch wieder in die Ausgangslage zurück. (Wie das alles genau funktioniert, wird in den folgenden Gründen noch erläutert.) Die Arme ziehen mit einer beugenden Bewegung an den Ruderhebeln beim Durchzug durch das Wasser, mit einer streckenden Bewegung werden die Ruder wieder in die Ausgangslage zurückgeführt. Und der Oberkörper mit seiner Rücken- und Bauchmuskulatur ist auch am Ruderschlag beteiligt. Beim Durchzug wird er aufgerichtet, was die Rückenmuskulatur stärkt. Beim Rollen in die Ausgangslage spannen sich die Bauchmuskeln mit an.

Durch den rhythmischen Schlag kommt es zu vielen Bewegungswiederholungen, was schließlich ausschlaggebend für das Muskeltraining ist. Und ein versierter Rudertrainer wird gleich von der ersten Übungsstunde an darauf achten, dass die Bewegungen gelenk- und rückenschonend ausgeführt werden.

Rudern bezeichnet man auch gerne als Kraft-Ausdauer-Sportart. Sie kombiniert Krafttraining in einem Fitnessstudio für die Muskulatur mit dem Aufbau der Ausdauer für das Herz-Kreislauf-System, die ein Marathonläufer benötigt. Diese Mischung ist in etwa der Trainingseffekt beim Rudern. Eine gesunde Kombination, wie eben Wissenschaft und Medien dargestellt haben.

Ach ja, die Lachmuskeln! Rudern kann man natürlich als Wettkampfsport betreiben. Da sind dann Konzentration und Teamgeist gefordert, damit das Boot möglichst schnell bewegt wird. Mehr als 80 % der aktiven Ruderinnen und Ruderer betreiben den Sport aber als Fitnesstraining im Freizeitmodus oder auf Tourenfahrten über gleich mehrere Tage. Und da wird dann auch meist im Boot geschwatzt, gegessen, getrunken, ein Päuschen und auch mal der ein oder andere Witz gemacht oder Anekdoten erzählt. Kurzum das völlige Abschalten vom Alltagsstress. Und spätestens dann sind auch die Lachmuskeln mit im Spiel.

3. GRUND

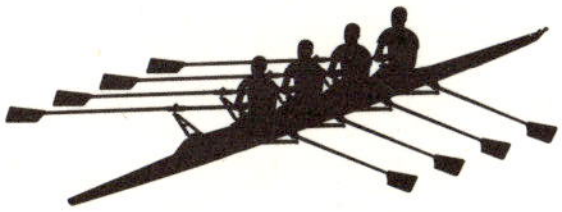

Weil Rudern die Koordination und Konzentration fördert

»Die Bewegung an sich ist eintönig, Hauptsache, das Boot wird schnell!« So würde der Laie wohl seine Beobachtung einer Rudermannschaft zusammenfassen. In der Tat, die Bewegung besteht hauptsächlich aus zwei Phasen, dem Durchzug und dem Vorrollen. Und die werden immer wieder im Rhythmus des Ruderschlages abwechselnd ausgeführt.

Aber was nach einem einfachen Hin und Her aussieht, ist in Wirklichkeit ein Zusammenspiel zwischen Körper, Armen, Beinen und Bootsmaterial, das man als »Anfänger« erst mal lernen muss. Kommen beim Vorrollen in die Ausgangslage die Knie zu früh hoch, kann man die Hände mit den Rudern nicht mehr richtig nach vorne führen. Rutscht man beim Durchzug mit dem Oberkörper durch ein starkes Stoßen mit den Beinen zu schnell nach hinten, hängt man mit langen Armen und dem Bauch über den Beinen im Boot und kann die Ruder kaum noch durch das Wasser ziehen. Sieht nicht nur »unglücklich« aus, sondern geht auf Dauer auch auf den Rücken, der dafür nicht gerade dankbar ist.

Die Fachleute nennen das »Kiste schieben«, und das ist beim Rudern völlig verpönt.

Koordination ist also die halbe Miete beim Rudern, meist sogar mehr. Denn wenn Extremitäten und Körper unabhängig voneinander genau im richtigen Augenblick die richtige Bewegung ausführen, dann macht Rudern erst richtig Spaß. Dann sprechen die Experten von einer guten Rudertechnik, denn die aufgewendete Kraft kommt voll zur Geltung.

Aber keine Angst, lieber Leser. Hört sich jetzt vielleicht kompliziert an, ist aber doch mit ein paar Übungseinheiten schnell zu lernen. Der Körper sitzt auf dem Rollsitz, einem kleinen Brett, das man beim Rudern hin und her schiebt. Hat man Knie, Arme und Körper in der Ausgangslage vorne, richtet sich erst der Körper auf, dann schieben die Beine, und die Arme ziehen. Am Ende des Schlages gehen die Hände als erste wieder nach vorne, dann erst beugt man die Beine, wodurch der Oberkörper wieder den Händen nachfolgend in die Ausgangslage gebracht wird. Fertig ist man für den nächsten Ruderschlag. Aber das erfordert eben etwas Übung und ein gewisses Gefühl für die Koordination des eigenen Körpers. Wenn man das einmal drin hat im Kopf, verlernt man es übrigens nicht mehr. Genau wie das Fahrradfahren, das man ja meist schon im Kinderalter beigebracht bekommt. Hat man längere Zeit nicht gesessen, also auf dem Fahrrad oder im Boot, dann sind die ersten Minuten nach dem Auf- bzw. Einsteigen noch ein bisschen wackelig, aber schnell ist man wieder im Tritt bzw. im Schlag.

Genau aber diese Kopfarbeit beim Ruderschlag, die erst die Koordination möglich macht, fördert auch die Konzentration. Gerade in einem Mannschaftsboot wie dem Vierer oder Achter muss man darauf achten, was der Schlagmann/die Schlagfrau vorgibt. Da muss man dann genau mit seinen eigenen Bewegungen in diesem Rhythmus bleiben, und damit ist man dann auch mental gut beschäftigt. Da vergisst man ganz schnell die Alltagsprobleme im Beruf, Haushalt oder sonst wo. Da kann man für ein, zwei Stunden abschalten, den Kopf freimachen und einfach das Gleiten des Bootes durch das Wasser genießen. Und in der Gemeinschaft macht das noch mal so viel Spaß, das schweißt zusammen und geht auch über die eigentliche Ausfahrt mit dem Boot hinaus. Denn das Après-Rudern gehört bei vielen Teams dazu, ein kühles Getränk, ein leichtes Essen im Bootshaus verlängern oftmals die Phase des Abschaltens und des Konzentrierens auf den Sport und die Gemeinschaft.

4. GRUND

Weil Rudern lernen keine Altersfrage ist

»Was Hänschen nicht lernt, lernt Hans nimmermehr!« Wie oft haben wir in unseren jungen Jahren diesen Ausspruch gehört, wenn uns mal wieder ein Anfall von Schul-Unlust heimsuchte. Die Einsicht, dass man in jungen Jahren tatsächlich leichter lernt als im fortgeschrittenen Alter, war damals eben auch nicht so ausgeprägt. Denn an die Zeit als Kleinkind, in der man die vielen elementaren Dinge des Lebens lernt, können sich auch heute nur wenige erinnern. Und die Erfahrungen des Alters haben Teens naturgemäß noch nicht. Ist vielleicht für den ein oder anderen Werdegang auch gut so. Denn hätten sie die Erfahrung von jenen Älteren, die erst im Erwachsenenalter zum ersten Mal in ein Ruderboot gestiegen sind und die Sportart gelernt haben, wären einige »Karrieren« durch »Spätlernen« vielleicht nie auf den Weg gekommen.

Rudern kann man jedenfalls auch noch lernen, wenn man als erste Ziffer der zweistelligen Alterszahl eine 3, 4 oder gar 5 stehen hat. Natürlich ist es im Schüleralter so ab 10–12 Jahren meist einfacher. Aber da buhlen ja heutzutage viele Interessengebiete um die Gunst der Jugendlichen, und eine Sportart, die doch etwas anstrengend sein kann und eine gewisse Disziplin erfordert, ist da im Ranking nicht gerade auf den Top-Plätzen zu finden.

Deshalb finden sich heute viele gestandene Frauen und Männer bei den Ruderstunden der Vereine ein, um nach der Bolz-, Jogging- und Fitnessstudio-Phase doch noch mal eine Sportart mit Teamgeist und Erlebnisfaktor kennenzulernen. Diese Protagonisten benötigen dann vielleicht die ein oder andere Übungsstunde mehr als die Aktiven in den Schüler- und Jugendgruppen. Dafür ist aber der Erfahrungswert in puncto Entspannung und Konzentration (siehe Grund 3) bei den Erwachsenen umso größer.

Und prominente Beispiele dafür gibt es auch. So hat der heutige Bundesfinanzminister und Vizekanzler Olaf Scholz in seiner Zeit als Erster Bürgermeister der Freien und Hansestadt Hamburg Anfang 2017 öffentlich in einer Fernsehsendung verraten, dass er erst kurz zuvor die Sportart Rudern für sich entdeckt und dann auch gelernt habe. Seitdem war er regelmäßig frühmorgens mit seinem Trainer und anderen Mannschaftsmitgliedern vor den Amtsgeschäften im Rathaus auf der Alster unterwegs, um im Ruderboot den Kopf für den Tag freizubekommen und Kraft für die politische Arbeit in der Millionenstadt zu tanken.

Er ist da in guter Gesellschaft, denn auch namhafte Schauspieler, Kabarettisten, Musiker und Unternehmer sind regelmäßig auf den Gewässern zu finden, gerne auch inkognito im Kreise einer Rudermannschaft und in der freien Natur etwas abseits des hektischen Berufslebens. Auch sie haben mit dem Rudern meist erst in späteren Jahren angefangen, nachdem sie in ihren Berufen als Künstler oder Wirtschaftsführer die Berufskarriere zunächst in den Lebensmittelpunkt gestellt hatten.

Prominent sein ist aber keine Grundvoraussetzung, um auch noch als Erwachsener ins Ruderboot zu steigen. Im Gegenteil: Auch im Ruderboot gilt das Gesetz der Seefahrt, nachdem vor Gott und auf hoher See alle gleich sind. Selbst wenn die Wellen rund um die Ruderboote selten so hoch schlagen, wird trotzdem (das Beispiel sei hier erlaubt) aus dem förmlichen »Herr Bürgermeister« schnell das kameradschaftliche »Olaf«.

Weil Bodybuilder sich beim Rudern »weiterbuilden« können

Von außen betrachtet identifiziert man Rudern als Sportart, bei der man wohl viel Kraft braucht. Und schnell denkt man da an die muskelbepackten Bodybuilder aus dem Fitnessstudio, die sich doch für diese Sportart besonders eignen müssten.

Befasst man sich aber etwas genauer mit der komplexen Ruderbewegung, erkennt man schnell, dass Kraft nicht alles ist. Die Technik der Körperbewegung ist ein großer Faktor. Manche Experten führen gerne an, dass eine gute Rudertechnik mehr als 70 % Anteil an einem erfolgreichen Ruderer ausmacht.

Warum aber ist das so? Schaut man auf die Übungen im Fitnessstudio, werden dort meist Arme, Beine und Körper getrennt voneinander trainiert. Die Arme beugen sich beim Anheben einer gewichtsbepackten Hantel oder strecken sich, wie etwa beim Bankdrücken. Die Beine alleine tragen das Gewicht bei Kniebeugen mit der Langhantel auf den Schultern oder strecken sich auf dem Beinstoßgerät. Bei all diesen Übungen verharrt der Oberkörper relativ fest, versucht mit seiner eigenen Spannung das auf den Extremitäten lastende Gewicht zu stabilisieren. Keine Frage, für die Bildung einer leistungsfähigen Muskulatur ist das sicher eine gute Basis, für die Ausbildung zum guten Ruderer aber dann doch zu einseitig. Der muss Arme, Beine und Oberkörper gleichzeitig und koordiniert bewegen. Und da sind Muskelberge manchmal sogar eher im Weg, hindern bei der rhythmischen gleichzeitigen Bewegung aller Gliedmaßen. Deshalb sind die Top-Ruderer und -Ruderinnen in der nationalen und internationalen Ruderszene meist körperlich athletisch gebaut und trainiert, Muskelberge findet man doch sehr selten bei ihnen.

Neben Kraft und Technik ist dann die Ausdauer ein weiterer Faktor beim Rudern. Im Bodybuilding konzentriert man sich auf einen Muskelbereich, der wird intensiv bewegt und benötigt dafür den entsprechenden Sauerstoff. Dafür reicht meist eine eher durchschnittliche Kondition, um den Sauerstofftransport durch das Herz-Lungen-System zur gerade beanspruchten Muskulatur sicherzustellen.

Ist aber wie beim Rudern fast der komplette Körper mit all seinen Muskeln gleichzeitig in Bewegung, vergrößert sich die Menge des benötigten Sauerstoffs um ein Vielfaches. Der Herz-Lungenkreislauf muss entsprechend mehr arbeiten. Und je länger er das aufrechterhalten kann, umso größer ist die Ausdauer, über die ein Sportler verfügt. Da unterscheidet sich dann eben der reine Bodybuilder vom insgesamt durchtrainierten Athleten.

Aber keine Sorge, wirkliche Bodybuilder (die ohne unterstützende Mittelchen) sind da nicht unbedingt anfälliger für einen Herzinfarkt. Viele Studios verfügen inzwischen auch über Ergometer, sogar über Rudererergometer. Und wenn man sich ab und an mal da draufsetzt und unter Anleitung eines Trainers über 10, 15 oder 20 Minuten rudert, dann spürt man schnell die positive Wirkung auf die Muskulatur, die damit auch geschmeidig gehalten werden kann. Und im Gegenzug gehört das »Eisenfressen« der Bodybuilder auch schon lange zum Trainingsprogramm der Ruderer, denn ohne Kraft nützt auch die beste Ausdauer nichts. Deshalb spricht man ja auch von der Kraft-Ausdauer-Sportart Rudern.

6. GRUND

Weil Rudern jung hält

Als nach dem Wirtschaftswunder der Bundesrepublik Deutschland in den 50er- und 60er-Jahren nicht nur die Geldbörsen, sondern auch der Bauchumfang mancher Bürger anschwoll, rief das Sportverbände und -mediziner auf den Plan. Mit vielen Kampagnen versuchte man die Menschen zum Sport zu locken, ihnen die gesundheitsfördernde Wirkung der regelmäßigen Bewegung schmackhaft zu machen. Eine dabei gerne von der Medizin herausgehobene Losung lautete »20 Jahre 40 sein!«. Sie sollte gerade den älteren Menschen verdeutlichen, wie wichtig der Sport für das eigene Wohlbefinden und den Erhalt der körperlichen Belastbarkeit ist.

Die Statistiken, ob das am Ende den erhofften Erfolg brachte, sind schon lange in den Schubladen verschwunden, und wenn man sich so auf den Fußballplätzen und in den Sportarenen umschaut, dürften hier gerade die populären Sportarten, die mit Gegnerberührung und »Kampf um den Ball« verbunden sind, natürliche Grenzen gesetzt haben. Da ist über alle Ligen und Leistungsklassen bewertet der Ü40-Anteil auf den Tribünen rund um den Sportplatz doch deutlich größer als die entsprechende Anzahl, die wenigstens ab und an mal auf einem Spielfeld zu finden ist. Ausnahmen bestätigen natürlich die Regel, aber da sind es dann doch meist einzelne Aktive in individuell betriebenen Sportarten, die durch besondere Leistungen und Erfolge auf sich aufmerksam machen oder die auch hier und da mal in Gruppen bei Lauftreffs und -veranstaltungen mitmachen.

Bei den Ruderern und Ruderinnen war das immer etwas anders. Hier spielen sicher auch die schon beschriebenen Gründe zu den geringen gesundheitlichen und körperlichen Risiken der Sportart eine Rolle. Sie ermöglichen auch im höheren Alter, noch mit einer Mannschaft im Boot zu sitzen. Das zeigen nicht zuletzt die zahlreichen Vierer- und Achterteams, die sich aus Pensionären und Rentnern zusammensetzen und die regelmäßig ein- oder mehrmals die Woche aufs Wasser gehen.

Ein besonderes Beispiel habe ich da selber erlebt und es war eine Ehre zugleich. Bei einer Wanderfahrt (wird später erklärt, was das ist) saß ich im Jahre 1991 auf der Saar mit einem Olympiasieger von 1936 gemeinsam im Boot. Man mag über diese von der damaligen Politik arg benutzten Spiele denken, was mal will, sportlich standen sie gerade im Rudern auf einem sehr hohen Niveau. Auf der Regattastrecke im Osten Berlins im Stadtteil Grünau gewannen die deutschen Boote fünf von sieben möglichen Goldmedaillen, darunter auch die im Vierer-ohne-Steuermann. In diesem saßen vier Würzburger und darunter auch Anton Rom, genannt Toni. Und genau jener Toni Rom saß rund 55 Jahre später neben mir in einer Ruderbarke auf dem Steuerbordplatz, ich ruderte auf der Backbordseite. Toni war Jahrgang 1909, als wir zusammen auf der Saar fuhren also 82 Jahre alt. Und es war bewundernswert, wie er ohne Probleme das zwar ruhige, aber regelmäßige und andauernde Tempo des Ruderschlages in immer noch ausgezeichneter Rudertechnik mithalten konnte. Wir unterhielten uns dabei, natürlich über unsere gemeinsame Sportart. Und meine gewisse Ehrfurcht, neben einer solchen Ikone des deutschen Rudersports zu sitzen, schwand schon nach wenigen Minuten. Das »Du« war trotz des Altersunterschiedes von fast 50 Jahren gleich selbstverständlich, und ich erfuhr an diesem Nachmittag viel über ein faszinierendes Leben, in dem das Rudern immer eine Rolle spielte. Nicht aus Verpflichtung, sondern einfach aus Spaß am Sport, aus Verbundenheit mit den Kameradinnen und Kameraden und weil es eben auch in gewisser Weise jung hält. Dreieinhalb Jahre nach diesem Nachmittag auf der Saar verstarb Toni Rom 1994 im Alter von 85 Jahren und ich erfuhr, dass er so lange es noch ging regelmäßig im Boot gesessen hat.

Solche Beispiele gibt es im Rudern viele, und meine Begegnung mit Toni Rom, einem Olympiasieger von 1936, war zuvor und auch danach nicht die einzige Gelegenheit, bei der ich mit jung gebliebenen Damen und Herren in ihrer achten oder neunten Lebensdekade gemeinsam im Boot sitzen konnte. Das ist halt das Besondere beim gemeinsamen Rudern der Generationen.

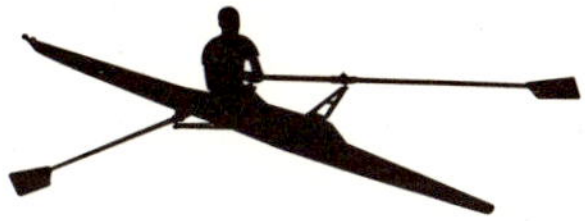

7. GRUND

Weil Rudern zwei Seiten hat

Rot ist Grün – und Steuerbord ist Backbord!? Oder war es doch umgekehrt?!

Mit dieser Frage beschäftigen sich Laien immer wieder gerne, wenn sie nicht so oft auf einem Schiff oder in einem Boot sitzen. Hat man ein Wasserfahrzeug vor Augen, sieht die Farben vor sich, schaffen viele schließlich doch recht schnell die Zuordnung und können auch bestimmen, ob das Schiff nun nach rechts oder nach links fährt. Entschuldigung – das genau merkt der Laie an, und daran erkennt ihn der Wassersporterfahrene dann auch recht schnell. Rechts und links gibt es auf einem Wasserfahrzeug kaum, deshalb hört man es auch selten. Mit der Einordnung auf der Erfahrungsskala eines Mitfahrers ist wie bei den Seglern, wo der Anfänger gerne vom Seil spricht, das es aber eigentlich an Bord nicht gibt. Die Seile heißen da u.a. Festmacher, Spring, Fall oder Schot. Und Rechts bzw. Links ist da den Begriffen Back- und Steuerbord genauso zugeordnet wie auf dem großen Kreuzfahrtschiff, dem Flugzeugträger, dem Supertanker – oder eben dem kleinen Dingi mit einfachem Paddel. Irgendwo dazwischen liegt dann auch das Ruderboot mit seinen beiden Seiten.

So, genug der Verwirrung, jetzt wird es erklärt. Die beiden oben genannten Farben und die Bordbezeichnungen sind schon mal völlig korrekt. Um nun festzulegen, welche Seite im Ruderboot die Steuerbordseite ist – die andere ist dann selbstverständlich die Backbordseite –, muss man wissen, in welche Richtung das Boot üblicherweise fährt, wo also wie beim Straßenfahrzeug vorne ist. Vorne beim Boot ist der Bug, und wenn man in die Richtung fährt, in die der Bug zeigt, dann ist – Achtung – auf der **rechten** Seite Steuerbord. Diese Seite ist mit einer grünen Markierung versehen, die bei Ruderbooten meist an den Rudern angebracht ist. Entsprechend liegt gegenüber – also **links** – die Backbordseite. Und die ist mit roten Markierungen versehen. Und egal, wohin man nun schaut auf einem Schiff oder in welche Richtung es fährt – an der Verteilung der beiden Seiten ändert sich nichts. Fährt man mit dem Boot also nach vorne und man möchte eine Rechtskurve fahren, dann geht es nach Steuerbord. Will man nach links, ist eben Backbord die Richtung.

Und warum heißt es nicht einfach rechts und links? Am Ruderboot lässt sich das gut nachvollziehen. Da sitzt nämlich der Steuermann mit dem Blick Richtung Bug, also vorne. Die Ruderer schauen aber nach hinten, also in die entgegengesetzte Richtung zum Heck. Wenn dann der Steuermann eine Rechtskurve fahren will und »rechts« ansagen würde, müssten die Ruderer umdenken, für sie wäre die neue Fahrtrichtung nach links gerichtet. Und um genau solche Missverständnisse zu verhindern, hat man schon früh die Begriffe Steuer- und Backbord, deren Ursprung vermutlich aus der englischen Sprache stammt, eingeführt. Schon auf den Wikingerschiffen war das Steuer zum Lenken der Schiffe auf der rechten Seite angebracht, der Steuermann stand mit seinem Rücken (engl. back) zur anderen Seite gerichtet. Genau kann man es wohl nicht mehr ermitteln, aber schon aus dieser Zeit soll die Zuordnung der Seiten stammen.

Gut, jetzt wissen wir, wo es vermutlich herkommt. Aber wie kann man es sich merken, wenn man ein Ruderboot sieht und ganz spontan entscheiden muss, wie nun welche Seite heißt? Eine kleine Eselsbrücke kann da helfen: Fährt ein Wasserfahrzeug mit dem Bug voraus, dann ist in Fahrtrichtung **r**echts Steue**r**bord. Der Buchstabe »**r**« ist die Orientierung. Und wenn man weiß, wo Steuerbord ist, dann kann man auch ohne die obligatorische Farbmarkierung festlegen, wo dann Backbord ist. Und das bleibt dann auch so, selbst wenn das Boot rückwärts fährt … Aber wo sind nun eigentlich Bug und Heck?

8. GRUND

Weil man beim Rudern auch rückwärts vorankommt

»Er rudert zurück!«, sagt der Volksmund gerne, wenn jemand seine Behauptung oder Handlung nicht dauerhaft vertreten kann und dann irgendwann das Gegenteil sagt oder tut. Aber irgendwie ist das für die Sportart Rudern nicht so richtig adaptierbar, denn die Protagonisten im Boot sitzen meist mit dem Rücken zur Fahrtrichtung, fahren also subjektiv betrachtet rückwärts, kommen aber tatsächlich damit vorwärts. Wieder so ein Richtungsdilemma, wie bei Steuer- und Backbord?

Nicht so ganz, denn vorne bei einem Boot ist der Bug, hinten das Heck, womit das dann auch geklärt ist. Und wer genau sehen will, wohin er ein Boot lenkt, sollte mit dem Rücken zum Heck stehen oder sitzen und seinen Blick Richtung Bug nach vorne richten. Das gilt für die Steuerleute in Ruderbooten, zu deren Berechtigung für einen Sitz im Boot später noch Gründe angeführt werden. Sie sind erheblich mehr als nur »Gewicht, das die Mannschaft mitziehen muss«.

Genau in dem Wort »ziehen« liegt die Begründung für die Sitzrichtung der Ruderer. Unser Körper ist anatomisch so gebaut, dass wir unsere Muskulatur effektiver einsetzen können, wenn wir einen Gegenstand auf uns zu ziehen. Ihn vom Körper wegzudrücken fällt meist schwerer, besonders, wenn der Gegenstand schwer ist oder eine andere Kraft unserer Bewegung entgegenwirkt. Beim Rudern ist das der Widerstand des Wassers, durch das wir das Ruderblatt ziehen müssen, um ein Boot schließlich durch das Wasser bewegen zu können. Und dabei nutzen wir einfach das natürliche Bewegungspotenzial unserer Muskulatur. Arme anziehen ist mit Gewicht einfacher, als sie zu strecken. Bei den Beinen ist das genau gegenteilig, mit denen fällt es leichter, sich von etwas wegzudrücken, als sich an einen Punkt heranzuziehen. Und im Oberkörper ist die Rückenmuskulatur ausgeprägter als die am Bauch. Damit fällt auch das Aufrichten aus einer gebeugten Haltung leichter als das Wegdrücken mit dem Oberkörper. Das alles nun zusammengenommen und möglichst effektiv eingesetzt führt ganz automatisch zur Ruderbewegung. Damit aber auch zwangsläufig dazu, dass man zum Vorwärtskommen halt mit dem Rücken entgegen der Fahrtrichtung sitzt. Da sieht man zwar nicht immer, ob die Richtung stimmt, aber dafür hat man ja die Steuerleute. Und in den Booten, in denen kein Sitz für Steuerleute eingebaut ist, muss man sich halt öfter mal umdrehen, um die Richtung beizubehalten oder Hindernissen auszuweichen. Klingt ein wenig umständlich, ist aber nach einigen Ruderfahrten mit erfahrenen Mitruderern schnell gelernt. Man muss auch nicht den Ruderrhythmus beim Umdrehen unterbrechen, irgendwann geht das mit ein wenig Übung in Fleisch und Blut über.

»Rückwärtspaddler« werden die Ruderer auch gerne von anderen Wassersportlern genannt. Für erfahrene Ruderer ist das keine despektierliche Bezeichnung, denn sie wissen: So schnell, wie sie rückwärts vorankommen, möchten andere vorwärts gerne sein!

9. GRUND

Weil Rudern nicht gleich Rudern ist

Da haben wir in den ersten acht Gründen erfahren, dass Rudern eine gesunde Sportart für fast alle Altersstufen ist, bei der man allerdings das ein oder andere lernen muss, um sich im Boot zurechtzufinden. Und nun scheint es da auch noch weitere Feinheiten zu geben, sodass man nicht einfach mal damit beginnen kann?

Keine Angst liebe Leserinnen und Leser, es wird nicht kompliziert. Es gibt halt nur zwei Formen, wie man den Rudersport ausüben kann: Mit nur einem Ruder in beiden Händen oder eben mit jeweils einem Ruder in jeder Hand, zusammen also zwei. Vielleicht haben Sie ja auch schon mal im Fernsehen die Sportart verfolgt und dabei festgestellt, dass sowohl im Einer die Athleten geradeaus fahren ohne Steuerhilfe, wie auch ein Achter mit jeweils vier Rudern auf jeder Seite und einem Steuermann hinten drin.

Das Geradeausfahren ist hier das, worauf es ankommt. Und damit ein Boot das auch tut, muss auf beiden Seiten – Back- und Steuerbord – in etwa mit der gleichen Kraft ein Vortrieb erzeugt werden. Im Einer ist man alleine. Deshalb muss man sich auch alleine darum kümmern, dass auf beiden Seiten ein Ruderblatt im Wasser ist, das man mit dem anderen Ende des Ruders durchzieht. Diese Ruderform ist das Skullen, und die Ruder im Einer nennt man deshalb auch nicht Ruder, sondern Skulls. Dazu werden die Aktiven dann auch passen »Skuller« genannt. Einen Skull pro Seite gibt es, und mit denen treibt man das Boot nach vorne. Und da man ja zwei Hände hat, kann man das als Einer-Fahrer auch ohne Probleme gleichzeitig auf beiden Seiten machen. Erfordert ein wenig Koordination, da die Skulls sich in der Mitte überschneiden und man sich im ungeschicktesten Fall die Daumen klemmen könnte. Passiert aber höchsten am Anfang ein- oder zweimal, dann kennt man den Schmerz und konzentriert sich darauf, die Handgriffe der Skulls eng hintereinander versetzt zu führen. Meist beginnt man mit dem Rudern im Skullboot, das man auch als Zweier oder Vierer fahren kann. Denn so lernt man direkt, möglichst gerade im Boot zu sitzen und nicht zu einer Seite mit dem Oberkörper zu hängen. Das Geradesitzen schont den Rücken und sorgt dafür, dass das Boot gerade im Wasser liegt und so das gleichmäßige Rudern auf jeder Seite erleichtert wird.

Und wie ist das nun in einem Achter? Ist da dann das Ruder im Einsatz, von dem die Sportart ihren Namen hat? Eher nein! Die Ruder in einem Achter sind ein ganzes Stück länger, da man ja auch mit beiden Händen gleichzeitig dran zieht und somit mehr Kraft für den Durchzug durchs Wasser zur Verfügung hat. Die Ruder heißen aber hier nicht Ruder, sondern Riemen. Der Fachbegriff für diese Ruderform ist »Riemenrudern«. Da hierbei jeder Ruderer nur einen Riemen durch das Wasser zieht, müssen also mindestens zwei Aktive im Boot sein, damit das geradeaus läuft. Somit ist der Zweier die kleinste Riemenbootsklasse im Rudern. In den Wettkämpfen werden dann noch der Vierer und eben der Achter gefahren. Und allen Bootsklassen ist gleich, dass sie in dieser Besetzung geradeaus fahren, egal ob im Heck ein Steuermann sitzt oder nicht.

Sitzt man beim Skullen im Idealfall gerade im Boot, werden beim Riemenrudern die Arme leicht zu der Seite gebeugt, auf der man rudert. Gleichzeitig dreht sich der Oberkörper etwas in die gleiche Richtung. Das ist jetzt etwas oberflächlich erklärt, aber wer mehr dazu wissen möchte, findet einschlägige Fachliteratur bei seinem Buchhändler. Oder er geht direkt zum nächsten Ruderverein und lässt es sich von einem versierten Trainer gleich vor Ort erklären.

Die Sportart hat also ihren Namen von der Bewegung und nicht von einem Teil des Bootes und Zubehörs. Ein »Ruder« zum Lenken des Wasserfahrzeuges gibt es im Rudern nicht, das wird da »Steuer« genannt. Und die Ruder sind Riemen und Skulls. Deshalb ist Rudern nicht immer gleich Rudern, manchmal ist es halt auch Skullen.

10. GRUND

Weil man beim Rudern mindestens bis neun zählen kann

Wenn jemand nicht bis drei zählen kann, bescheinigt ihm der Volksmund, ob zu Recht oder nicht, eine eher wenig ausgeprägte Allgemeinbildung. Oftmals sind hinter der »Zählschwäche« aber ganz andere Talente verborgen.

Wer beim Rudern bis drei zählen kann, hat zumindest schon mal sieben Bootsklassen im Griff. Da gibt es den Einer, in dem ein

Ruderer sitzt und das Boot mit seinen Skulls durchs Wasser gleiten lässt. Inzwischen (leider) nur noch selten, aber ab und an findet man in den Rudervereinen auch noch den aus dem 19. Jahrhundert stammenden »Verlobungseiner«. Das ist ein Boot mit einem Ruderplatz und einer Sitzbank für die Angebetete. Meist sind diese Boote bis zu einem Meter breit und etwas schwerfällig. Ihr Zweck war es auch nicht, darin Rennen zu fahren, sondern darin machte man mit seiner Auserwählten an einem sonnigen Tag eine Ausfahrt, und mitten auf dem Wasser so ganz ohne Menschenmenge drum herum stellte dann Herr Ruderer dem Fräulein Mitfahrerin die entscheidende Frage für den Bund des Lebens. Und wenn sie »ja« sagte, dann folgte auch gleich an Ort und Stelle die Verlobung, die dann an Land im Familienkreis manifestiert werden konnte. So weit also der Einer mit zwei Varianten.

Beim Zweier kann man mit drei Aktiven gleich vier Varianten bilden. Da gibt es denn Riemenzweier und dazu den Skullzweier, in der Fachsprache der Ruderer auch Doppelzweier genannt. Und beide Bootsklassen gibt es mit und ohne Steuermann, macht also zusammen vier.

Die siebte Bootsklasse ist der Dreier, der aus Gründen des Geradeauslaufens (siehe Grund 9) nur als Skullboot vernünftig gefahren werden kann. Diese Bootsklasse ist vor allem im Breitensport sehr beliebt, ganz besonders in der kalten Jahreszeit. So kann man sich nämlich mit seiner Skatrunde zu einer Ruderausfahrt verabreden, und niemand muss bei niedrigen Temperaturen auf dem Steuersitz trotz mehrschichtiger Kleidung frieren. Alle können rudern und sich damit warm halten.

Wer also »nur« bis drei zählen kann, ist vom Rudern nicht ausgeschlossen. Wer sich aber in den olympischen Bootsklassen im Rudern auskennen möchte, der muss mindestens bis neun zählen können. Denn neben dem Einer und dem Zweier fahren bei den Olympischen Spielen auch Vierer und die Achter. Letztere sind immer mit einem Steuermann bzw. einer Steuerfrau besetzt, somit sind also neun Personen an Bord. Insgesamt gibt es 14 Bootsklassen, in denen olympische Medaillen ausgefahren werden. Sieben bei den Frauen und ebenfalls sieben bei den Männern. Einer und Achter sind dabei jeweils einmal vertreten, Zweier und Vierer jeweils als Skull- und Riemenbootsklasse. Wer jetzt mitgezählt hat, wird nur auf zwölf Klassen kommen. Ergänzen muss man im Skullzweier noch den Wettkampf der Leichtgewichte. Da sind sowohl bei den Frauen wie auch bei den Männern die Körpergewichte der Aktiven limitiert, um z.B. im internationalen Ruder-Rennsport für die im allgemeinen körperlich kleinen und leichteren Asiaten einen Wettkampf anzubieten, in dem sie gleichwertige Chancen auf gute Ergebnisse haben.

Wir wollen das mit dem Zählen nicht überstrapazieren, aber es muss schon noch angemerkt werden, dass neben den klassischen Bootsgrößen vor allem im Breitensport neben dem Dreier auch Fünfer und Sechser gefahren werden. Dazu haben die in Finnland beliebten Kirchboote mit bis zu 20 Ruderplätzen inzwischen auch in mitteleuropäischen Breitengraden viele Anhänger gefunden. Und der Schweizer Bootbauer Melchior Bürgin entwickelte Ende der 90er-Jahre ein Vierer-Modulsystem, aus dem sogar ein 24er mit Steuersitz zusammengestellt werden kann.

Viele Variationen also, in denen Zahlen eine Rolle spielen. Aber egal, wie viele Ruderer nun in einem Boot hintereinandersitzen, eines ist immer gleich: Jeder Sitz im Boot hat seine Nummer und die Zählung beginnt immer vorne mit dem Platz im Bug. Da ist die »Eins« und auf dem Schlagplatz, von dem aus der Ruderrhythmus vorgegeben wird, dann im Vierer die »Vier, im Achter die »Acht«.

Noch Zahlen, äh, Fragen?

11. GRUND

Weil man zum Rudern keine teure Ausrüstung braucht

Wer kennt das als Eltern nicht! Da haben die eigenen Sprösslinge im Fernsehen oder im Internet eine trendige Sportart entdeckt, oder sie haben Freunde, die da schon aktiv sind. Und nun will der Nachwuchs natürlich nicht hintanstehen, da möchte er mitmachen. Natürlich geht das nicht ohne eine gewisse Ausstattung mit aktuellen Klamotten bekannter Hersteller. Und beim nötigen Material kann man ja auch nicht mit Opas seit Langem in der Ecke stehendem Fundus auflaufen, da soll es schon was Modernes sein. Schließlich will man ja gleich ganz vorne mit dabei sein, und das geht nur mit der aktuell angesagten Technik und im Top-Design.

Da gibt es in diesem 11. Grund nun eine gute Nachricht für die familienernährenden Alleinverdiener. Rudern ist eine Sportart, bei der die preiswerte Schulsport-Ausrüstung voll und ganz als Kleidung reicht. T-Shirt, kurze Hose oder Leggins, dazu einfache Socken und möglichst billige Turnschuhe sind als Grundausrüstung mehr als ausreichend und einfach auch zweckmäßig. Boote, Skulls und weiteres Zubehör stellen die Vereine, dafür ist gesorgt, ohne den Familienetat überziehen zu müssen.

Wer mit dem Rudersport beginnt, startet mit einfachen Bewegungsübungen an Land bzw. auf einem Ruderergometer. Da sollte die Kleidung einfach nur bequem sein, am Körper nicht kneifen und den ganz von alleine kommenden Schweiß der Anstrengung aufnehmen. Da man ja sitzt, ist ein spezifisches Schuhwerk nicht nötig, da tun es auch die alten, ausgelatschten Leinen-Sneakers. Die trocknen auch am schnellsten.

Wenn es dann zum ersten Mal mit einem Boot aufs Wasser geht, wird noch schneller deutlich, warum einfache Kleidung sinnvoll ist. Da klappt nämlich am Anfang nicht direkt jeder Ruderschlag, schnell spritzt mal Wasser hoch, trifft den eigenen Körper, die Kleidung wird nass. Viele Rudervereine nutzen am Anfang gerne einen schmalen Rudereiner, Skiff genannt. Wenn man ein ruhiges Gewässer hat ohne Schiffsverkehr und Strömung, wird in diesen Booten gleich von Anfang an das Gleichgewichtssystem geschult und damit die Grundvoraussetzung für eine gute Lage des Bootes auf dem Wasser geübt. Am Anfang haben diese Skiffs aber ihre Tücken. Sie sind nur ca. 30 cm breit, und nicht selten passiert es Anfängern, dass sie auf der einen Seite einsteigen und gleich mit einer Kenterung auf der anderen Seite wieder hinausfallen. Solange man nicht gelernt hat, dass man allein mit den Skulls in der Hand das Boot stabilisieren und damit eine Kenterung verhindern kann, ist der ein oder andere Badeausflug nicht ausgeschlossen. Anfänger neigen auch gerne dazu, nach den ersten Ruderschlägen im Skiff, die etwas Abstand vom Ufer gebracht haben, beim Kippen des Bootes die Skulls loszulassen, um mit den Händen Halt am Bootsrumpf zu finden. Das geht aber genauso ins Wasser und damit in die Hose, pardon Kleidung.

Welcher Jugendliche möchte da dann in den teuren Designerklamotten wassertriefend ans Ufer kommen? Das macht dann auch bei den dicksten Kumpeln keinen großen Eindruck, und deshalb können ebendiese Kleidungsstücke zu Hause im Schrank bleiben. Rudern ist halt keine Modenschau, je einfacher und unempfindlicher die Bekleidung, umso besser. Und wenn man dann sicher im Boot ist, die Ruderschläge sitzen und man im Team so richtig das Boot laufen lassen kann, dann bieten die Vereine auch funktionelle Kleidung an, der Wasser wenig ausmacht und in der man trotzdem chic aussieht.

Das Geld für teure Kleidung kann man also sparen. Besser ist das investiert in einen Schwimmkurs für den Nachwuchs. Denn wenn auch die Kleidung beim Rudern eher Nebensache ist, so ist das »Schwimmen können« ein Muss. Spätestens nach der ersten Kenterung in den Übungsstunden weiß man warum.

Weil Rudern in Vereinen betrieben wird

Ja, ich weiß! Vereine sind out, sind spießig, sind miefig, sind langweilig, sind vom Staub der Zeit bedeckt … Ich glaube, ich habe alle Bewertungen in diese Richtung irgendwann in meinem Ruderleben schon mal gehört.

Rudern ist aber eben ein Sport, bei dem man Boote und Material braucht. Beides ist nicht gerade billig, und auf Dauer macht Rudern vor allem im Mannschaftsboot richtig Spaß, egal, ob im Wettkampf oder nur so zum eigenen Fithalten in der Freizeit. (Okay, es gibt ein paar Freaks, die sind nur im Einer unterwegs – Ausnahmen bestätigen halt die Regel.) Einen Zweier, Vierer oder Achter schafft man sich sinnvollerweise nicht selber an, sondern geht dahin, wo solche Boote verfügbar sind und wo man auch auf Leute trifft, mit denen man dann gemeinsam an Bord gehen kann. In Deutschland sind das halt die Vereine.

Andere Länder – andere Sitten (und Strukturen). In den USA ist Rudern vor allem an den Universitäten populär. Dort wird Rudern als Leistungssport intensiv angeboten, und es gibt ein breites Spektrum an entsprechenden Regatten auf der Ebene der Studierenden. Und wenn man dann die Uni abgeschlossen hat, gibt es zahlreiche universitätsnahe Clubs, in denen man weiterrudern kann. Meist bieten auch die neben dem Freizeitrudern eine Teilnahme an Wettkämpfen in den Altersklassen Ü30 an.

Ähnlich ist es auch in England, Australien und Neuseeland. In diesen Ländern ist vor allem das Schulrudern populär, an Regatten der Schulen nehmen z.T. Tausende Aktive teil. Das setzt sich dann an den Hochschulen fort, und meist haben diese dann auch Anschluss an Vereine vor Ort, in die man nach der beruflichen Ausbildung wechselt. Die Vereine sind in den angelsächsisch geprägten Ländern allerdings auch die Heimat der Top-Athletinnen und

-Athleten. Vor allem in Großbritannien kommen hier die Kandidaten für die Nationalmannschaften zusammen, denn diese Vereine bieten als Leistungszentren optimale Trainingsbedingungen. Hier arbeiten die Spitzentrainerinnen und -trainer, die dann die international eingesetzten Boote betreuen. Bekanntestes Beispiel dafür ist der Leander Club in Henley, einem der Mekkas des Rudersports auf der Insel mit einer jährlich ausgetragenen berühmten Regatta (dazu später). Ende 1990 ging hier mit Jürgen Grobler einer der Top-Trainer des ehemaligen DDR-Rudersports hin. Und seitdem hat sich der Leander Club zum führenden Verein in der Welt entwickelt. Der Zweier-ohne und der Vierer-ohne u.a. mit den Ruderlegenden Sir Steven Redgrave und Sir Matthew Pinsent an Bord war lange Zeit das Nonplusultra im Rudersport, mehrfach dekoriert mit Goldmedaillen bei Olympia und Weltmeisterschaften. Auch nach dem Rückzug der beiden Top-Athleten blieb der Leander-Vierer mit neuen Besetzungen in der Weltspitze, holte wiederholt Olympiagold. Und als Sahnehäubchen schaffte es dann in den Jahren 2000 und 2016 der britische Achter bei Olympia ganz nach oben auf das Treppchen. Damit hat die Insel nicht nur eine große historische, sondern auch eine moderne Tradition im Rudern entwickelt, die uns an anderer Stelle in diesem Buch noch mehr Platz wert sein wird.

Zurück nach Deutschland. Hier ist der Rudersport schon seit dem frühen 19. Jahrhundert sehr vereinsgeprägt. Es war in unserem Land eine eher unruhige Zeit mit vielen gesellschaftlichen Veränderungen. Prägend war aber vor allem das Militär, und das nutzten gerade in der Kaiserzeit die Vereine, darunter auch einige Schulrudervereine, zur körperlichen Heranbildung ihres Nachwuchses. Viele Clubs in Deutschland haben deshalb als Gründungsjahre die Zeit zwischen 1850 und 1910 in ihren Chroniken stehen. Parallel mit den Vereinen bildeten sich dann die Regatten, und so blieb das auch nach den beiden Weltkriegen in unseren Breitengraden. Vor allem ab 1950 wurde der Sport als Gesundheitsförderung mit gesellschaftlich wertvollem Nutzen entwickelt. Da viele Rudervereine ihre Bootshäuser über den Krieg gerettet hatten oder durch die erhaltene Gemeinschaft ein bescheidener, aber doch schneller Aufbau wieder realisiert werden konnte, waren diese Häuser auch schneller wieder ein Anlaufpunkt für die Mitglieder oder jene, die es werden wollten. Und dort fand sich das Bootsmaterial, mit dem man dann den Sport wieder ausüben konnte. Diese Vereinsstruktur war die Keimzelle für die Erfolge der deutschen Ruderer in den Jahren zwischen 1959 und 1989 in Ost und West.

Nach und nach bildeten sich neue Vereine, und heute sind es gut 400 Clubs, die im Deutschen Ruderverband zusammengeschlossen sind. Da finden die Aktiven alles, was zum Ausüben der Sportart nötig ist. Und nicht selten auch gleich im gastronomisch bewirtschafteten Bootshaus die nach dem Sport erfrischenden Getränke und stärkenden Speisen.

Der Spruch »Kommen sieben Deutsche zusammen, bilden sie gleich einen Verein!« mag ja früher durchaus gestimmt haben. Mancher Sinn und Zweck dieser Vereine mag sich dann auch dem Betrachter nicht oder nicht gleich erschlossen haben. Aber den Rudervereinen kann man heute bescheinigen, dass sie sich unabhängig von ihrem Gründungsjahr immer weiterentwickelt haben und inzwischen als moderne Gemeinschaften mit ihren Häusern und Booten nicht nur unseren Sport für alle erst möglich machen, sondern auch mit ihrem oftmals sozialen Engagement eine Säule in unserer Gesellschaft sind. Staub hin, Mief her!

2. KAPITEL

HISTORIE UND ORGANISATION

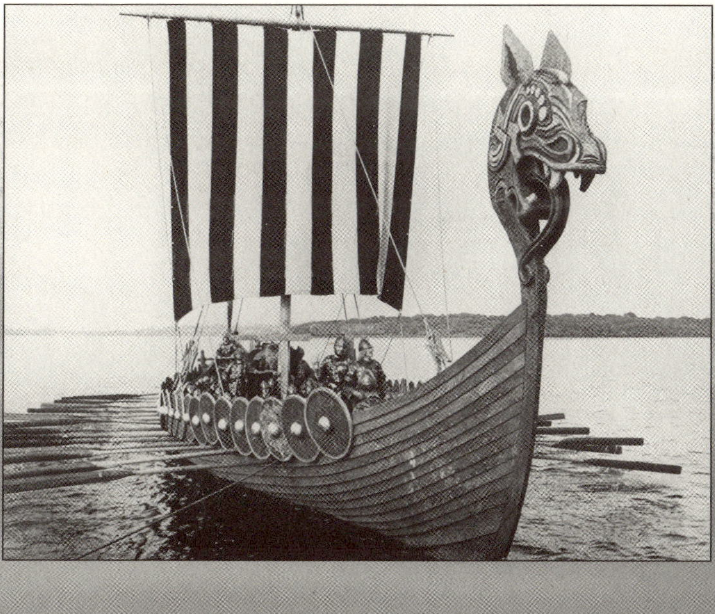

13. GRUND

Weil schon für die Errichtung von Stonehenge »gerudert« wurde

Rund um die Kultstätte Stonehenge im Süden Englands nahe dem Städtchen Amesbury gibt es viele Sagen und Mythen. Immer wieder beschäftigen sich Forscher damit, wie wohl diese beeindruckenden Steinkreise geschaffen wurden. Sicher ist, ein moderner Baukran kann da nicht geholfen haben, denn schon vor rund 5000 Jahren müssen an der heutigen Stelle die ersten Arbeiten für die Errichtung der tonnenschweren Steine begonnen haben. Neuere Forschungen sprechen sogar von einem Alter von rund 11.000 Jahren. Damals soll dort eine Begräbnisstätte bestanden haben, auf der dann einige Tausend Jahre später die Steine errichtet wurden. Endgültig klären wird sich das aber wohl nie.

Eines hingegen ist klar, die Steine müssen über eine längere Strecke, vermutlich aus den rund 240 Kilometer entfernten walisischen Preseli-Bergen, an den heutigen Standort gebracht worden sein. Denn rund um Amesbury und das südlich gelegene größere Salisbury gibt es keine Blausteinvorkommen (Dolerit), aus denen die meisten der heute noch stehenden Monolithen bestehen.

Wie kam also das Material an den heutigen Standort? Es gibt einige Theorien dazu, die z.T. empirisch bewiesen oder auch widerlegt wurden. Eine gefällt uns Ruderern natürlich besonders: Auf speziellen Schiffen sollen die Steine auf dem Wasserweg u.a. über den Fluss Avon transportiert worden sein. Und da man auf Flüssen bekanntlich schlecht segeln kann, soll man weite Strecken rudernd zurückgelegt haben. Gut, neueste Erkenntnisse haben ergeben, dass die damaligen Schiffe wohl nicht über genügend Tragkraft für die Monolithen verfügt haben. Aber andere Wege fallen eigentlich aus, denn der Wegebau an Land war auch noch nicht so weit entwickelt. Ein Lastkarren wäre im damals sumpfigen Gelände im Süden der

Insel direkt eingesunken. Glauben wir also bis zum endgültigen Beweis des Gegenteils daran, dass das Rudern bei der Entstehung des heute noch von vielen Menschen verehrten Kultortes eine wichtige Rolle gespielt hat.

Eines kann man aber wohl sicher sagen: An Land erfolgte der Transport über viele Baumstämme. Die wurden unter die Steine als Rollbahn gelegt. Und die Hebelbewegung, mit der man dann die Steine vorwärts schob, hatte eindeutig etwas vom Rudern. Da legten sich wohl viele Menschen »in die Riemen«, um so Stück für Stück die Klötze an den Ort ihrer Bestimmung zu verbringen. Rudern an Land also, vielleicht eine präsportliche Form des heutigen Ruder-Ergometers, das erst viel, sehr viel später erfunden wurde.

Einige Jahre war der Besuch der elliptischen Steinkreise nicht möglich, zu sehr hatte das frühgeschichtliche Monument unter dem unkontrollierten Besuch und dem damit verbundenen Autoverkehr gelitten. 1972 ging es aber noch, und ich hatte die Gelegenheit, mit Freunden recht nahe heranzufahren und zwischen den Steinen den mythischen Hauch der Historie zu spüren. Heute sind die Straße und der Parkplatz nahe der Steinkreise eingeebnet und renaturiert. Dafür hat man rund zwei Kilometer entfernt ein Besucherzentrum gebaut, von dem man aus zu Fuß oder auch mit einem Shuttledienst die Stätte besuchen kann.

Falls Sie das bei Ihrem nächsten Besuch in England einplanen, bedenken Sie: Ohne »Rudern« wäre die Insel um eine Attraktion ärmer. Wenn Sie sich von religiösen oder esoterischen Mythen nicht so angesprochen fühlen, glauben Sie einfach an die Kraft des Ruderns, die manchmal wohl doch Steinberge versetzen kann.

14. GRUND

Weil Rudern eine über 6000-jährige Geschichte hat

Im letzten Grund ist der Begriff »Rudern« mit einigen Konjunktiven verbunden, da man halt zu Stonehenge bisher keine historischen Aufzeichnungen gefunden hat und aus den Ausgrabungen von Schiffen und Rundbalken nur Vermutungen anstellen kann.

Trotzdem darf man behaupten, dass Rudern viel älter ist als andere heutige Sportarten. Seine ersten Formen als Bewegung auf dem Wasser reichen bis in die Frühgeschichte der Menschheit. Und als Frühform einer Sportart hat man wohl auch bereits rund 1500 Jahre v. Chr. gerudert. Das belegen die Funde aus der Hochzeit der Ägypter. Schon etwa 3000 v. Chr. hat man sich dort in Booten rudernd über den Nil bewegt. Im Laufe der folgenden 1500 Jahre wurde die Technik der Ruderriemen und deren Verbindung mit dem Boot immer weiter verfeinert. Vom Pharao Amenophis II (1483– 1412 v. Chr.) ist überliefert, dass er als Bogenschütze, Reiter und Ruderer bzw. Steuermann Besonderes geleistet hat. Der Begriff des Sports war da allerdings noch nicht definiert. Rudern war vor allem eine Tätigkeit, um über den Transport von Gütern und Lebensmitteln Handel zu betreiben. Es kann aber auch nachgewiesen werden, dass hochgestellte Persönlichkeiten das Rudern als körperliche Ertüchtigung ausübten, also als eine Vorform des Sports. Und gerudert wurde auch aus kultischen Gründen, etwa in der heiligen Barke oder bei den Fahrten zu den Tempeln und Pyramiden.

Die Schiffe der Ägypter waren in ihrer Bauweise aus Palmenholz und -blättern noch vergleichsweise einfach, ihre Erbauer verfügten in ihrer Region auch nicht über härtere Hölzer. Die hatten aber die alten Griechen und Römer fast im Überfluss, und damit bauten sie erste seetaugliche Schiffe. Da die Herrscher dieser Völker bekanntlich ihre Reiche immer weiter vergrößern wollten und dabei auch nicht an den Küsten ihrer Ländereien haltmachten, wurden neben den Handelsschiffen etwa 500 v.Chr. erste Kriegsschiffe gebaut. Damit wurden Inseln im Mittelmeer und Gebiete an den Küsten Afrikas und Asiens erobert. Um die Gegner auf See zu überrollen und zu versenken, war Geschwindigkeit besonders wichtig. Um diese zu erhöhen, bauten die Phönizier als Erste »Biremen«, also Schiffe mit zwei übereinanderliegenden Ruderbänken. Damit fuhren sie bis Westafrika und sogar bis Britannien. Die Griechen entwickelten diese Schiffe weiter, machten daraus die »Triremen« mit drei übereinander versetzten Ruderbänken. Bis zu 170 Ruderer sorgten für den Vortrieb, und damit waren die Kreter und Athener in vielen Seeschlachten der Antike ihren Gegnern weit überlegen. An den Rudern saßen nicht etwa Sklaven, sondern extra dafür eingeteilte Männer. Um diese zu trainieren, gab es immer wieder interne Wettfahrten mit Steuer- und Wendemanövern. Alle vier Jahre wurden zu Ehren der Stadtgöttin Athene die Panathenäen ausgetragen, zu denen auch Ruderwettkämpfe im Hafen von Athen bei Piräus gehörten.

Die Römer bauten an ihre Kriegsschiffe als Erste Rammsporne und Enterbrücken an. Die waren dann nicht nur im Mittelmeer im kriegerischen Einsatz, sondern im römischen Kolosseum soll es mit extra dafür gebauten Booten nautische Wettkämpfe gegeben haben. Damit entwickelten sie eine frühe Regattaform mit Tausenden von Zuschauern.

Nach dem Untergang des Römischen Reiches waren es die Araber, die mit ihrer weiterentwickelten »Droreme« das Rudern mit zwei Männern an jedem Ruderriemen einführten. Sie waren es wohl auch, die dafür Sklaven einsetzten und damit das Rudern in Verruf als unwürdige Arbeit brachten. Karl VII. von Frankreich (1403–1461) machte dann daraus in seiner Regentschaft die »Galeerenstrafe«, womit das Rudern lange Zeit einen bitteren Beigeschmack erhielt.

Doch es gab auch weiterhin das Rudern als Fest, friedliche Regatta und zur Freude von Zuschauern. Am bekanntesten sind die

Fahrten der Gondolieri von Venedig, von denen erste Berichte über eine nationale Festregatta aus dem Jahre 943 stammen. Im 14. Jahrhundert wurden solche Regatten staatlich verordnet, prunkvoll mit großem Volksfestcharakter die Rennen von Fischern und Fährleuten ausgetragen. Noch heute erinnert die jährlich zu Pfingsten stattfindende »Voga Longa« quer durch Venedig an diese Tradition.

Man könnte wohl mit der Geschichte des Ruderns noch einige Seiten füllen, denn auch in der Mitte und im Norden Europas gab es schon lange v. Chr. Völker, die rudernd, meist räubernd und plündernd an den Küsten und auf den Flüssen unterwegs waren. Besonders aktiv trieben es die Wikinger, die bei ihren Beutezügen auch auf Rhein, Mosel und anderen Flüssen bis weit ins Zentrum unseres Kontinents vordrangen. Dabei waren sie wohl auch bei Weitem nicht so tollpatschig-sympathisch, wie es heute manche Comics und Filme uns glauben machen wollen.

Später, erst viel später wurde aus dem Rudern dann die Sportart, wie wir sie heute noch kennen. Aber das ist eine ganz andere Geschichte.

15. GRUND

Weil Rudern früher ein Beruf, heute ein Amateursport ist

Rudern als Mittel zum Handel, zur Kriegsführung, zum Transport von Menschen und Gütern – das ist die Grundlage der heutigen Sportart. Über die Jahrtausende wurde also weniger aus Gründen der Freizeitbeschäftigung, sondern vor allem zur Sicherung des Lebensunterhaltes gerudert. Mal abgesehen von den im vorigen Grund erwähnten Sklaven und Sträflingen kann das wohl auch für die Söldner im Heer der Griechen und Römer gegolten haben.

Ganz sicher überliefert ist das aber für die Gondolieri aus Venedig und die Fährleute in England. Letztere verstanden ihre Tätigkeit als »Handwerk«, gründeten eine Zunft und schlossen sich so als die »watermen« zusammen. Wer als »waterman« arbeiten wollte, konnte nicht so einfach in ein Boot steigen und die nächstbesten Gäste über den Fluss schippern. Wer so handelte, riskierte eine hohe Gefängnisstrafe. Nur wer eine siebenjährige Lehr- und Gesellenzeit absolvierte und eine Prüfung ablegte, bei der eine Strecke in vorgegebener Zeit zurückgelegt werden musste, durfte fortan Passagiere gegen einen festgelegten Geldbetrag befördern. Dazu musste man auch Mitglied in der »Watermen Company« werden. Einige der »watermen« wurden fest vom Adel und dem Königshaus für die jeweils eigenen Boote eingestellt. Ihr Leben war aber nur wenig besser als das ihrer »freien« Kollegen. Denn wenn die Themse, der Avon und die vielen anderen Flüsse im Süden der britischen Insel im Winter zufroren und das Eis ein Weiterkommen auf dem Wasser verhinderte, wurden auch sie ins Ungewisse entlassen.

Im 18. Jahrhundert kamen dann, angetrieben durch den Ehrgeiz des Adels, erstmals Wettbewerbe auf, wer wohl am schnellsten rudern könne. Begehrter Preis war zunächst der rote Schifferrock (Coat) und eine Armbinde mit silbernem Abzeichen (Badge). Gestiftet wurde beides vom damals populären Schauspieler Doggett, nach ihm und seinen Preisen wurde dann auch die Regatta »Doggett's Coat and Badge« benannt. 1831 wurde die erste »Weltmeisterschaft im Einer« ausgerudert, hinzu kamen auch in anderen angelsächsischen Ländern ähnliche Wettfahrten, die sich »Weltmeisterschaften« nannten. Die Welt war in diesen Zeiten halt doch erheblich »kleiner«, als sie uns heute vorkommt.

All diese Aktivitäten waren vor allem den berufsmäßigen Fährleuten vorbehalten, die sich mit den ausgelobten Preisgeldern ihren sonst kargen Verdienst aufbesserten. Die Besten von ihnen wurden schließlich an das Königshaus berufen für die dortigen Barkassen oder als persönliche Fährleute der Königsfamilie.

Neben dem Berufsstand der »watermen« entwickelte sich nach und nach das Rudern zum Vergnügen, zum Picknick und zu gemeinsamen Fahrten im Korso. Damit entstand das Rudern als Betätigung von Amateuren. Schnell versuchten die sich im Wettkampf, womit der Amateursport »Rudern« geboren war. Da viele dieser Amateure aus den Familien der Oberschicht kamen, wurde Rudern als Freizeitbeschäftigung vor allem an den Eliteschulen eingeführt. Die älteste davon ist das College von Eton nahe Windsor, das schon um 1800 einige Ruderboote besaß. Noch heute kann diese Schule mit ihren großen Hallen, gefüllt mit Hunderten von Booten, beeindrucken. Ganz in der Nähe unterhält die Schule ein eigenes modernes Bootshaus am Dorney Lake. Dies war während der Olympischen Spiele von London 2012 das Ruder- und Kanuzentrum, womit der Bogen von der Frühzeit des Ruderns als Beruf bis zur Moderne als Amateursport geschlagen wäre. Und diese Bezeichnung für das Rudern ist trotz vieler Entwicklungen in anderen Sportarten hin zum Profigeschäft auch heute noch gültig. Zwar gibt es hier und da für Einladungsrennen kleine Geldpreise bei den Regatten, aber in mehr als 95 % aller ausgetragenen Ruderrennen in der Welt geht es ausschließlich um die Ehre oder eine bescheidene Medaille aus billigem Metall. Auch die Besten dieser Sportart können von ihr nicht leben, müssen für Trainingslager oder die langwierige Vorbereitung auf Weltmeisterschaften oder Olympische Spiele auf die Zuwendungen von Staat, Sporthilfe, Sportlotterien oder Sponsoren hoffen. Manch einer mag das bedauern, aber dies hat der Sportart über die Jahrhunderte auch den Charakter einer noblen und vorbildlichen Form des sportlichen Wettkampfes erhalten.

Geld stand im Mittelpunkt der rudernden »watermen«, sportliche Ehren sind es heute bei den Top-Ruderinnen und -Ruderern. Ein bisschen »verkehrte Welt«, wenn man sich in der heutigen Sportszene so umschaut.

16. GRUND

Weil Rudern die älteste organisierte Sportart ist

Nachdem Rudern als Wettkampfsport sich immer mehr etablierte und in England regelmäßig Regatten ausgetragen wurden, fand man auch auf dem Kontinent Gefallen an diesen Wettfahrten. Immer mehr dieser Veranstaltungen wurden angeboten, Boote wurden gebaut, und kräftige Männer übten sich in der besten Technik, um diese Boote möglichst schnell voranzutreiben. Und schon damals war klar: Auch für das Rudern sollte es klare Regeln geben, wie man losfährt, was auf der Strecke erlaubt und nicht erlaubt ist und wie man die Sieger und Platzierten feststellt. Ende des 19. Jahrhunderts kam dann der Wunsch auf, sich international auf Europameisterschaften zu messen, was die Einführung klarer und anerkannter Regeln noch wichtiger machte. Das war dann die Geburtsstunde des internationalen Ruderverbandes, der sich als erste, zumindest als eine der ersten, internationalen Sportorganisationen am 25. Juni 1892 gründete. Als Namen wählte man »Fédération Internationale des Sociétés d'Aviron«, kurz FISA.

Was sich so simpel anhört, war allerdings im damals von Kriegen und Machtkämpfen entzweiten Europa gar nicht so einfach. Der Verband der Britischen Amateurruderer blieb fern, sendete nur seine Grüße. Auf der Insel hatte man vor allem Probleme mit dem bei der Gründung angestrebten reinen Amateurstatus der zum Wettkampf zugelassenen Ruderer, hatte man eben doch auch eine Menge an »watermen«, die mit dem Rudern ihr Geld verdienten. Und auch der bereits am 18. März 1883 gegründete Deutsche Ruderverband blieb der Versammlung in Turin fern, sendete wie die Briten nur eine »wohlwollende« Grußbotschaft. Innen- wie außenpolitisch hatte das damalige kaiserliche Deutschland einige Probleme zu bewältigen, war aufgrund seiner Expansionsbestrebungen im europäischen Umfeld nicht sonderlich beliebt.

Schließlich waren es vier Länder, die ihre Delegierten nach Turin schickten: Frankreich, Italien, die Schweiz und Belgien. Letztere reklamierten zwar für sich, bereits 1891 eine offene Europameisterschaft ausgetragen zu haben, brachten sich aber dennoch in die FISA-Gründung ein, deren vornehmliches Ziel es war, eine Grundlage für eine von allen anerkannte kontinentale Meisterschaft zu schaffen. Als fünftes Gründungsmitglied des FISA wird auch eine Gemeinschaft der Mittelmeerverbände geführt, deren Sitz im damals unabhängigen Triest lag. Der Delegierte verwies aber darauf, kein Mandat aus Österreich zu haben, weshalb er mehr eine Beobachterrolle spielte. Und auch ein Delegierter eines spanischen Clubs war zugegen, der zusagte, die beschlossenen Regeln zukünftig anzuerkennen.

Gemessen an den heutigen Problemen, die manch internationaler Sportverband zu bewältigen hat, scheinen diese »Irritationen« bei der Gründung der FISA eher kleine Holpersteine zu sein, die man schnell aus dem Weg räumen könnte. In der damaligen Zeit standen sie aber genau für die politischen und gesellschaftlichen Zwistigkeiten des Kontinents, die erst durch längere Verhandlungen und Gespräche beseitigt werden konnten. Und schließlich schaffte man es tatsächlich, 1893 auf dem Ortasee im Norden Italiens einen europäischen Wettbewerb nach den gemeinsam beschlossenen FISA-Regeln auszufahren.

Eine weitere Konsequenz, die fast 100 Jahre Bestand haben sollte, hatte die Komposition der Gründungsländer für die FISA auch noch: Die Amtssprache war Französisch und blieb es auch über Jahrzehnte. Und obwohl sich im Geschäftsleben längst Englisch als internationale Sprache etabliert hatte, mussten bis in die 1980er-Jahre Generationen von Ruder-Wettkampfrichtern ihre Prüfungen zum Nachweis der Regelkunde in Französisch ablegen, zumindest was die Anweisungen und offiziellen Kommandos für die Ruderrennen anging. Erst mit den 90er-Jahren setzte sich Englisch als »zweite« Amtssprache der FISA durch und wird heute bei internationalen Regatten und Meisterschaften ausschließlich angewendet.

Aus den fünf europäischen Mitgliedsverbänden als Gründer der FISA sind inzwischen 151 aus allen fünf Kontinenten geworden, aber dazu im nächsten Grund mehr.

17. GRUND

Weil Rudern inzwischen ein weltumspannender Sport ist

Vier der fünf Gründernationen des internationalen Ruderverbandes FISA sind heute noch als unabhängige europäische Staaten existent, Belgien, Frankreich, Italien und die Schweiz dürfen sich zu Recht als die ältesten Mitglieder in der FISA-Familie ansehen. Von der britischen Insel kommend breitete sich die Sportart Rudern langsam aus. Im Laufe des 19. Jahrhunderts gründeten sich in fast allen west- und mitteleuropäischen Staaten Rudervereine und schlossen sich dann zur Ausrichtung von Regatten mit einheitlichen Regeln zu nationalen Sportorganisationen zusammen. Die Grundlagen für diese Organisationsformen lagen somit überwiegend im Bereich, den wir heute als »Leistungssport« ansehen. Rudern als reines Freizeitvergnügen oder in der Ausprägung als »touristisches Reisen«, was wir heute vor allem in Deutschland als »Wanderrudern« kennen, wurde zwar betrieben, bedurfte aber keinerlei Regeln und damit auch zunächst keiner ordnenden Verbandsform.

Nach und nach kamen die Staaten Osteuropas hinzu, durch den weltumspannenden Verbund des britischen Commonwealth ging es natürlich auch nach Übersee Richtung Nordamerika, Australien und Neuseeland sowie Staaten in Vorderasien. Aber es sollte noch z.T. Jahrzehnte dauern, bis diese Nationen dann auch Mitglied der FISA wurden.

Bewegung in die Anzahl der Mitgliedsverbände brachte der Erste Weltkrieg. Österreich, Russland und Deutschland, inzwischen FISA-Mitglieder geworden, wurden als Hauptverantwortliche für die kriegerischen Handlungen in Europa aus der FISA ausgeschlossen oder zum Austritt gedrängt. In den Jahren zwischen 1918 und 1939 kamen aber dafür insgesamt 16 Länder dazu. Die meisten aus Europa, aber auch u.a. Argentinien, Brasilien, Uruguay, Ägypten und die USA.

Erst nach dem Zweiten Weltkrieg, in dessen Folge Deutschland nach der Wiederaufnahme 1934 erneut ausgeschlossen wurde, wuchs die Anzahl der FISA-Mitglieder stärker. In England hatte sich inzwischen mit der »Amateur Rowing Association ARA« ein Verband der Amateure gegründet, der 1947, ein Jahr vor den Olympischen Spielen von London 1948, der FISA beitrat. Auch eine größere Anzahl von Ländern aus Osteuropa folgte diesem Schritt. Auslöser dafür waren vor allem die wachsende Bedeutung der Olympischen Spiele, an denen nur FISA-Mitglieder teilnehmen konnten. Erst 1951 fand Westdeutschland wieder den Weg in die FISA zurück, die bis dahin eine Wiederaufnahme strikt ablehnte. Umgestimmt wurde sie erst, als die Niederlande die deutschen Clubs zu einer ihrer Regatten einluden, um ein versöhnliches Zeichen zu setzen. Die DDR wurde schließlich 1956 aufgenommen, durfte aber bis 1966 nicht eigenständig an den Meisterschaften der FISA teilnehmen, was sich auch in der jeweiligen Bildung von gesamtdeutschen Mannschaften bei Olympia bis 1964 ausdrückte.

Bis Mitte der 1980er-Jahre stand die Anzahl der FISA-Mitglieder bei knapp 80. Erst danach wuchs die Mitgliedschaft, da die FISA auch vom Internationalen Olympischen Komitee (IOC) gedrängt wurde, mehr Nationen zu gewinnen. Hintergrund war der Verbleib im olympischen Programm, das nach Ansicht des IOC ein Spiegelbild des Sports in der gesamten Welt mit gut 200 bestehenden Nationen sein sollte. Inzwischen sind es (Stand 2017) 151 Nationen, deren nationale Verbände sich der FISA angeschlossen haben.

Wie schwierig dieser Prozess für den Weltverband gewesen ist, zeigt auch die Tatsache, dass bis 1965 keine Welt-, sondern »nur« Europameisterschaften als höchstwertiger sportlicher Wettkampf ausgetragen wurden. Die waren zwar offen auch für Überseenationen, aber nur die größeren von ihnen konnten sich eine Teilnahme mit den erforderlichen Reisen nach Europa leisten. 1966 gab es die ersten Weltmeisterschaften, erst seit 1974 werden sie jährlich ausgetragen.

Ein schwieriger Weg also, von den ersten Regatten auf den englischen Flüssen bis hin zu einer Sportart, die in der ganzen Welt Freunde gefunden hat. Dafür aber galt von der ersten Stunde an der Begriff der »FISA-Family«, der den besonderen Zusammenhalt der Ruderer weit über den konkurrierenden Wettkampf hinaus ausdrückt. Sucht man als Ruderer Informationen für eine Reise ins weit entfernte Ausland, hilft bei der Vorbereitung – oft auch bei der Findung von Unterkünften – ein Kontakt zum jeweiligen nationalen Ruderverband. Gastfreundschaft und sportliche Kameradschaft kennen da keine Ländergrenzen.

18. GRUND

Weil Rudern klare Regeln hat

Beim Fußball kennt man im Allgemeinen die Regeln, so in etwa zumindest die wichtigsten. Abseits ist, wenn zwischen Torwart, Ball, Gegner und Mittellinie – äh – oder wie war das noch?

Beim Rudern ist das ja wohl ganz einfach, da setzt man sich ins Boot, fährt auf einer festgelegten Bahn eine ebenso festgelegte Distanz gegen andere Mannschaften, und am Ende hat der gewonnen, der als Erster über die Ziellinie fährt. Klingt ziemlich unkompliziert, da braucht man sicher für ein Regelbuch nur ein paar Seiten. Da halten wir es mal mit Radio Eriwan: Im Prinzip ja, aber das Regelbuch im Rudern umfasst in der nach dem internationalen Statutenkongress der FISA 2017 verabschiedeten Version insgesamt 421 Seiten. Nicht gerade was für die Kaffeepause.

Grundlage aller bisher im Rudern vom Weltverband FISA aufgestellten gültigen Regelwerke sind die 1872 in England aufgestellten Gesetze für Bootsrennen. Im Laufe der folgenden Jahrzehnte kamen immer mehr Regelungen hinzu, Bootsklassen wurden definiert, das Verhalten auf dem Wasser im Rennen und die organisatorische Durchführung von Regatten und Rennen festgeschrieben.

Einen großen Schritt vorwärts zu einem umfassenden Regelwerk, das alle Aspekte des Ruderns einschloss, stellte der Schweizer Thomas Keller 1961 vor. Keller war nicht nur für die FISA ein prägender Präsident, sondern auch ein internationaler Sportführer mit großem Einfluss, obwohl er nie Mitglied des Internationalen Olympischen Komitees (IOC) war. Ihm ist an anderer Stelle in diesem Buch ein eigener Grund gewidmet.

In der von Keller initiierten Version waren u.a. die Strukturen des Weltverbandes mit Exekutivkomitee, Fachkommissionen und Schiedsrichtervertretung enthalten. Gerade auf Letzteres legte Keller, der immer im Sinne der Athleten dachte und handelte, besonderen Wert. Die Durchführung der Rennen mit Startbereich, Rennverlauf und Zieldurchfahrt machte den Hauptteil aus, dazu kamen dann noch Regelungen für die Organisation von Regatten und auch ein eigener Paragraf zum Thema Doping, der immerhin fünf Zeilen (!) umfasste.

Als ich mich 1981 auf die internationale Wettkampfrichterprüfung vorbereitete, erhielt ich das Regelbuch der FISA mit Stand von 1980 ausgehändigt, ein recht dünnes Heftchen im DIN-A6-Postkartenformat. Insgesamt waren 80 Seiten darin, davon 40 in der amtlichen Sprache der FISA Französisch und 40 mit der analogen deutschen Übersetzung.

Geblieben ist das A6-Format. Das aktuelle Regelwerk von 2017 in der inzwischen meistens genutzten englischen Fassung hat in seinem Kern zwar auch »nur« 116 Seiten, aber auf den folgenden gut 300 werden zu fast allen Paragrafen detaillierte Ausführungsbestimmungen gegeben. Alles rund um Organisation, Rennen, Boote, Werbung, Alters- und Behindertenklassen, Qualifikationssystem von den Vorläufen bis zum Finale und, und, und … Kam man 1980 zum Thema Doping mit fünf Zeilen aus, umfassen die Anti-Doping-Regeln in der aktuellen Ausgabe 77 Seiten.

Natürlich gibt es angesichts des ständig verfeinerten und damit wachsenden Regelwerks auch Kritiker, die vieles als bürokratisch und sportfremd ansehen. Dennoch haben auch die nationalen Verbände ihre Regelbücher weitestgehend an das internationale Werk angelehnt und damit die Basis bewahrt, die für die Gründung der Verbandsstrukturen ausschlaggebend war. Sie sollte klare Regeln für die Rennen definieren, um Streitigkeiten über Ergebnisse und damit verbundene Geldpreise möglichst gering zu halten. Und dieser Effekt ist weiterhin spürbar, Einsprüche oder gar Anfechtungen von letztlich veröffentlichten Rennergebnissen sind selten. Und wenn doch mal jemand meint, dass etwas nicht richtig entschieden wurde, findet sich immer auf den 421 Seiten eine Regel, die zur Klärung und zum endgültigen Entscheid angewendet werden kann.

19. GRUND

Weil es beim Rudern auch Schiris gibt

»Schiri, wir wissen, wo dein Auto steht!« Wenn dieser Ruf durch ein Fußballstadion hallt, ist das meist der Ausdruck, dass man mit der Leistung des Schiedsrichters und seines Gespanns an den Linien nicht zufrieden ist. In manchen Sportarten müssen die Unparteiischen gegen solche verbalen Bekundungen zu ihrer Spielleitung abgehärtet sein. Wettkampfrichter beim Rudern haben es da etwas leichter. Nicht nur, weil Regattastrecken selten den Arenacharakter haben, der ein Publikum noch zusätzlich beim Anfeuern und zu Bekundungen animiert, sondern auch, weil die Schiris beim Rudern doch wesentlich unspektakulärer agieren. Meist werden sie von den Ruderfans kaum wahrgenommen.

Im Laufe der Jahre hat sich bei Regatten in Deutschland die Bezeichnung »Wettkampfrichter« durchgesetzt, international bilden die Unparteiischen die »Jury«, die gemäß dem Regelwerk Entscheidungen trifft. Schiedsrichter gibt es dabei auch, aber das ist nur ein Teilgebiet, das auf Regatten betreut werden muss. Um dafür qualifiziert zu sein, gibt es nationale und dann nach entsprechender Erfahrung für Interessenten auch internationale Lizenzprüfungen. Regelkunde, Grundkenntnisse in der Organisation der Verbände, klares und entschiedenes Handeln in strittigen Situationen und eine gewisse Übersicht über die Ruderszene werden von den Kandidatinnen und Kandidaten dabei erwartet.

Für ein Ruderrennen sollten mindestens vier Positionen mit Wettkampfrichtern besetzt sein. Da gibt es den »Starter«, der die Boote jeweils zur im Regattaplan vorgesehenen Zeit an die Starteinrichtung ruft und dann nach einem festgelegten Ritual das Startkommando für das Rennen gibt.

An der Seite der Regattabahn befindet sich der »Seitenrichter«. Er ist mit einem Megafon ausgerüstet, bei größeren Veranstaltungen auch mit einer Funkverbindung zu den Starthelfern, die die Boote an der Starteinrichtung festhalten. Über diese Hilfsmittel gibt der Seitenrichter den Helfern die Kommandos, um die Boote entweder etwas vorzuschieben oder zurückzuziehen, da nicht alle Boote einer Klasse immer gleich lang sind. So wird gewährleistet, dass die für den Zieleinlauf entscheidenden Bugspitzen der Boote auf einer Linie liegen, damit alle Teilnehmer dieselbe Distanz im Rennen zurückzulegen haben. Erfolgt das Startkommando, beobachtet der Seitenrichter die Bugspitzen und meldet dem Starter, wenn ein oder mehrere Boote zu früh, also vor dem Startkommando, losfahren. Dann bricht der Starter das Rennen sofort wieder ab, ruft die Mannschaften zurück und belegt die Teams, die zu früh losgefahren sind, mit einer Verwarnung. Startet dann eine dieser verwarnten Mannschaften ein zweites Mal zu früh, wird sie vom Rennen ausgeschlossen.

Ist der Start korrekt, fährt der für das Rennen eingeteilte »Schiedsrichter« mit einem Motorboot hinter das Feld der Boote und begleitet es bis zur Ziellinie. Das Motorboot ist immer mit einem separaten Fahrer besetzt, der Schiedsrichter kann sich somit voll auf den Rennverlauf konzentrieren. Sollte sich in einem Rennen ein Boot versteuern – also nicht gerade die Strecke runterfahren – und so die Gefahr hervorrufen, mit einem anderen Team zu kollidieren, weist der Schiedsrichter mit entsprechenden Kommandos die schief fahrende Mannschaft an, ihren Kurs zu korrigieren. Gelingt das nicht und es kommt doch zu einer Kollision, bricht der Schiedsrichter das Rennen ab, schließt die verursachende Mannschaft aus und beordert die restlichen Teams zurück zum Start, damit das Rennen wiederholt werden kann.

Der Schiedsrichter achtet auch darauf, dass sich in den Bahnen kein Hindernis befindet. Das kann je nach Regattastrecke z.B. ein größeres Holzstück sein, das durch Wind in die Bahnen getrieben wurde. Oder es können auch Boote oder andere Wassersportler sein, die sich versehentlich in die Bahn begeben haben, ohne auf die laufenden Rennen zu achten. In diesen Fällen versucht der Schiedsrichter mit einem Megafon die Strecke freizubekommen oder er bricht das Rennen ab, damit es mit gleichen Chancen für alle Teilnehmer wiederholt werden kann. Es kommt auch vor, dass ein Boot die Regattabahn seitlich verlässt, was so lange geduldet wird, wie damit kein Vorteil (z.B. Windschatten) erzielt wird. Ist ein Vorteil erkennbar oder fährt ein solches Boot auf ein Hindernis außerhalb seiner Bahn zu, macht der Schiedsrichter die Mannschaft darauf aufmerksam, holt sie ggfs. wieder mit Kommandos in ihre Bahn zurück. Ist das Rennen völlig korrekt verlaufen, zeigt der Schiedsrichter das dem Zielgericht mit einer weißen Flagge an.

Im Zielgericht sitzen meist Helfer für die Zeitnahme bei den Rennen und mindestens ein lizenzierter Wettkampfrichter als »Zielrichter«. Der beobachtet die Ziellinie, legt die Reihenfolge fest, in der die Boote eines Rennens über die Linie gehen, und stellt damit das Resultat für den Wettkampf her. Sollte es zwischen zwei Booten sehr knapp zugehen, hat der Zielrichter heute meist elektronische Hilfsmittel, mit denen ein Zielfilm in hoher Auflösung erstellt wird und mit dem man dann den Zieleinlauf kontrollieren und endgültig festlegen kann.

Weitere Aufgaben für die Wettkampfrichter sind in der Kontrollkommission einer Regatta zu finden. Die schaut sich die technische Ausrüstung der Boote an, die mit vorgeschriebenen Sicherheitseinbauten versehen sein müssen. Fehlen diese, können sie noch vor dem Ablegen am Steg nachgerüstet werden, dann darf das Boot den Steg verlassen. Ist ein Nachrüsten nicht möglich, kann der kontrollierende Wettkampfrichter die Mannschaft auch schon da von der Teilnehme am Rennen ausschließen, noch bevor sie überhaupt auf dem Wasser ist.

Und dann gibt es bei jeder Regatta einen meist dreiköpfigen Ausschuss, der sich mit endgültigen Entscheidungen befasst, wenn nach Meinung einer Mannschaft oder ihres Trainers in einem Rennen etwas nicht korrekt verlaufen ist, der Schiedsrichter das Rennen aber trotzdem freigegeben hat. In diesem Fall können das Team oder der Verein nachträglich in einer festgelegten Frist Protest einlegen, über den dann der Wettkampf-Ausschuss entscheidet.

Bei kleinen regionalen Regatten reichen für diese Aufgaben meist sechs bis acht Wettkampfrichter, um alle Positionen ganztägig im Wechsel zu besetzen. Bei Weltmeisterschaften oder Olympischen Spielen, bei denen es natürlich um große Titel und Medaillen geht, umfassen die jeweiligen Jurys bis zu 20 Personen.

Schiedsrichter stehen beim Rudern also nicht so im Mittelpunkt des Geschehens wie auf den Fußballplätzen. Aber ohne sie geht es beim Rudern halt auch nicht.

20. GRUND

Weil Rudern eine eigene Sprache hat

Gut, »eigene Sprache« ist vielleicht ein bisschen übertrieben, aber es gibt doch einige Begriffe und vor allem Kommandos, die findet man nur beim Rudern. Vieles ist natürlich auch aus der Seefahrt entlehnt, Backbord oder Steuerbord, Bug und Heck haben wir ja schon kennengelernt.

Andere Begriffe sind der Technik entnommen. Da ist ein »Ausleger« nicht etwa die horizontale Strebe eines Krans, sondern eine seitlich am Boot angebrachte Halterung, an deren Ende die Skulls bzw. Riemen mit dem Boot verbunden sind. Die lagern in einer »Dolle«, die sich um einen Dollenstift dreht und damit die hebelartige Bewegung des Ruderns überhaupt erst möglich macht. Und damit Skulls und Riemen nicht aus der Dolle nach oben rausspringen können, werden sie von oben mit einem »Dollenbügel« gehalten.

Man kennt Auto- und Schleudersitze, beim Rudern spricht man vom Rollsitz. Der läuft auf Schienen und wird von den darauf sitzenden Aktiven durch Anziehen und Strecken der Beine ca. einen Meter durch das Boot hin und her bewegt. Damit lässt sich die Ausholstrecke für die Riemen und Skulls erheblich verlängern. Und diese Schienenkonstruktion ruht bei Booten mit einem traditionellen Holzinnenausbau auf den »Querlagern«, die wiederum über die »Spanten« mit den Außenwänden des Bootes verbunden sind. Wenn man beim Rudern von einem »Reiter« spricht, ist das kein neuer Ruderkamerad, der gerade die Sportart gewechselt hat. Das ist vielmehr ein kleiner senkrecht sitzender Stab zwischen dem Querlager und dem »Innenkiel«. Der verhindert das Durchbiegen oder gar Brechen des massiv gebauten Querlagers. Bei modernen Rennbooten aus Kunststoff sind die Schienen für die Rollsitze auf feste Platten aufgebaut, die wiederum mit den Seitenwänden des Rumpfes verbunden sind.

Der »Steuersitz« ist nicht abgabenpflichtig, sondern der Platz der Steuerleute, meist im Heckbereich des Bootes angebracht. Von dort aus bedienen die »Lenker« über die »Steuerseile« das »Steuer«, mit dem die Fahrtrichtung des Bootes beeinflusst werden kann. Sie wissen schon, nach Backbord oder nach Steuerbord.

Als Bootsgrößen gibt es den Einer, Zweier, Vierer und Achter. Aber der Einer ist etwas herausgehoben, denn der schmale, schnittige Renn-Einer wird auch Skiff, die darin fahrenden Ruderer Skiffier genannt, französisch als »Skiffié« ausgesprochen.

Rudern ist ein Teamsport, und damit alle Mannschaftsmitglieder im selben Moment die gleiche Bewegung ausführen, gibt es die Ruderkommandos. Diese bestehen immer aus zwei Teilen: der Ankündigung, in der angesagt wird, was als nächste Aktion folgt, und aus dem Ausführungsbefehl, der meist durch ein einfaches »Los!« gegeben wird. »Alles vorwärts!« oder »Alles Rückwärts« erklärt sich dabei wohl von selbst. Alle Ruderer gehen in die entsprechende Startposition, und mit dem »Los!« setzen sie sich dann in Bewegung. Und mit der Kommandofolge »Ruder – halt!« wird die Aktion wieder gestoppt.

Etwas schwieriger ist da die »Wende über Backbord bzw. Steuerbord!«. Hier soll das Boot auf möglichst kurzem Weg in eine andere Richtung gedreht werden, etwa um in einen Kanal oder Bootshafen einzufahren oder um nach zurückgelegter Strecke das Boot für die Rückfahrt zum Bootshaus um 180° zu wenden. Mit der Angabe der Seite wird definiert, wie rumgedreht wird. Die genannte Seite rudert dann rückwärts, die andere vorwärts. Das kann man auf den Seiten abwechselnd tun, beim Kommando »Kurze Wende« erfolgt das auch auf beiden Seiten gleichzeitig, wenn nicht viel Platz auf dem Wasser ist.

»Hochscheren!« ist nicht etwa eine neue Trendfrisur der Ruderer, sondern das Kommando, die Ruderblätter beim Zurückführen in die Ausgangslage möglichst hoch über das Wasser zu führen. Das erfolgt mit einem stärkeren Druck auf die Griffe an den Skulls und

Riemen und soll verhindern, dass die Blätter in ihrer Bewegung durch etwas höher schwappende Wellen beeinträchtigt werden. Die Blätter werden quasi hoch über das unruhige Wasser geführt.

Und »Frei weg!« ist nicht etwa die Aufforderung an die Mannschaft, nun durcheinander zu reden oder gemeinsam von der Leber weg zu singen, sondern das sagt an, dass die Wasserverhältnisse wieder normal sind und man mit voller Kraft weiterrudern kann.

Es gibt noch ein paar Kommandos zum Ein- und Aussteigen aus dem Boot, zum Transport an Land und beim Tourenrudern etwa zum Verhalten in Schleusen. Bei diesen Touren gibt es aber eine Kommandofolge, die Ruderer am meisten mögen: »Ruder – halt; Pause; Becher raus.« Das bedeutet dann meist, dass eine mitgeführte Weinflasche durchgereicht wird und jeder sich davon einen Schluck in sein Trinkgefäß füllen kann. Alles in Maßen natürlich, denn das Kommando »Hoch die Tassen!« erfolgt erst nach der Tagesetappe und zählt damit nicht mehr zu den Ruderkommandos.

3. KAPITEL

RUDERN BEI OLYMPIA

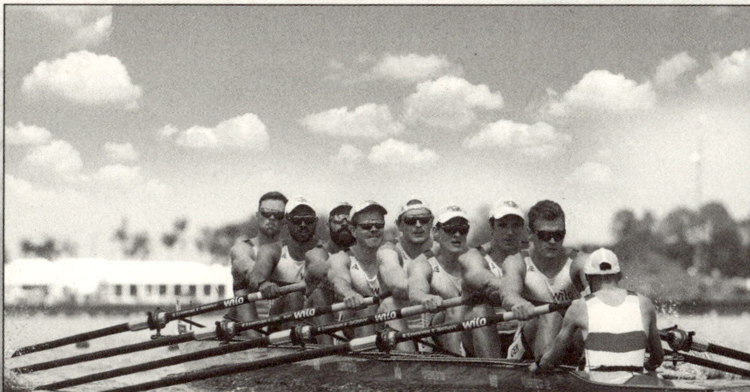

21. GRUND

Weil Rudern eine große olympische Vergangenheit hat

Gerudert wurde schon in der Antike, und auch wenn es wohl nicht zu den überlieferten Wettkämpfen der antiken Olympischen Spiele gehört hat, dürfen die Rennen anlässlich der »Panathenäen« (siehe Grund 14) als eine Art Vorgänger der heutigen olympischen Ruderregatten angesehen werden. Ausgetragen wurden diese Rennen im Hafen von Piräus.

Als Baron Pierre de Coubertin 1892 erstmals die Idee der Olympischen Spiele wiederaufleben ließ, war ihm schnell klar, dass zu den ausgetragenen Sportarten auch Rudern gehören sollte. Er war schließlich selber ein begeisterter Ruderer, überliefert sind von ihm Bilder als Einer-Fahrer.

Bis zur Umsetzung der Idee dauerte es vier Jahre, 1896 traf man sich zu den ersten Spielen der Neuzeit in Athen. Angelehnt an die Antike wurde der Hafen von Piräus erneut als Regattastrecke auserkoren. Am 6. April wurden die Spiele eröffnet, doch man hatte die Rechnung für die Ruderer und Segler ohne die Berücksichtigung der zu dieser Jahreszeit herrschenden Stürme im Mittelmeerraum gemacht. Sie machten die Austragung der angedachten Rennen unmöglich, viele der angereisten Sportler nahmen kurzerhand an anderen sportlichen Wettkämpfen an Land teil. Dass der Wind auch 108 Jahre später bei der erneuten Austragung der Spiele in Athen eine einflussreiche Rolle spielen sollte, ahnte zu diesem Zeitpunkt freilich niemand. Überhaupt war fraglich, wie lange sich diese Form der sportlichen Wettbewerbe würde halten können. Die Entwicklung zur größten Sportveranstaltung der Welt war vielleicht einer der Träume des französischen Barons, angesichts der politischen und gesellschaftlichen Konflikte in aller Welt aber äußerst ungewiss.

Dennoch gab es schon vier Jahre später eine Fortsetzung, diesmal in Paris. Es wurden fünf Rennen ausgetragen, im Einer, Zweier mit Steuermann, Vierer ohne und Vierer mit Steuermann sowie im Achter. Frankreich stellte das größte Kontingent der Finalisten, in Erinnerung ist aber ein taktischer Kniff der Niederländer im Zweier mit Stm. Um das Gewicht, das die beiden Ruderer in Form ihres Steuermanns mitschleppen mussten, zu verringern, stieg der eigentliche »Lenker« aus und überließ seinen Platz einem unbekannten siebenjährigen französischen Jungen. Mit ihm gewann man das Rennen, und der unbekannte Junge gilt bis heute als der jüngste Olympiasieger aller Zeiten.

Kurioses, wohl auch sportlich unfaires Handeln erlaubte sich die Regattaleitung im Vierer mit Stm. Hier hatte kein französisches Boot das Finale der besten vier Mannschaften erreicht, was den Gastgebern offenbar ein Dorn im Auge war. Man setzte nach den bereits erfolgten Vorläufen ein weiteres Ausscheidungsrennen an, in dem die schnellen Ruderer aus Lyon eine zweite Chance erhalten sollten. Aber nicht alle Teams wurden darüber informiert, das Rennen fand somit nicht statt. Dann wollte man auf der Regattabahn, auf der eigentlich nur vier Boote ungehindert rudern konnten, mit sechs Booten inklusive Lyon das Finale austragen. Dagegen protestierten die drei sportlich qualifizierten Vorlaufsieger, sie blieben dem Finale fern. Und nach weiteren Irrungen und versuchten Winkelzügen der Organisatoren gewannen die Hamburger für Deutschland vor Holland und Ludwigshafen. Damals waren noch mehr als nur ein Boot pro Nation zugelassen. Im Achter waren die USA vorne, die damit ihre bis 1960 nur selten unterbrochene Serie der Achter-Olympiasiege starteten.

Die Weltkriege und spätere Boykotte hatten immer wieder Auswirkungen auf die Teilnehmerzahlen der Ruderer bei Olympia, aber Rudern ist bis heute eine der Kernsportarten im Programm. Immer wieder gab es Neuerungen und Festlegungen, die heute noch gültig sind. 1924 maß die offizielle Strecke die heute noch ausgefahrenen 2.000 Meter, aber gerade war die Bahn auf der Seine bei Argenteuil nicht. 1936 dominierte Deutschland als Gastgeber die Rennen, die politische Einflussnahme durch das Naziregime war besonders bei den vom Hitler-Gruß geprägten Siegerehrungen unübersehbar.

1948 bei den Spielen von London fanden die Ruderwettbewerbe in Henley südwestlich von London statt. Auf der schmalen Bahn des Städtchens, das heute noch Gastgeber der wohl traditionellsten Ruderregatta der Welt ist, konnten immer nur drei Boote gleichzeitig fahren, was den Vor- und Zwischenläufen fast den Charakter einer Ko-Runde gab.

Die Spiele von Rom 1960 gelten als die ersten modernen Spiele. Unterhalb der päpstlichen Sommerresidenz Castel Gandolfo am Albaner See lag die Regattastrecke, auf der die einzelnen Bahnen erstmals mit einem Bojen-System markiert waren. Das wurde fortan Standard im internationalen Rudern und ist heute noch als »Albano-System« auf den natürlichen und künstlich angelegten Rennstrecken der Welt unverzichtbares Hilfsmittel für die Fairness in den Rennen. 1960 war es der von Karl Adam trainierte deutsche Achter mit Kieler und Ratzeburger Ruderern an Bord, der den Abonnementssiegern aus den USA Gold wegschnappte.

1964 musste das Achterrennen wegen ungünstiger Wetterbedingungen weit in den späten Nachmittag verlegt werden, Autos mussten am Ende den Zielraum mit ihren Scheinwerfern beleuchten. Auf einer vom Wind begünstigten Bahn gewannen wieder die USA vor Deutschland.

1968 machte man sich in der Kraft-Ausdauer-Sportart Rudern große Sorgen um die Gesundheit der Aktiven, denn in der dünnen Luft Mexikos waren gerade solche Sportarten eher Qual als Freud'. Doch der deutsche Achter gewann, diesmal vor Australien und der UdSSR. Jochen Meissner aus Mannheim holte im Einer die Silbermedaille.

1972 bauten die Organisatoren der Spiele von München vor den Toren der bayerischen Metropole eine ganz neue Regattabahn in Feldmoching bzw. Oberschleißheim mit einer bis dahin nicht gekannten großen Zuschauertribüne aus Beton. Die Ruderrennen der zunächst heiteren Spiele wurden von den Aktiven der DDR dominiert, die in allen sieben ausgetragenen Rennen Medaillen holten, davon drei goldene. Als großer Favorit gewann der Bodensee-Vierer m. Stm. sein Rennen, Neuseeland wurde Überraschungssieger im Achter. Wenige Tage später erschüttert der Terror die olympische Idee, die aber vom damaligen IOC-Präsidenten Brundage mit den Worten »The games must go on! – Die Spiele müssen weitergehen!« für die Zukunft gerettet wird. 45 Jahre nach den Spielen von München kämpfen Ruderer und Kanuten um den Erhalt der inzwischen ziemlich maroden Betonbauten nahe der bayerischen Landeshauptstadt, Ausgang ungewiss.

1976 in Montreal sind erstmals Frauenrennen bei Olympia ausgeschrieben, der Doppelvierer bei den Männern kommt hinzu. Insgesamt sind damit 14 Bootsklassen im Olympiaprogramm der Ruderer verankert, eine Zahl, die bis heute trotz einiger Änderungen Bestand hat.

1996 haben die Spiele inzwischen eine so hohe Anzahl an Teilnehmern angenommen, dass das IOC erstmals Quoten einführt. Für Rudern wird eine Zahl von 550 Aktiven festgelegt, damit das drittgrößte Kontingent nach der Leichtathletik und dem Schwimmen. Die FISA hat mit knapper Mehrheit bei ihrem Kongress 1993 den Austausch von drei bisherigen Bootsklassen gegen Klassen der Leichtgewichte, also Athletinnen und Athleten mit einem festgelegten Maximalgewicht, beschlossen. Damit möchte man vor allem die Sportler in Südamerika und Asien ansprechen, die überwiegend einen weniger athletischen Körperbau aufweisen.

2004 finden die Ruderrennen ca. 40 Kilometer von Athen entfernt in Schinias nahe der antiken Stadt Marathon statt. Wie lange bereits üblich waren die U19-Weltmeiterschaften 2003 der Testlauf für die Spiele. Dieser wurde aber zum Desaster, denn die im August in der Region üblichen und tückischen Meltemi-Fallwinde machten eine Austragung der U19-WM quasi unmöglich. Für die olympische Regatta bereitete man daraufhin alle möglichen Szenarien vor, darin enthalten auch Rennen gegen die Uhr als Qualifikationsrunden. Am Ende musste man aber nur an einem Tag die olympische Regatta wegen Wind unterbrechen, alle Rennen konnten unter weitestgehend fairen Bedingungen ausgefahren werden. Piräus 1896 wiederholte sich also nicht. Dennoch bleiben die U19-Weltmeisterschaften von 2003 gerade in Deutschland in unangenehmer Erinnerung. Nachdem durch verdorbene Verpflegung im Mannschaftshotel mehr als 80% der Athletinnen und Athleten sowie der Betreuer eine Salmonellen-Vergiftung erlitten, reiste das Team noch vor Beginn der Rennen wieder ab.

2012 kehrten die Ruderwettkämpfe geografisch quasi an ihren Geburtsort zurück. Zwar war auch die Strecke in Eton auf dem Dorney Lake ziemlich windanfällig, aber Zehntausende Briten entlang des Kurses machten diese Regatta mit ihrer Begeisterung für den Rudersport zu einem einmaligen und lautstarken Erlebnis. Mit dem Sieg im Achter, dem vierten nach Rom, Mexiko und Seoul, sowie unerwartetem Gold im Doppelvierer der Männer feierte auch das deutsche Rudern seine Sternstunden.

2016 in Rio stand die Wasserqualität der Lagune Rodrigues de Freitas im Schatten von Zuckerhut und Christus-Statue im Zweifel, aber entgegen allen Befürchtungen gab es keine dadurch ausgelösten Krankheitsfälle, auch nicht durch den lange in den Medien behandelten Zika-Virus.

Und das bisher letzte Kapitel schlug die FISA bei ihrem Kongress 2017 auf, hier wurde eine der Männer-Leichtgewichtsklasse (Vierer-ohne) zugunsten des offenen Frauen-Vierers aus dem Programm genommen. Somit gibt es nun sieben Klassen bei den Frauen und bei den Männern, Einer, Doppelzweier, Doppelvierer, Zweier-ohne, Vierer-ohne, Achter und Leichtgewichts-Doppelzweier. Das wurde vor allem auf Druck des IOC beschlossen, denn hier möchte man Frauen wie Männern gleiche Chancen geben. Rudern ist somit die erste Sportart, die das quantitative Gleichgewicht der Geschlechter bei Olympia hergestellt hat.

An dieser Stelle ist nur ein kurzer, schlaglichtartiger Blick auf die olympische Geschichte des Ruderns möglich. Aber trotz des Ausfalls 1896 waren die Ruderer bei den Spielen der Neuzeit von Anfang an dabei, haben hier und da ihr Programm umgebaut und an die modernen Bedürfnisse angepasst. Bei der heutigen Politik des IOC kann man aber nie wissen, ob die olympischen Gralshüter damit auf Dauer zufrieden sind. Deshalb sollte man jede olympische Regatta genießen, auch wenn es für die meisten doch nur vor dem heimischen Fernseher statt als Olympionike im Boot möglich sein wird.

22. GRUND

Weil beim Rudern 144 Olympiamedaillen vergeben werden

Rudern bei Olympia, das waren in der Frühzeit der modernen Spiele nur eine Handvoll Bootsklassen, die den Männern vorbehalten waren. Erst seit den Spielen von 1976 ist Frauen-Rudern zugelassen, damals aber nur über die halbe Distanz der Männer, also 1.000 Meter. Sechs Bootsklassen wurden für die Frauen in das Programm genommen. Bei den Männern kam der Doppelvierer erstmals hinzu, womit die Zahl von 14 Rennklassen festgeschrieben wurde. 1988 in Seoul fuhren auch die Frauen erstmals über die 2000 Meter, was bis heute so geblieben ist. Auch die Anzahl von 14 Klassen hat Bestand, aber nun sind es für Frauen wie für Männer jeweils die gleichen: Einer, Doppelzweier, Leichtgewichts-Doppelzweier und Doppelvierer in den Skull-Booten, Zweier-ohne, Vierer-ohne und Achter für die Riemen-Ruderer. Diese Einteilung wurde auf dem Statutenkongress des internationalen Ruderverbandes FISA 2017 in Tokio beschlossen und inzwischen vom IOC bestätigt.

Seit 1996 gilt für die Ruderer bei Olympia eine maximale Teilnehmerzahl für alle 14 Bootsklassen. Ursprünglich waren es 550, für die Olympischen Spiele 2020 in Tokio und dann die folgenden Austragungen wurde die Anzahl auf 524 reduziert. Nach einem vorher festgelegten Qualifikationsmodus können sich Athletinnen und Athleten aller Kontinente für Olympia ihre Startplätze sichern, jedem Erdteil ist da eine Quote entsprechend der Ruder-Aktivitäten zugewiesen. Die erste Qualifikationsrunde wird auf den Weltmeisterschaften im vorolympischen Jahr ausgefahren, hier können sich die Nationen je nach Bootsklasse mit Platzierungen bis zum elften Rang ihre Plätze für die folgenden Spiele sichern. Die Besetzungen der Mannschaften, die dann an den Olympischen Spielen teilnehmen, müssen nicht übereinstimmen mit denen der WM. In den ersten Monaten des Olympiajahres werden dann auf den Kontinenten nochmals Qualifikationsrennen angeboten und abschließend eine Regatta, an der Teams aller Kontinente eine allerletzte Chance erhalten. Die Bootsbesetzungen dieser Qualifikanten müssen dann auch bei den Spielen antreten und dürfen nur im Fall von ärztlich attestierter Verletzung oder Erkrankung geändert werden.

Am Ende sind es dann 524 Aktive für die 28 Bootsklassen. In denen werden in Summe 144 Medaillen pro Geschlecht vergeben, je 27 in den Achtern, zwölf in den Vierern, sechs in den Zweiern und drei bei den Einern. Rechnet man das um, dann werden mehr als ein Viertel der an der olympischen Regatta teilnehmenden Athletinnen und Athleten mit einer Medaille von den Spielen heimfahren. Es gibt keine andere Sportart, in der dieses Verhältnis in etwa vergleichbar ist.

Wer nun meint, dann gehe ich mal zum Rudern, da kann man wohl am leichtesten Medaillen gewinnen, der dürfte spätestens nach dem ersten Monat in einem Leistungstraining eines Besseren belehrt sein. Acht bis zehn Trainingseinheiten pro Woche von je rund zwei Stunden sind für Olympiaanwärter ein Minimum. Dazu kommen Rennen um die nationale und dann eben die internationale Qualifikation. Mit seinem Pensum an Training gehört Rudern zu den intensivsten Sportarten, und nur den Besten ist es vergönnt, schließlich zu den 524 »Auserwählten« zu gehören, die bei Olympia an den Start gehen. Wer dann zu den 144 Glücklichen gehört, die mit Edelmetall ausgezeichnet werden, hat es sich auch redlich verdient.

23. GRUND

Weil Ruderstrecken bei Olympia immer eine eigene Geschichte haben

Olympische Spiele werden immer an eine Stadt vergeben. Das ist so Tradition seit Beginn der Neuzeit-Spiele 1896. Deshalb musste für die Spiele von München 1972 auch die Prägung einer 10-DM-Münze gestoppt werden. Die zeigte nämlich zunächst den Schriftzug »Olympische Spiele in Deutschland«, und das war den IOC-Granden gar nicht recht. Die wenigen Exemplare, die damals in den Verkehr gerieten, sind heute noch begehrte Sammlerstücke.

Durch die Vergabe an Städte entstand aber vor allem für die Wassersportler ein besonderes Problem. Während man Stadien und Hallen nahezu überall errichten kann, sind Gewässer in unmittelbarer Nähe der ausgewählten Stadt nur selten zu finden. Bekanntestes Beispiel dafür ist die Vergabe der Spiele nach Berlin und München. In beiden Fällen gingen die Segler nach Kiel und trugen ihre Wettkämpfe auf der Ostsee aus.

Für die Ruderer war die Distanz zwischen Olympischem Dorf als Wohnstätte und der Regattastrecke nicht immer ganz so weit, wie von München nach Kiel. Aber ganz nah dran am olympischen Zentrum mit dem großen Stadion als Mittelpunkt war man selten.

In Berlin 1936 ruderte man auf der Dahme bei Grünau. Das war noch innerhalb der Grenzen der Hauptstadt und damit vergleichsweise zentral gelegen. Gute 50 km mussten die Teilnehmer und Zuschauer 1948 reisen. Henley, südwestlich von London, war als

Regattastrecke auserkoren. 1956 fanden die Spiele erstmals in der südlichen Hemisphäre statt. Melbourne hatte man als Austragungsort bestimmt, doch für die Ruderer ging es ins 120 km entfernte Ballarat auf den Wendouree-See. Damit fiel für die Athleten die Unterbringung im eigentlichen olympischen Dorf aus. Am Ufer des Sees hatte man im Stil eines Camps einige Hütten mit Wellblechdächern als Unterkünfte für Ruderer und Kanuten errichtet. Eher spartanisch ausgerüstet und wegen des stundenlang fallenden Regens, der auf den Dächern ein Stakkato trommelte, sicher eine der fragwürdigsten Unterkünfte für Hochleistungssportler.

1960 hatte man mit dem Albaner See unterhalb des Castel Gandolfo wohl einen der malerischsten Orte für die Ruderstrecke ausgesucht. Mal eben einen Ausflug in die »ewige Stadt« zu machen war für die Ruderer aber auch erst nach den Wettkämpfen möglich.

Fast städtisch waren im Gegensatz dazu die Regattastrecken von 1964 in Toda und 1968 in Xochimilco zu nennen, die jeweils nur wenige Meilen von den Stadtzentren Tokios und Mexico Citys entfernt lagen. Auch die Olympiastrecke für die Spiele in München war mit einer Entfernung von rund 15 km relativ nahe am Olympiazentrum mit dem markanten Zeltdach des Stadions gelegen.

Der Kurs »Notre Dame« in Montreal erforderte keine langen Fahrzeiten. Dafür wird heute dort umso schneller gefahren, denn im Areal der Regattastrecke liegt der heutige Formel-1-Kurs im Automobil-Rennsport. Große Teile der Ruderstrecke sind alljährlich bei den Fernsehübertragungen der Rennen gut zu erkennen.

1984 hieß es dann wieder Reisen für die Ruderer und Wohnen in einem extern angelegten Dorf. Der Lake Casitas, ein in den Bergen 120 km nördlich von Los Angeles eingebetteter See, bildete die Bühne für Ruderer und Kanuten. Vier Jahre später war der Han River Kurs zwar recht nah am olympischen Dorf gelegen, wegen seiner Wasserqualität aber stark umstritten. Auf einem »toten Kanal« des Flusses nahe Seoul hatte man die Strecke gebaut, am Ende wurden aber keine besonderen gesundheitlichen Vorkommnisse gemeldet.

Solche Probleme hatte man 1992 nicht, dafür lag der See bei Banyoles mit seiner bereits vorhandenen und erprobten Strecke wieder rund 130 km von Barcelona entfernt, was ein eigenes Dorf für die Ruderer nötig machte. Das war zwar recht modern nach damaligen Maßstäben eingerichtet, die Gebäude werden auch heute noch als Apartments genutzt. Doch waren viele Aktive nach der Rennwoche froh, endlich in die katalanische Metropole umziehen zu können, um den olympischen Geist hautnah auf sich wirken zu lassen.

Eine gute Stunde Fahrt musste man zwischen Atlanta und dem Lake Lanier bei Gainsville im US-Bundesstaat Georgia einplanen. Fast alle Teams wohnten in der Stadt, die durch ihre koffeinhaltige Brause Berühmtheit erlangt hat. Aber ab und an wurde es durch den Verkehr auf den Highways dann doch etwas knapp mit den Rennvorbereitungen. Manche Teams mieteten sich auch für die Nächte unmittelbar vor den Rennen in Hotels in Gainsville ein, um so dem zeitraubenden Transport von Atlanta aus zumindest an den Renntagen zu entgehen.

Ähnliches galt für Sydney, den zweiten Austragungsort auf der südlichen Erdhalbkugel. Mit der Strecke in Penrith stand hier das australische Ruderzentrum zur Verfügung, und ein gut funktionierender Transport zwischen Ruderkurs und Weltmetropole brachte nur selten Probleme.

Eine alte Flugplatz-Landebahn in Schinias nahe dem Örtchen Marathon nutzte man als Austragungsort für die Spiele 2004. Doch wie bei vielen Bauten in Athen stand auch hier lange auf der Kippe, ob denn alles rechtzeitig fertig werden würde. Ein Jahr vorher waren die Ausbaggerungen für den künstlich angelegten See fertig und trotz der in Griechenland zeitweise herrschenden Dürre auch mit Wasser gefüllt. Rundum fehlten noch Bauten, die waren aber 2004 dann einsetzbar und dienen heute als Ruder-Leistungszentrum der Griechen. Die nahmen sich noch bei der Eröffnungsfeier im Athener Olympiastadion selber auf die Schippe: In der letzten Minute vor dem obligatorischen Countdown erschienen zwei Bauarbeiter in ihrer typischen blauen Kluft, hämmerten symbolisch einen letzten Nagel auf die Begrenzung der Laufbahn und riefen dann Sekunden vor dem Beginn der Spiele unter dem Gejohle der Zuschauer »Ready – Fertig!«.

Entspannter ging es in Peking zu, aber auch hier war die Strecke in Schunji weit vor die Tore der Hauptstadt verlegt worden. Eine gute Stunde dauerte eine Taxifahrt von dort bis ins Zentrums Pekings, aber durch die chinesische Stringenz in Organisationsfragen klappte es auch hier mit dem Transport von Athleten, Betreuern und Organisatoren.

Der Dorney Lake, gut 40 Kilometer südwestlich von London, liegt sehr nahe an der Wiege der Sportart Rudern, und deshalb war 2012 schnell klar, dass man im Ruderzentrum des Eton College die olympische Regatta austragen würde. Manche Teams nutzten Unterkünfte in Studentenheimen in der Nähe, andere das Transportsystem zwischen der Strecke und der britischen Hauptstadt, die während Olympia ein besonderes Flair aufwies.

Mit der Lagune Rodrigo de Freitas lag die Strecke von Rio mal wieder mitten in der Olympiastadt, doch die bei der Bewerbung versprochenen schwimmenden Tribünen für 10.000 Zuschauer suchte man vergeblich. Dafür konnte man aber fast kostenlos vom nahen Strand aus einen Teil der Ruderrennen verfolgen, die zeitweise allerdings unter dem vom Atlantik wehenden Wind stark beeinträchtigt wurden.

Und auch für die Spiele 2020, die zum zweiten Mal in Tokio stattfinden sollen, gab es zu Beginn der Planungsphase Diskussionen. Eine Strecke in einem Waldareal nahe der japanischen Küste im Stadtgebiet von Tokio soll es nun werden. Doch die Kosten dafür sind immens, sodass man zwischenzeitlich überlegt hatte, einen geeigneten See rund 450 km entfernt von der Hauptstadt kostengünstiger als Regattastrecke auszubauen. Davon ist man nach Protesten des IOC und der beiden betroffenen Verbände der Ruderer und Kanuten inzwischen wieder abgerückt. Was man aber schlussendlich dann auf dem »Sea Forest Course« vorfinden wird, steht noch in den Sternen.

Olympische Regattastrecken der Ruderer und auch der Renn-Kanuten, die nur 1992 auf einem Stadtkurs in Barcelona eine eigene Anlage hatten, schreiben immer wieder ihre besondere Geschichte. Meist sind es die Kosten, die den Bau einer solchen Anlage von über 2000 Meter Länge und rund 120 Meter Breite inklusive der notwendigen Organisationsbauten, Bootshallen und Athletenräume für die Ausrichter zum Problem machen. Oft findet man das, was bei der Bewerbung rund sieben Jahre vor den Spielen präsentiert wurde, nur in Teilen wieder. Und nicht selten müssen die Ruderer bis zur zweiten Woche warten, ehe sie die einzigartige Atmosphäre mit den Athleten aus aller Welt im olympischen Zentrum so richtig teilen können. Doch dann tun sie das umso intensiver, vor allem, wenn sie zu den 144 Glücklichen mit einer Ruder-Medaille gehören.

24. GRUND

Weil Rudern große Duelle bei Olympia hervorgebracht hat

Hohes Trainingspensum, athletische Ausprägung der Aktiven, dann 2000 Meter, auf denen man mit Kraft und Technik den Gegnern gegenübersitzt und über die Renntaktik entscheidende Vor- oder auch Nachteile herausholen kann – dies alles macht die Sportart Rudern und ihre Wettbewerbe so attraktiv. Das gilt insbesondere für den Einer, in dem man als Athlet bzw. Athletin völlig auf sich allein gestellt ist. Da entscheidet nur die individuelle Leistung über Sieg und Niederlage, und hier finden sich oft auch die großen Duelle Mann gegen Mann bzw. Frau gegen Frau. Davon lassen sich vor allem die Zuschauer olympischer Regatten gerne mitreißen, denn Olympia weckt bei vielen Athleten noch einmal besondere Kräfte, animiert das Publikum zum frenetischen Anfeuern.

Als eines der ersten großen Einer-Duelle, das über zwei Olympiaden – Zeitraum von jeweils vier Jahren – ausgetragen wurde, sind die Rennen zwischen dem Ost-Berliner Achim Hill und dem Sowjetrussen Wjatscheslaw Iwanow anzusehen. Der Russe gewann 1956 in Melbourne Einer-Gold und war auch für die Spiele von Rom 1960 der große Favorit. Doch für den Endlauf auf dem Albaner See hatte sich Hill etwas überraschend qualifiziert und im Finale fuhr er ein taktisch sehr kluges Rennen, in dem er der eigentlich stärker eingeschätzten Konkurrenz die Silbermedaille wegschnappte. An Iwanow kam Achim Hill nicht heran, der ruderte quasi in einer anderen Liga ungefährdet zu Gold. Vier Jahre später in Tokio trafen beide im Endlauf wieder aufeinander und lange sah es nach einem Sieg für den Berliner aus. Iwanow lag nach 1.500 Metern mit rund sieben Sekunden zurück, verfügte aber über einen bärenstarken Endspurt. Kurz nach der Marke, die die letzten 500 Meter anzeigt, blickte Hill zum Russen hinüber. Und in diesem Moment passiert es. Eine kleine Welle schlug dem Berliner den Backbord-Skull aus der Hand, für zwei-drei Schläge muss er aussetzen, um die Fahrtrichtung zu korrigieren und das Boot wieder auf Tempo zu bringen. Genau das nutzt Iwanow aus, er holt sich die Führung des Rennens und gibt diese bis zum Ziel auch nicht mehr ab. Hill kann gerade noch den Schweizer Kottmann in Schach halten und gewinnt zum zweiten Mal Olympia-Silber. Iwanow holt sich sein drittes Gold im Einer und macht sich damit zu einem der ganz Großen im Rudern. Achim Hill tritt für die DDR 1968 zu seinen dritten Spielen in Mexiko an, kann aber dort nur den fünften Platz belegen.

Das wohl bekannteste Duell zwischen zwei Einer-Fahrern trugen der Hamburger Peter-Michael Kolbe und der Finne Pertti Karppinen zwischen 1976 und 1988 aus. Alles begann in Montreal. Kolbe war der große Favorit im Einer und führte bis kurz vor der Ziellinie deutlich. Beeindruckend war vor allem seine saubere Ruderarbeit gepaart mit überragender Körperkraft. Doch als alle schon mit dem Sieg des Deutschen rechneten, zog auf der Außenbahn der finnische

Feuerwehrmann Schlag um Schlag mit einem mächtigen Endspurt an. Und je stärker der Finne aufkam, umso mehr schienen Kolbe die Kräfte zu verlassen. Auf den letzten 100 Metern ging bei dem Hamburger gar nichts mehr, und fast kampflos musste er den Finnen an sich vorbeiziehen lassen. Der war 2,5 Sekunden schneller im Ziel, Kolbe konnte auf den letzten Metern fast nur noch treibend Silber verteidigen. Später wurde über eine Spritze diskutiert, die Kolbe vor dem Rennen vom Mannschaftsarzt erhalten hatte. Sie sollte den Erschöpfungszustand hinauszögern, doch der Kipp-Punkt kam bei dem Deutschen wohl gut 100 Meter zu früh. Ob das aber wirklich die Ursache für den Leistungsverlust war, wie es Peter-Michael Kolbe selber bis heute anführt, wurde nie ganz aufgeklärt.

1980 war Moskau als Austragungsort wegen des im Januar erfolgten Einmarsches der Russen in Afghanistan für viele westliche Staaten nicht tragbar. Dazu gehörte auch die damalige Bundesrepublik Deutschland, in der sich besonders die Ruderer gegen den Boykott aussprachen. Letztlich leider vergeblich. Bei Weltmeisterschaften trafen sich Kolbe und Karppinen immer wieder, meist hatte der Deutsche da die Bugspitze vorn. 1984 sollte es dann in Los Angeles zur großen Revanche für Montreal kommen. Schon im Vorlauf trafen die beiden Favoriten aufeinander, Karppinen gewann und setzte ein Zeichen für das Finale. Sechs Skuller traten im Finale an, aber nur der Deutsche und der Finne standen im Fokus. Über 1.800 Meter ging der Kampf um die Spitze mit leichten Vorteilen für Kolbe. Gleichzeitig zogen beide den Endspurt an. Und erneut hatte der Finne das bessere Ende für sich. Mit den letzten Schlägen fuhr er an die Spitze und lag im Ziel 1,95 Sekunden vor Kolbe. Erneut blieb für den Hamburger, der alles gegeben hatte, »nur« Silber. Karppinen, der auch in Moskau überragend Gold geholt hatte, ruderte sich wie vorher Iwanow mit der dritten Goldmedaille in Folge in den Skuller-Olymp.

1988 in Seoul traten Kolbe und Karppinen ein letztes Mal bei Olympia an. Doch zwölf Jahre nach seinem größten Triumph hatte der inzwischen 35-jährige Finne nicht mehr die Klasse früherer Jahre, im Halbfinale schied er aus. Peter-Michael Kolbe, ebenfalls 35 Jahre alt, stand erneut im Finale und galt als Medaillenkandidat. Aber auch in Seoul war es am Ende ein anderer, der Gold einfuhr. Ein Jahr zuvor war der Hallenser Thomas Lange für die DDR Weltmeister im Einer geworden, nun holte er als erster Deutscher nach Gustav Schäfer 1936 wieder Olympia-Gold im Einer. Kolbe wurde erneut Zweiter und beendete seine internationale Laufbahn mit der dritten olympischen Silbermedaille.

Weniger im Fokus der Öffentlichkeit, dafür aber nicht weniger spannend verliefen die Duelle im Frauen-Einer. 1996 kam mit Ekaterina Khodotovitch eine junge Ruderin aus Weißrussland in die Szene und holte sich in Atlanta die Goldmedaille. Vier Jahre später in Sydney sollte der Frauen-Einer eines der spannendsten Rennen der Rudergeschichte überhaupt werden. Mit Rumjana Nejkowa aus Bulgarien hatte sich eine zweite Ruderin aus dem ehemaligen Ostblock nach vorne geschoben. Die Bulgarin lieferte sich mit der Weißrussin, die inzwischen einen Deutschen geheiratet hatte und unter dem Namen Ekaterina Karsten an den Start ging, harte Duelle bei den Weltmeisterschaften. Auf dem See bei Penrith fuhren dann beide das Rennen ihres Lebens. Mit bloßem Auge war auf der Ziellinie kein Unterschied auszumachen, die Anzeigetafel nannte zunächst die Bulgarin als Olympiasiegerin. Doch der deutsche Zielrichter Holger Siegler nutzte die inzwischen im Ziel obligatorische elektronische Filmaufnahme und ließ den Zielfilm soweit es ging vergrößern. Und dann war es doch erkennbar, mit wenigen Tausendstelsekunden lag der Bugball der Weißrussin vor dem der Bulgarin. Dritte wurde Katrin Rutschow-Stomporowski, die vier Jahre zuvor in Atlanta mit dem deutschen Doppelvierer bereits Gold geholt hatte. In den folgenden Jahren sollte aus dem Duell Karsten-Nejkowa ein Dreikampf mit der Deutschen werden.

Die hatte 2004 ihr großes Jahr. Auf der Regattastrecke in Schinias vor den Toren Athens holte sich die Berlinerin Gold vor Karsten und Nejkowa. Für Rutschow-Stomporowski war es ihr letztes Rennen, die Bulgarin erfüllte sich dann 2008 in Peking ihren Traum vom Olympia-Gold im Frauen-Einer.

Und als letztes in der Aufzählung der großen Duelle seien hier die Rennen zwischen Olaf Tufte (Norwegen), Ondrej Synek (Tschechien) und dem Neuseeländer Mahe Drysdale genannt. Tufte gewann in Athen 2004 und in Peking 2008 Gold. Synek ruderte in Peking zu Silber, für den durch einen Infekt gehandicapten Drysdale blieb nach langer Führung am Ende die Bronzemedaille. 2012 in London kam aber die Stunde des Neuseeländers, nach großem Kampf holte er den Sieg vor Ondrej Synek, der Brite Alan Campbell gewann zur Freude seiner Landsleute Bronze. Tufte belegte am Ende Rang neun. 2016 kam es auf der Lagune Rodrigo des Freitas zu einem ähnlichen Drama im Männer-Einer, wie man zuvor 2000 im Frauen-Einer erlebt hatte. Für Mahe Drysdale hieß diesmal sein Gegner Damir Martin aus Kroatien. Und wieder musste die höchste Stufe der Zielfilmvergrößerung herhalten, um am Ende einen hauchdünnen Vorsprung für den »Kiwi« vor dem Kroaten feststellen zu können. Dritter wurde Synek, der ähnlich wie Kolbe bei all seinen Olympiastarts im Einer eine Medaille, aber nie die goldene geholt hat. Olaf Tufte war auch in Rio dabei, diesmal aber im Doppelzweier, in dem er mit seinem Partner die Bronzemedaille gewann.

Die Geschichte des Ruderns bei Olympia ist also stark geprägt durch die Duelle bzw. Dreikämpfe im Einer. Eines aber kann man für alle diese Athletinnen und Athleten festhalten: Im Rennen gibt es kein Pardon, da wird bis zum letzten Schlag gegeneinander gekämpft. Doch schon auf dem Siegertreppchen feiert man zusammen. Da heben dann der Zweite und Dritte den Sieger traditionell auf ihre Schultern. Und oft trifft man sich dann auch außerhalb der Hauptsaison zu Einladungsrennen in Vierer- oder Achterteams, um Rudern mal ohne den Druck der Rivalität gemeinsam genießen zu können. Nicht selten lädt man sich gegenseitig ein, um in den Jahren zwischen den Spielen gemeinsam am Wohnort des eigentlichen Konkurrenten zu trainieren, für einige Tage zu leben und auch gemeinsam feiern zu können.

Große Duelle – große Freundschaft! Ein Schatz, den der Rudersport sich bis zum heutigen Tag bewahrt hat. Nicht jeder Ruderer hat das Zeug, in diese Spitzen-Liga vorzustoßen. Aber dass die Sportart solche Vorbilder hat, ist Grund genug, sich näher mit ihr zu beschäftigen.

25. GRUND

Weil Deutschland über 50 Jahre auf Olympia-Gold im Einer warten musste

Man schrieb den 14. August 1936. Auf die Regattabahn in Berlin-Grünau, die erstmals sechs Startbahnen für die Ruderwettkämpfe der Olympischen Spiele bot, gingen wolkenbruchartige Regengüsse nieder. Die Stimmung im deutschen Team war angespannt, aber optimistisch. Noch ahnte niemand vor dem ersten Rennen, dass es der bis dahin erfolgreichste Tag für den Deutschen Ruderverband mit insgesamt fünf Goldmedaillen werden sollte. Niemand ahnte auch, dass an diesem Tag eine Ära begann, die erst 52 Jahre später enden sollte.

Für Gustav, genannt »Gummi«, Schäfer ging an diesem 14. August ein lang gehegter Traum in Erfüllung. Über Jahre hatte er sich mit seinem englischen Trainer George Daniel Cordery vorbereitet. Im Finale fuhr Schäfer dann dem Feld schon früh davon und gewann am Ende mit über vier Sekunden Vorsprung die Goldmedaille vor dem Österreicher Hasenöhrl und dem US-Skuller Barrow. Zum ersten Mal hatte damit ein deutscher Einer-Fahrer Olympiagold geholt.

Der Zweite Weltkrieg verhinderte weitere Spiele, und erst 1952 durften deutsche Sportler wieder teilnehmen. Es dauerte dann auch nicht lange, bis der 1949 wiedergegründete Deutsche Ruderverband vor allem mit seinen Vierern und Achtern an der Weltspitze mitruderte. Bis 1964 traten die Bundesrepublik und die DDR jeweils mit einer gemeinsamen Mannschaft an. In Ausscheidungsrennen vor den Spielen ermittelten der DRV und der DRSV die schnellsten Teams für die sieben ausgeschriebenen Rennen. Im Einer vertrat Klaus von Fersen 1956 die deutschen Farben, er schied aber leider im Halbfinale gegen starke Konkurrenz, u.a. den späteren Olympiasieger Iwanow, aus.

1960 ist es dann der Ost-Berliner Achim Hill, der in den Einer bei den Spielen von Rom steigt. Er bietet Iwanow Paroli, kann den übermächtigen Russen aber auch nicht schlagen und holt Silber. Vier Jahre später in Tokio wiederholt sich dieser Zieleinlauf, erneut holt Achim Hill Silber hinter Iwanow.

Und auf Silber scheinen die deutschen Skiffier abonniert, denn auch 1968 gewinnt der Mannheimer Jochen Meissner dieses Edelmetall. Erstmals tritt die DDR mit einem eigenen Team an, Achim Hill wird im Finale Fünfter. Obwohl Meissner eigentlich als Favorit für den Einer gilt, muss er sich im Endspurt dem starken Niederländer Jan Wienese beugen.

In München 1972 gibt es zwar auch wieder Edelmetall für einen deutschen Skuller, es ist aber »nur« Bronze, das Wolfgang Güldenpfennig für den DRSV der DDR gewinnt. Udo Hild aus Passau wird für den DRV Vierter. 1976 beginnt die Zeit von Peter-Michael Kolbe, der Silber holt vor Joachim Dreifke aus der DDR. Gegen den Finnen Pertti Karppinen ist in den nächsten Jahren kein Kraut gewachsen, Peter Kersten holt bei den Moskauer Spielen für die DDR die Bronzemedaille.

Silber ist es auch 1984 für Kolbe, aber vier Jahre später sollte der Gold-Bann für deutsche Einer-Fahrer endlich gebrochen werden. Für Kolbe gab es zwar wieder »nur« Silber, aber mit Thomas Lange aus Halle schaffte es der DDR-Ruderer, endlich die Goldmedaille nach 52 Jahren der Abstinenz in einen deutschen Ruderverein zu holen. Als er dann diesen Erfolg vier Jahre später für das nun wiedervereinte Deutschland wiederholen konnte, waren auch die letzten Spuren einer Jahrzehnte dauernden Durststrecke für die Ruderer beseitigt.

Fraglich ist jetzt nur, ob es wieder so lange dauern wird, bis ein deutscher Einer-Fahrer ganz oben auf dem olympischen Treppchen stehen darf. Denn in den mittlerweile 26 vergangenen Jahren gab es »nur« noch zwei Bronzemedaillen für Lange 1996 und 2000 für Marcel Hacker. Die Hälfte der vorherigen Wartezeit auf Einer-Gold hätten wir also zumindest schon mal geschafft. Eine gewisse Geduld muss man also mitbringen für das einsamste Ruderrennen bei Olympia.

26. GRUND

Weil Peter-Michael Kolbe auch ohne Olympia-Gold ein ganz Großer ist

An anderer Stelle in diesem Buch werden wir noch große Ruderpersönlichkeiten vorstellen, aber schon in diesem Olympia-Kapitel wollen wir einen Grund zum Rudern dem deutschen Ausnahme-Skuller Peter-Michael Kolbe widmen.

Michel, wie er von den meisten gerufen wird, wurde 1953 in Hamburg geboren. Schnell erkannte man sein Talent, ein Boot mit ruhigen, langen Schlägen durch das Wasser gleiten zu lassen. Zusammen mit seiner bereits als Jugendlicher überragenden Körperlänge als Hebel und der Ausdauerkraft als Antrieb avancierte er schnell zu einem herausragenden Skuller. Sein hanseatisch ruhiges, zuweilen verschlossenes, manche sagten auch »unzugängliches«, Wesen machten aber auch schnell klar, dass er wohl der »geborene« Einer-Fahrer sein würde. Mir fiel er erstmals 1970 auf, als ich bei der »Düsseldorfer Junioren-Regatta«, die mangels einer geeigneten Ruderstrecke statt in der Landeshauptstadt auf der benachbarten Wedau in Duisburg ausgetragen wurde, als junger Regattahelfer erste »ehrenamtliche« Erfahrungen an der Startnummern-Ausgabe sammeln durfte. Die war in der ersten Etage des damaligen Regattagebäudes untergebracht, die über einen durchgängigen Balkon verfügte. Wann immer man auch von dort aus auf den Regattaplatz schaute, Peter-Michael Kolbe ragte als 17-Jähriger mit seiner Körperlänge heraus.

1971 holte er dann den ersten Titel, wurde Deutscher Jugendmeister im Einer. Auch international wäre es wohl der JWM-Titel geworden, aber klar in Führung liegend musste er wegen eines im Rennen entstandenen Schadens an seinem Einer aufgeben.

Für den Sprung in das Olympia-Team von 1972 war es für Kolbe zu spät, aber bereits 1973 setzte er ein erstes Ausrufezeichen, als er bei der Regatta in Mannheim den ein Jahr zuvor Olympiasieger gewordenen Russen Juri Malyschew klar bezwang. Im gleichen Jahr wurde Kolbe in Moskau Europameister, und von da an war er aus dem internationalen Spitzensport nicht mehr wegzudenken. Erst 15 Jahre später bestritt er bei den Olympischen Spielen von Seoul sein letztes internationales Rennen.

Dazwischen lagen Jahre, in denen der Hamburger zusammen mit seinem Trainer Jürgen Düse, im Hauptberuf Polizeibeamter, alle Höhen und Tiefen des Hochleistungssports erleben sollte. Gleich nach dem Titelgewinn in Moskau bekundete er sein Interesse, zukünftig in einer Mannschaft rudern zu wollen. Anfang der 70er-Jahre stand es nicht besonders gut um die Großboote im Deutschen Ruderverband. Einzig der sog. Bullen-Vierer vom Bodensee, 1972 Olympiasieger im Vierer-mit, ragte heraus. In allen anderen Klassen waren es vor allem die DDR-Ruderer, die sich immer mehr in den Vordergrund schoben. Ideen waren 1974 gefragt, eine davon war, die »Bullen« gemeinsam mit einigen weiteren Riemen-Ruderern und eben Peter-Michael Kolbe in einen neuen Achter zu setzen. Das Experiment gelang auch, überdauerte aber nur einen

Tag, der durch einen Sieg bei der damals bedeutenden Regatta im Mannheimer Hafen gekrönt wurde. Kolbe ruderte bei der WM im Vierer-mit, holte dabei immerhin die Bronzemedaille. Es sollte die einzige bleiben, die er international in einem Mannschaftsboot gewinnen konnte.

1975 kehrte der Hamburger in den Einer zurück und holte auf der WM den Titel. Die deutschen Sportjournalisten wählten ihn daraufhin zum »Sportler des Jahres«. Vier weitere WM-Goldmedaillen im Einer folgten 1978, 1981, 1983 und 1986. Was auch folgte, waren immer wieder Diskussionen um den richtigen Weg für den erfolgreichen, aber eben auch eigenwilligen Einer-Fahrer Kolbe. So verzichtete er auch mal auf eine WM-Teilnahme, wenn der Verband von ihm Dinge einforderte, die ihm nicht in sein Konzept passten. Und er war auch der erste Athlet, der mit dem RC Hamburg nicht nur einen eigens für seine Unterstützung gegründeten Ruderverein hatte, sondern auch durch die Vermittlung von Hamburger Freunden und Beratern einen Sponsorenvertrag, der ihn finanziell unabhängig von offizieller Verbandsförderung machte. Eine Schlagzeile aus der Presse 1975 lautete »Kolbe entschied sich für Kolbe!«, und dieser Devise blieb Peter-Michael Kolbe in seiner weiteren Karriere treu. Auch 1990, als er dem Ruf des DRV folgte und dort die hauptamtliche Position des »Sportdirektors« annahm. Für den DRV war es nach der politischen Wende und der Zusammenführung der Athleten aus Ost und West nicht nur eine bewegte, sondern zugleich seine erfolgreichste Zeit, die der Sportdirektor mitgestaltete. 1994 verließ er den DRV etwas überraschend wieder, um andere, eigene Wege zu gehen.

Fünf WM Titel – dreimal Olympiasilber – Peter-Michael Kobe hat damit deutsche Sportgeschichte geschrieben. 1981 erhielt er die höchste Sportauszeichnung der Bundesrepublik, das »Silberne Lorbeerblatt«. 1988 folgte das Bundesverdienstkreuz, und 2016 wurde er in die »Hall of Fame« des deutschen Sports aufgenommen.

Heute lebt er in Lübeck, manchmal trifft man ihn noch auf der ein oder anderen Ruder-Regatta. Und wie sieht er selber seine Zeit als Leistungssportler und die »verpassten« Chancen, als Olympiasieger Geschichte zu schreiben? In einem Interview mit meiner *FAZ*-Kollegin Evi Simenoni offenbarte er es: »Ich habe natürlich oft darüber nachgedacht. Ich kann es nicht mehr ändern. Ich wollte das Gold, habe es aber nicht geschafft. Dennoch erfüllt es mich mit Stolz, was ich in meiner Laufbahn erreicht habe.«

Danke, Michel, dass ich deine Karriere im und außerhalb eines Ruderboots über viele Jahre habe begleiten dürfen.

27. GRUND

Weil Rudern den Deutschland-Achter hat

Fragt man »auf der Straße«, was den Leuten zum Rudern als Erstes einfällt, hört man in 99 von 100 Antworten wohl »Deutschland-Achter«. Das größte Mannschaftsboot im Rudern ist Aushängeschild dieser Sportart, und das gilt auf der ganzen Welt. In unserem Land hat sich der Name »Deutschland-Achter« vor allem durch die legendären Erfolge bei den Olympischen Spielen eingeprägt, als Millionen von sportbegeisterten Zuhörern vor den Radiogeräten und dann später als Zuschauer beim Fernsehen die Rennen verfolgten.

Wann aber genau der Name »Deutschland-Achter« entstand, darüber streiten sich bis heute die Protagonisten. Sicher scheint nur, dass er durch die in solchen Dingen ja immer einfallsreichen Medien geschaffen wurde. Die Crew, die 1960 in Rom erstmals eine olympische Goldmedaille im Achter für Deutschland gewann, reklamiert die »Geburtsstunde« des Namens für sich. Ein Jahr zuvor waren sie unter Trainer Karl Adam im französischen Macon Europameister und zur »Mannschaft des Jahres« in Deutschland gewählt worden. Schon damals soll der Name in den Medien genutzt worden sein.

Zwei Jahre nach dem legendären Olympiasieg gegen die bis dahin dominierenden US-Amerikaner trat eine neue Generation von

DRV-Aktiven im Achter an. Wieder war es Karl Adam als Trainer, der mit den jungen Athleten eine Crew formte, die 1962 auf dem Rotsee in Luzern bei der erstmals ausgetragenen Weltmeisterschaft Gold holte. Nach dieser WM sprach man vom deutschen Ruderwunder, denn in den sieben Bootsklassen gelang sechsmal der Einzug ins Finale. Dabei fischten die DRV-Crew insgesamt fünf Gold- und eine Bronzemedaille aus dem als Mekka des Rudersports angesehenen See nahe Luzern. Das brachte dem Achter u.a. die Einladung zu Rennen gegen Universitäten in den USA. Im Frühjahr 1963 reiste man in die Staaten. Auf dem Programm stand auch ein Besuch bei dem jungen Präsidenten John F. Kennedy, der Karl Adam und seine Crew im Weißen Haus in Washington empfing und sich viel Zeit für die Gespräche mit den deutschen Ruderern in völlig ungezwungener und vom Protokoll unbeeinflussten Atmosphäre nahm. Spätestens bei der WM und in den Monaten danach dürfte der Begriff »Deutschland-Achter« gefallen sein, und so ist es nicht verwunderlich, dass auch diese Generation der deutschen Achter-Recken die Geburtsstunde des Namens für sich beansprucht.

Egal, wer nun für die Namensgebung verantwortlich war, der »Deutschland-Achter« wurde schnell zum Synonym für die großen Erfolge der DRV-Ruderer in den 60er-Jahren. 1964 verlor man zwar unter vom Wind beeinflussten Umständen das Olympiafinale von Tokio gegen die USA, vier Jahre später aber gelang in der dünnen Luft von Mexiko der zweite Sieg bei den Spielen, wiederum unter der sportlichen Verantwortung von Karl Adam.

Dann aber wurde es etwas stiller um den Achter, in den 70er- und 80er-Jahren gelang dem DRV nicht die Bildung eines schlagkräftigen Flaggschiffs, obwohl es immer wieder Bemühungen in verschiedenen Trainingszentren der Bundesrepublik gab. Zwar gewann die DDR 1976 und 1980 das olympischen Finale, aber da der Begriff »Deutschland-Achter« vor allem von den West-Medien geprägt und genutzt wurde, fand er für die DRSV-Erfolge keine Berücksichtigung. Erst 1988 machte wieder ein von Ralf Holtmeyer im

Leistungszentrum Dortmund trainierter DRV-Achter Schlagzeilen, als er ohne Niederlage und mit souverän geführten Rennen im Gepäck sich der olympischen Konkurrenz von Seoul stellte. Und dort wurde das Team dem Favoritendruck gerecht, weder die USA noch die starke UdSSR konnten den Achter bezwingen. Mit diesem dritten Olympiagold erlebte der »Deutschland-Achter« eine Renaissance. Erst recht, als die Mannschaft zwischen 1989 und 1991 dreimal in Folge dem Olympiasieg auch den WM-Titel folgen ließ. Das beeindruckte sogar die Politik, und der damalige Bundeskanzler Helmut Kohl ließ es sich nicht nehmen, das für die Olympischen Spiele 1992 vorgesehene Boot anlässlich einer großen Feierstunde bei der Bonner Ruder-Gesellschaft auf den Namen »Deutschland-Achter« zu taufen. Ob es nun am Bundeskanzler lag oder doch an der im Achter nicht ganz gelungenen Zusammenführung der Ost- und West-Ruderer, in Banyoles, wo die Regatta 1992 stattfand, wurde es »nur« Bronze«.

Es folgten wieder WM-Titel und -Medaillen, 1996 auch Olympia-Silber. Dann aber kam die fast schon obligatorische Durststrecke. Bei Olympia in Sydney war kein deutscher Achter qualifiziert, in Athen 2004 wurde es Platz vier, und nach vielen Querelen und Trainerwechsel im Laufe des Jahres 2008 vor den Spielen von Peking kam am Ende nur Platz acht heraus.

Im Folgejahr holte man Ralf Holtmeyer, der inzwischen u.a. den Frauen-Achter betreut hatte, wieder als Trainer des Männer-Achters zurück. Schon 2009 folgte der WM-Titel, den die Trainingsgruppe aus Dortmund auch 2010 und 2011 verteidigte. Wieder fuhr man 2012 wie schon 1988 ungeschlagen zu den Spielen nach London, um dort mit dem Olympiasieg gegen Kanada und die heimischen Briten eine neue Sternstunde für den Deutschland-Achter zu schaffen. Und wie Karl Adam 24 Jahre zuvor, feierte auch Ralf Holtmeyer seinen zweiten Olympiasieg als Trainer eines Achters.

Es folgten dreimal WM-Silber gegen die nochmals verstärkten Briten, die dann auch bei den Spielen in Rio 2016 die Bugspitze vor dem Deutschland-Achter über die Ziellinie schoben.

Auch einige Vierer im DRV erhielten in ihrer aktiven Zeit eigene Namen als Identifikationsmerkmal, aber kein Begriff hat sich mehr im Bewusstsein der Öffentlichkeit eingeprägt als der Name »Deutschland-Achter«. Mancher, der die letzten 60 Jahre im Rudern als Aktiver mitgeprägt hat oder als Ruder-Enthusiast alle Bootsklassen mit der gleichen Aufmerksamkeit verfolgte, mag das gegenüber den anderen Mannschaften dieser Ära vielleicht ungerecht finden. Für den Rudersport, der immer etwas im Schatten anderer Sportarten stand, war und ist dieser Begriff aber ein Aushängeschild und Markenzeichen, von dem schlussendlich nicht nur die jeweiligen Achter-Recken profitiert haben.

28. GRUND

Weil die Ruderer der ehemaligen DDR in ihrer Zeit Maßstäbe setzten

Die Auswirkungen des Zweiten Weltkrieges hat Deutschland besonders durch die Teilung des Landes zwischen 1949 und 1990 gespürt. Die zog sich natürlich auch durch den Rudersport, der sich in der Bundesrepublik und der DDR zunächst recht unterschiedlich entwickelte.

Im Dezember 1949 gründete sich der Deutsche Ruderverband im Westen neu, sah sich damit auch als Erbe der bereits seit 1883 bestehenden Verbandstradition. Erste Schritte, den Rudersport in der DDR neu zu organisieren, gab es im November 1950 mit der Bildung der »Sektion Rudern« im DDR-Sport. Erst knapp acht Jahre später wurde daraus der Deutsche Ruder-Sport-Verband der DDR.

Die Jahre dazwischen waren international vor allem durch die sportpolitische Frage bestimmt, inwieweit Deutschland an internationalen Wettkämpfen bis hin zu Europameisterschaften und Olympischen Spielen teilnehmen könne. Der DRV wurde bereits

1951 wieder in die FISA aufgenommen, die aber erkannte die »Sektion Rudern« der DDR nicht als Verband an. Stattdessen schlug man vor, dass sich DRV und DRSV einigen sollten, welche Mannschaften »Deutschland« bei den internationalen Wettkämpfen vertreten sollten. Das blieb zunächst auch so, als 1955 die »Sektion Rudern« als außerordentliches Mitglied der FISA aufgenommen wurde. In der Zwischenzeit hatte sich der Rudersport in der DDR enorm entwickelt, und mit der »Großen Grünauer Regatta« hatte man in der DDR auch eine für die osteuropäischen Staaten bedeutende Wettfahrt zu bieten. Bei der dominierten immer mehr die Aktiven aus Leipzig, Dresden, Rostock und anderen Ruder-Hochburgen der DDR. 1956 machten die DDR-Sportler dann erstmals richtig auf sich aufmerksam, als sie innerhalb der gesamtdeutschen Mannschaft bei den Europameisterschaften der Frauen im Doppelzweier durch Leipzig und im Achter durch Berlin mit Bronze die ersten internationalen Medaillen holten. National beflügelte in diesen Jahren der Wettlauf der beiden deutschen Verbände um die Plätze in einem gesamtdeutschen Olympiateam die Sportart natürlich enorm, was wohl auch eine der Grundlagen für die vielen internationalen Erfolge der deutschen Ruderer Ende der 50er- und in den 60er-Jahren war. Manche sagten, es sei einfacher, Welt- bzw. Europameister zu werden, als sich für das deutsche Ruderteam zu qualifizieren.

Bis 1966 sollte es aber noch dauern, bis die FISA dann dem DRSV erlaubte, an den Weltmeisterschaften im heutigen slowenischen Bled erstmals mit einer eigenen Mannschaft anzutreten. Das war ein starkes Signal für den DDR-Rudersport, der dann von den sieben Rennen bei den Männern direkt drei gewann und dazu noch zwei Bronzemedaillen einfuhr. Die Zeit bis zu den Olympischen Spielen von 1968, zu denen erstmals zwei deutsche Mannschaften zugelassen waren, war für eine gezielte Vorbereitung der DDR-Athleten inzwischen etwas kurz geworden, dennoch gewannen sie auch dort dreimal Gold und einmal Silber. Dominierend waren dabei vor allem der Zweier- und der Vierer-ohne. Der ganz große Durchbruch für den DDR-Rudersport erfolgte dann 1972 in München, als man in allen sieben ausgetragenen Rennen Medaillen holte und bei den Riemen-Ruderern neben Zweier und Vierer ohne auch im Zweier mit Stm. gewann. Besonderer Jubel löste der Gewinn der Bronzemedaille im Achter aus, bei dem man den DRV auf den fünften Platz verwies. Noch deutlicher dominierten die DDR-Männer 1976 in Montreal. Fünfmal Gold gab es, dabei auch im erstmals ausgetragenen Doppelvierer der Männer, der in den folgenden Jahren eine Domäne des DDR-Rudersports werden sollte. Und noch mehr zählte das Gold im Achter vor Großbritannien, Neuseeland und dem DRV. Den Vogel aber schossen die Frauen ab, die in allen sechs Rennen auf dem Treppchen standen, dabei viermal ganz oben.

Dass in Abwesenheit vieler westlicher Verbände die DDR bis auf den Einer alle Männer-Rennen bei den Spielen von Moskau 1980 gewann ist nicht verwunderlich. Bei den Frauen waren es erneut vier Goldmedaillen, dazu einmal Silber und Bronze. Nach dem Boykott der Spiele 1984 holten die DDR-Männer 1988 in Seoul »nur« noch dreimal Gold und je einmal Silber und Bronze. Dafür schlug in Seoul aber die große Stunde der DDR-Frauen, die fünf der sechs Rennen für sich entschieden.

Was weltpolitisch 1989/90 folgte, ist allgemein bekannt. Für den DRSV kam mit dem Ende des Jahres 1990 die Auflösung, die in ihm organisierten Vereine konnten sich mit dem 1. Januar 1991 dem DRV anschließen. Der trat dann bei den Spielen 1992 erstmals wieder mit einer »gemeinsamen« Mannschaft auf, was viele Jahre eher verhasst als geliebt war. Nun aber waren die Vorzeichen ganz andere, und am Start der 14 Bootsklassen der Männer und Frauen waren aus deutscher Sicht sowohl reine Ost- wie West-Teams, aber auch u.a. im Gold-Doppelvierer der Männer komplett gemischte Mannschaften. Sie schafften es, insgesamt zehn Medaillen für den DRV zu holen, eine Leistung, deren Grundlage nicht zuletzt durch die Erfolge der DDR-Aktiven gelegt worden waren.

Ein Thema kann am Ende nicht ungenannt bleiben – das Doping. Aber hier ist gerade im Laufe der letzten Jahre immer offenkundiger geworden, dass dies nicht allein den Ostblock-Nationen zuzuschreiben ist. Heute kann man wohl ziemlich sicher davon ausgehen, dass in allen Staaten, die über die medizinischen und pharmakologischen Mittel verfügten, im letzten Drittel des 20. Jahrhunderts mit Substanzen gearbeitet wurde, die sich auf die Leistungen von Athleten auswirken konnten. Völlig unabhängig von solchen Vermutungen und für den Rudersport nur wenig nachgewiesenen Aktivitäten kann man dem DRSV bescheinigen, dass er vor allem die sportwissenschaftlichen Aspekte des Ruderns und die Ausbildung seiner Trainer und Trainerinnen bei der Entwicklung der Sportart im Osten Deutschlands in den Vordergrund stellte. Viele Bücher und Dokumente aus DDR-Verlagen, meist aus der Feder von Prof. Dr. Theodor Körner und Dr. Peter Schwanitz, galten lange Zeit als **das** Grundwissen für den modernen Rennrudersport und Weiterentwicklung der im Westen vor allem durch Trainer wie Karl Adam, Walter Volle, Theo Cohnen und Karl-Heinz Bantle angewendeten Trainingsmethoden der 50er- und 60er-Jahre. Alleine deshalb hat der DDR-Rudersport in seiner Zeit Maßstäbe gesetzt, ohne die viele deutsche Rudermedaillen nie möglich gewesen wären.

29. GRUND

Weil Ruderrennen bei Olympia Sportgeschichte schreiben können

Wie bei allen Sportarten, in denen die konkurrierenden Sportler oder Teams im Rennen direkt gegeneinander oder gegen die Uhr antreten, kann es sowohl langweilig sein, wenn ein Favorit den Wettkampf deutlich und uneinholbar dominiert. Es kann aber auch ganz spannend zugehen, wenn man sich bis zur Ziellinie nichts schenkt und bis zum letzten Körnchen Kraft verausgabt. Nicht selten geht es dann um die zweite, gar dritte Sekunden-Stelle hinter dem Komma, also die Tausendstel einer Sekunde. In manchen Sportarten hat man das abgeschafft, da ist bei der Hundertstelsekunde Schluss. Und gegebenenfalls gibt es dann halt zwei zeitgleich Platzierte auf demselben Rang.

Beim Rudern sind solche knappen Rennen natürlich auch möglich, und auch hier werden die Rennzeiten der Boote gemessen. Und je mehr sich dabei die technischen Möglichkeiten der visuellen Messelektronik verfeinern, umso detaillierter kann man die Abstände der Boote zueinander auf den elektronisch erstellten Zielfilmen ermitteln. Dennoch spielen diese Zeiten im Rudern für die Festlegung des Resultats keine Rolle. Denn auf dem Zielfilm wird durch die im Ziel eingesetzten Wettkampfrichter geprüft, ob es zwischen den weißen Bugbällen, mit denen alle Boote eines Rennens ausgerüstet sein müssen, erkennbare Unterschiede beim Überfahren der Ziellinie gibt. Wird dabei festgestellt, dass in einem knappen Rennen ein Bugball ggfs. nur Millimeter vor dem anderen Bugball auf der eingerichteten Linie liegt, dann ist das ausschlaggebend für das Resultat und damit auch für die Vergabe von Medaillen und Titeln. Zwar kann man dann über die Elektronik auch den zeitlichen Abstand der Bugbälle ermitteln, aber das spielt für die Entscheidung des Zielgerichtes keine gravierende Rolle. In den am Ende veröffentlichten Resultaten werden dann die Zeiten nur mit der zweiten Stelle hinter dem Komma genannt, wodurch es vorkommen kann, dass zwei Boote, die in der selben Hundertstelsekunde über die Ziellinie gefahren sind, zeitgleich ausgewiesen werden. Das offizielle Zielbild zeigt aber dennoch einen Abstand der Bugbälle, und damit werden nicht zwei gleiche, sondern zwei unterschiedliche Medaillen vergeben.

Durchforstet man die Ergebnisse der olympischen Ruderrennen, findet man einige Rennen, die sich erst in der zweiten oder gar dritten Stelle hinter dem Komma entschieden. So gewann der USA-Achter in München seine Silbermedaille im Achter nur mit

6/100 Sek. Vorsprung vor der DDR. Auch beim Doppelvierer-Sieg des Deutschen Ruderverbandes 1984 auf dem Lake Casitas musste man verhältnismäßig lange auf das Ergebnis warten, bis feststand, dass man die Australier mit 4/10 Sek. hinter sich gelassen hatte. Genauso knapp ging es dort auch im Achter zu, in dem Kanada mit dem gleichen Abstand die USA auf den zweiten Platz verwies. Ähnlich knapp wurde es 1988 zwischen den Achtern der UdSSR und den USA, die hinter dem Deutschland-Achter ins Ziel kamen. Genau eine viertel Sekunde war die UdSSR schneller als die USA. Ähnlich eng wurde es zwischen Norwegen und Italien 1992 im Doppelvierer hinter den Siegern aus Deutschland. Ganze 24/100 Sekunden lagen die Skandinavier vor Italien auf dem Silberrang. Nur 3/100 Sekunden mehr trennten Derek Porter (Kanada/Silber) von Thomas Lange bei dessen Bronzemedaillengewinn im Einer 1996. Generell zeichneten sich die Spiele von Atlanta bei den Ruderern durch viele knappe Rennergebnisse bei den Medaillenentscheidungen sowohl bei den Männern wie auch bei den Frauen aus.

In Sydney folgte dann im Frauen-Einer ein legendäres Rennen. Ekaterina Karsten (Weißrussland) lieferte sich bis zum letzten Schlag mit der Bulgarin Rumjana Nejkowa einen harten Kampf. Noch einige Minuten nach dem Zieleinlauf zeigte die Anzeigetafel die Bulgarin vorne, allerdings mit dem Hinweis »Photo-Finish«. Und nach fast zehn Minuten wurde das Resultat geändert, Karsten hatte mit 9/1000 Sekunden, die auf dem Zielfilm zu erkennen waren, das Rennen und damit Olympiagold gewonnen.

Im Finale des Frauen-Doppelzweiers bei den Spielen 2008 in Peking lieferten sich Neuseeland und Deutschland einen Bord-an-Bord-Kampf um Gold und Silber bis zur Ziellinie. Dort waren die Kiwis Georgina und Caroline Evers-Swindell um 1/100-Sekunde schneller als Christiane Huth und Annekatrin Thiele.

Ganze 4/1000 Sekunden waren es 2016 im Männer-Einer zwischen Damir Martin aus Kroatien, der das ganze Rennen über den neuseeländischen Favoriten Mahe Drysdale gefordert hatte. Auch hier musste die größte Stufe der Zielfilm-Vergrößerung herhalten, um am Ende den minimalen Vorsprung für den Neuseeländer zu ermitteln. Als das Zielfoto später veröffentlicht wurde, äußerten viele Sportfans, es wäre gerechter gewesen, beiden die Goldmedaille zuzuerkennen. Immerhin könne man ja auch beim Start nicht auf den Bruchteil eines Millimeters sicherstellen, dass die schwimmenden Boote im Moment des Startsignals genau auf einer Linie lägen. Emotional sicher nachvollziehbar, aber die gültigen Regeln im Rudern, bei denen nur der Abstand auf der Ziellinie, nicht aber die daraus gemessene Zeit eine Rolle spielt, gaben eine solche salomonische Entscheidung (leider) nicht her.

Dass es auch anders gehen kann, zeigen viele Rennen auf regionalen, nationalen und internationalen Regatten bis hin zu Weltmeisterschaften. Zwar werden gerade bei den Letzteren höchst genaue Bildsysteme eingesetzt, aber immer mal wieder ergibt sich ein sog. »Totes Rennen«, bei dem keinerlei Unterschied zwischen zwei Booten auf der Ziellinie erkennbar ist. Und genau dann gibt es auch ggfs. zweimal dieselbe Medaillenfarbe, was in der olympischen Geschichte des Ruderns aber noch nie der Fall war.

Start – 2000 Meter – Ziel, das ist vereinfacht die Abfolge eines Ruderrennens bei den großen Regatten bis hin zu Olympia. Manchmal fährt ein Boot schon früh nach vorne und kann den Abstand zur Konkurrenz dann bis ins Ziel halten. Manchmal aber geht es auch so knapp zu, dass der Betrachter bis zum letzten Schlag mitfiebert. Und das sind die Momente, in denen Rudern Sportgeschichte schreibt.

30. GRUND

Weil Rudern bei Olympia auch Überraschungen produziert

Olympische Spiele prägen heute den Zeit- und Trainingsplan der Spitzensportler weltweit. So wird auch im Rudern von den Nationen inzwischen im 4-Jahres-Rhythmus gerechnet, und innerhalb dieser vier Jahre gibt es zahlreiche Weltcup- und Weltmeisterschaftsrennen, bei denen sich oftmals ein Kreis von Medaillenfavoriten für die nächsten Spiele herausfiltert. Manchmal aber kommt es dann doch ganz anders.

Blickt man rund 50 Jahre zurück in der olympischen Geschichte, dann war der Einer-Sieg 1968 des Niederländers Jan Wienese eine große Überraschung. Er schlug die damaligen Top-Skuller, darunter die beiden deutschen Jochen Meißner (BRD) und Achim Hill (DDR) sowie den Argentinier Alberto Demiddi. Ähnlich kann man sicher auch den bereits in diesem Buch geschilderten Husarenritt des Finnen Pertti Karppinen bewerten, den 1976 gegen Peter-Michael Kolbe auch kaum jemand auf der Rechnung hatte.

Eine solche Überraschung vorauszusagen gelingt in der Fachwelt naturgemäß nur selten. Als Berichterstatter von den Olympischen Spielen 1988 in Seoul für die Ruder-Fachzeitschrift des DRV hatte ich in meinen Vorausschauen für den Doppelzweier neben den klar favorisierten UdSSR-Ruderern auch die Niederländer und die Schweizer genannt. Beide Mannschaften hatten in den vorausgehenden Testrennen ganz gut abgeschnitten, viele Experten sahen sie aber nicht so ganz weit vorne.

Dann kam der Finaltag, und der Endlauf der Doppelzweier stand an. Es wurde zu einem spannenden Rennen zwischen drei Teams: UdSSR, Niederlande und Schweiz. Sollte ich da als noch relativ junger und zu diesem Zeitpunkt »nur« nebenberuflich tätiger Journalist ins Schwarze getroffen haben? Die Ziellinie rückte für die Mannschaften immer näher. Ronald Florijn und Nico Rienks, die beiden Niederländer, setzten früh zum Endspurt an. Und tatsächlich, sie fuhren als Erste durch das Ziel. Neben ihnen kämpften die Schweizer Beat Schwerzmann/Ueli Bodenmann mit den Russen um Silber und Bronze. Nach Auswertung des Zielfilms stand dann fest, die Eidgenossen hatten mit 18/100 Sekunden die Russen geschlagen und Silber gewonnen. Irgendwie rundete dieses Ergebnis, das in den folgenden Rennen noch Bronze für den Ruhr-Vierer, Silber für Kolbe und schließlich Gold für den Achter bringen sollte, den Finaltag von Seoul für mich ganz besonders ab.

Vier Jahre später ging die Überraschung der Spiele klar an die Briten, auch wenn der Sieg des deutschen Männer-Doppelvierers durch das ganz junge Team aus Magdeburg, Hamburg, Leverkusen und Halle nur wenige auf der Rechnung hatten. In den Jahren vor den Spielen in Barcelona/Banyoles dominierten die italienischen Brüder Abbagnale mit ihrem Steuermann di Capua den Zweier-mit nach Belieben. Ihrem Olympiasieg von Seoul ließen sie zahlreiche ungeschlagene Rennen und WM-Titel folgen. Der Olympiasieg 1992 schien für die Italiener nur eine Formsache zu sein, vor allem, als sie im Finale fast fünf Sekunden Vorsprung auf das übrige Feld herausgefahren hatten. Doch der zweite Ruderfinaltag sollte den Briten Jonathan und Greg Searl mit ihrem Steuermann Garry Herbert gehören. Die rudernden Brüder aus London zogen früh einen unwiderstehlichen Endspurt an, überholten alle Gegner und hatten auf den letzten 50 Metern nur noch die Italiener vor sich. Die erkannten plötzlich die Gefahr, zogen aber viel zu spät ihren Spurt an. Die Briten hatten einfach einen Lauf, und am Ende konnten sie noch fast eine Sekunde Vorsprung herausholen. Das war einer der Knaller der Regatta, und Greg Searl sollte viele Jahre später noch weitere olympische Geschichte schreiben, aber dazu kommen wir im nächsten Grund.

Als letzte der größeren Überraschungen im Rudern sei hier die Goldmedaille der Südafrikaner im Leichtgewichtsvierer 2012 in London genannt. Immer mal wieder schafften es Teams vom Kap, sich international in Szene zu setzen. Aber erst nach Ende der Apartheid kam für die Ruderer ein richtiger Durchbruch. Mit einem Team aus schwarzen und weißen Ruderern gingen die Südafrikaner in London an den Start.

In ihrer Klasse galten vor allem die Dänen als Favoriten, der »leichte Vierer« war spätestens nach dessen Einführung 1996 und ihrem Olympiasieg in Atlanta eine Domäne der Skandinavier. Im

Finale sah es dann auch lange nach einem Sieg der Dänen aus, aber dann wurde dieses Rennen zu einem der spannendsten der Olympiageschichte. Die Briten bekamen im stadionähnlich angelegten Zielraum auf dem Dorney Lake durch die heimischen Anfeuerungen die dritte Luft und schoben sich langsam vor die Dänen. Doch vom vierten Platz aus setzten die Südafrikaner alles auf eine Karte und einen endlos langen Endspurt. Mit ihm überholten sie noch das Führungstrio aus Briten, Dänen und Australiern, 25/100 Sek. betrug am Ende der Vorsprung auf die Briten und die Dänen, die sich zumindest noch Bronze vor Australien sicherten. Es war ein packendes Rennen mit einem wirklich überraschenden Ausgang. Aber noch packender war, dass sich beim Siegerfoto alle zwölf Medaillengewinner Arm in Arm den Fotografen stellten, in der Mitte Sizwe Ndlovu als erster schwarzer Goldmedaillengewinner im Rudern für sein Land.

31. GRUND

Weil zwischen der ersten und letzten Olympia-Medaille auch mal 20 Jahre liegen können

Gregory, genannt Greg, Searl haben wir schon im vorherigen Grund genannt. 1972 wurde er in der Grafschaft Kent in Ashford geboren. 1989 und 1990 wurde er jeweils Junioren-Weltmeister im Vierer-ohne. Sein Bruder Jonathan saß da bereits im Männer-Achter der Briten, und in den stieg dann nach dem JWM-Titel auch Greg ein. Der Achter wurde Vierter, ein Jahr später Dritter bei der WM. Gesteuert wurde das Boot von Gary Herbert, der dann für die Olympischen Spiele 1992 mit den Searls in den Zweier stieg und überraschend Gold gewann.

Der WM-Titel 1993 folgte für die drei, dann ging Greg zusammen mit seinem Bruder zurück in den Vierer. WM-Silber und

-Bronze folgten, in Atlanta 1996 dann mit Bronze die zweite Olympia-Medaille.

Greg unternahm anschließend Ausflüge u.a. in den Einer, aber Medaillen auf den großen Wettkämpfen blieben aus. 2000 in Sydney fuhr er mit Ed Coode noch mal bei Olympia im Zweier-ohne, ganz knapp verpassten sie die Bronzemedaille. Danach beendete Greg Searl seine Karriere als aktiver Ruderer mit 28 Jahren. Vorerst!

So ganz ließ ihn der Rudersport nämlich nie los, und als 2010 der Britische Verband sich anschickte, neben dem für ihn traditionsreichen Vierer-ohne nun auch einen Achter aufzubauen mit dem Ziel Olympia 2012 in London, da tauchte der Name Greg Searl plötzlich wieder auf. Mit 38 Jahren suchte er noch einmal die Herausforderung und wurde schnell zum erfahrenen Mittelpunkt des Teams, das dann nach ersten Erfolgen im Weltcup bei der WM hinter den Deutschen die Silbermedaille gewann. Erneut Silber bei der WM 2011 bestätigte, dass man auf dem richtigen Weg war, um dem zu diesem Zeitpunkt dominierenden Deutschland-Achter bei den Heimspielen ein Jahr später Paroli bieten zu können. Das hatte Greg mir schon 2010 angekündigt. Völlig unabhängig voneinander hatten wir auf der Rückreise von den Weltmeisterschaften auf dem Karapiro-See in Neuseeland einen Stopover in Sydney eingelegt. Der schiere Zufall wollte es, dass wir uns dort bei einem Spaziergang nahe dem Stadtteil »The Rocks« trafen. Und wie das natürlich unter Ruderkameraden aus verschiedenen Nationen üblich ist, frotzelten wir nicht ganz ernst gemeint über die Zukunft. Dazu muss man erwähnen, dass Greg zu den vielen freundlichen und sympathischen Sportsmännern des britischen Rudersports gehört, die den »fairen britischen Sportmanship« ganz großscheiben. Gewettet, wie es sonst die Briten ja gerne tun, hatten wir nicht, aber dass jeder »seinem« Achter die Favoritenrolle zuschrieb, war in dem kleinen Small Talk in Sydney auch klar.

Dann kam der 1. August 2012, und beide Achter lagen am Start des olympischen Finales. Der Deutschland-Achter übernahm zunächst die Führung, die Briten zwei Bahnen daneben hielten dagegen und setzten sich zur Streckenhälfte an die Spitze des Feldes. Der Lärm im Zielbereich wurde ohrenbetäubend, die vielen Briten unter den Zuschauern wollten natürlich ihrem Achter zu Gold verhelfen. Aber 600 Meter vor dem Ziel sagte Martin Sauer als Steuermann des Deutschland-Achters den Endspurt an. Viel früher, als eigentlich in der Rennbesprechung geplant, aber man musste den Briten den Schneid abkaufen, sonst drohten sie, den Vorsprung zu verteidigen. Schlag um Schlag holte der Deutschland-Achter auf, eroberte die Spitze zurück und holte sich Gold. Auf der Nebenbahn wurden die Kanadier noch mitgezogen, und im Endspurt schnappten sie den Briten noch Silber weg, für die blieb am Ende die Bronzemedaille.

Es war zwar nicht das erhoffte Gold, aber nach der ersten Enttäuschung nahm Greg Searl dann mit einem Lächeln die Glückwünsche entgegen. 20 Jahre nach seinem größten sportlichen Erfolg mit Gold in Barcelona hatte er im Alter von 40 Jahren noch mal eine Medaille bei den Spielen gewonnen. Viele Ruderfreunde werteten dieses Edelmetall höher als das 1992 errungene.

Greg jedenfalls hat mit seiner Leistung eine besondere Rudergeschichte geschrieben, die einmal mehr beweist, dass Alter nicht vor sportlichen Erfolgen »schützt«.

4. KAPITEL

DIE RUDERN, DIE BRITEN!

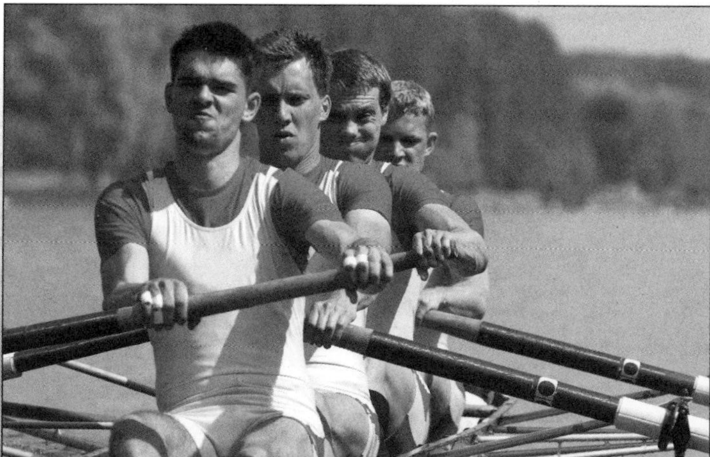

32. GRUND

Weil Rudern in Großbritannien einen ganz besonderen Status hat

Im achten Band der Comics über Asterix und seinen übermenschlich starken Freund Obelix schildern Autor René Gocsinny und Zeichner Albert Uderzo auf liebenswerte Weise die stereotypischen Eigenschaften der Briten. In *Asterix bei den Briten* wird zwar als Sportart nur auf das Rugby-Spiel näher eingegangen, aber wenn Obelix mit dem im Mittelpunkt stehenden Fass voll Zaubertrank über die Themse im kleinen Nachen rudert, dann hat man auch irgendwie diesem typisch britischen Wettkampf ein Denkmal gesetzt. Und die bereits in den historischen Gründen erwähnten durch Ruder angetriebenen römischen Kriegsschiffe finden sich hier ebenfalls geballt wieder.

Dass England als Mutterland nicht nur des Fußballs, sondern auch des Ruderns angesehen werden kann, ist in den historischen Gründen bereits geschildert. Und wie bei vielem auf der Insel wird auch im Rudern die Tradition ganz großgeschrieben. Entlang der Flussläufe findet man in den Pubs heute noch viele Devotionalien aus der Frühzeit des Ruderns, seien es alte Trikots, Ruderblätter oder ganze Riemen, Luftkästen und manchmal auch noch ein vollständig unter die Decke über dem Bartresen gehängtes Boot. Fast obligatorisch sind an den Austragungsorten großer Regatten, die ihren Ursprung meist im 19. Jahrhundert haben, an den Wänden der Pubs hängende Siegertafeln, auf denen meist lückenlos die Ergebnisse von fast 200 Jahren Rudergeschichte verzeichnet sind. Ganz viele davon sind entlang der Rennstrecke des Universitätsrennens Oxford – Cambridge zu finden. Am Renntag sind in den dort liegenden Londoner Stadtteilen Putney und Hammersmith die Pubs am Themseufer bis auf den letzten Platz gefüllt. Mit einem Pint Bier in der Hand versucht dann jeder, einen guten Blick auf die eigentlich nur für wenige Sekunden verfolgbaren Boote der Rennen zu erhaschen. Den Rest des Rennens verfolgt man auf den Fernsehschirmen. Im nächsten Grund wird das noch ein wenig mehr beleuchtet.

Kommt man in England in eines der Ruder-Bootshäuser, die meist aus dem 19. oder frühen 20. Jahrhundert stammen, umweht einen der Hauch von einzigartiger Sportgeschichte. Gut, manchmal auch der Geruch von in die Jahre gekommenem Holz, das meist für den Bau der Häuser verwendet wurde. Oder von Sportumkleiden, Biertresen und vielfach verwendeten Lagerräumen, wo auch schon mal der Benzinkanister für das Trainerboot im Regal steht. Gerne ist auch ein Hauch Gummi dabei, der von den Gummistiefeln ausgedünstet wird, die man am Ufer der Themse für das Ein- oder Aussteigen an den Booten braucht. Warum das nicht trockenen Fußes von Stegen aus erfolgen kann, erklären wir auch noch. Aber bevor Ihnen als Leser nun imaginäre Bilder in den Kopf oder besser Gerüche in die Nase steigen, sei gesagt, dass es halb so schlimm ist. Man gewöhnt sich schnell an diese »Tradition«, und es gehört auch irgendwie dazu. Genauso wie die nicht selten mit etwas royal anmutendem Pomp und Glanz ausgestatteten Räume, wo sich vor allem die honorigen Mitglieder nach dem Rudern oder im fortgeschrittenen Alter in typisch britischer Clubmanier treffen. Das Glas Bier gegen den Durst oder Port für den Genuss gehören dann traditionell dazu, selbstverständlich in Maßen genossen.

All diese typisch britischen Facetten der Sportart Rudern hier zu beschreiben würde die Grenzen sprengen. Wer es einmal selbst erleben möchte, sollte einfach bei seinem nächsten Besuch einen Ruder-Club ansteuern und sich herumführen lassen. Gastfreundschaft gehört ja auch zu den britischen Charakterstärken.

Eines sei aber hier noch erwähnt, nämlich das Ansehen erfolgreicher Ruderinnen und Ruderer in der britischen Gesellschaft. Wer einen »Boat Race«-Sieg vorweisen kann, also entweder für Oxford oder für Cambridge mindestens einmal das legendäre Rennen gewonnen hat, dem stehen im Berufsleben sehr viele Türen offen. Das liegt aber nicht nur am sportlichen Erfolg, sondern auch an den anspruchsvollen Studienbedingungen, die man in der Zugehörigkeit zum Ruderteam parallel zu erfüllen hat.

Und mehr noch als die Fußballprofis der englischen Premier League, in der ohnehin überwiegend ausländische Spieler aktiv sind, genießen mit Olympia- oder WM-Gold dekorierte Ruderinnen und Ruderer auf der Insel hohes Ansehen. Wie weit das geht, wird auch noch in einem späteren Grund genannt werden.

Apropos Profis: Die gibt es im Rudern eigentlich nicht, sieht man mal von der üblichen Förderung durch Sportstiftungen oder Sponsoren ab. Aber vielen erfolgreichen britischen Ruderinnen und Ruderern eröffnen sich nach der aktiven Laufbahn als Repräsentanten im Sport oder in leitenden und gut dotierten Funktionen in den Sportverbänden und -verwaltungen berufliche Perspektiven.

Wie sagt Obelix doch zwischendurch mal: »Die spinnen, die Briten!« Aber genau das macht sie oft auch so sympathisch, gerade im Rudern.

33. GRUND

Weil Rudern Studierende heiß auf England macht

Es ist wohl einer der ältesten sportliche Zweikämpfe überhaupt, der bis zum heutigen Tag alljährlich ausgetragen wird. Hunderttausende an der Strecke und Millionen am Fernsehen und in den Netzwerken weltweit schauen zu, wenn sich die Universitäten von Oxford und Cambridge im Achter messen. »Boat Race« nennen es die Briten schlicht, und niemandem muss man erklären, welche Boote hier am Start sind. Obwohl – ganz so einfach ist es nicht, denn es gibt am Renntag, der immer Ende März oder Anfang April liegt, gleich vier Rennen auf der legendären Strecke zwischen den

Londoner Stadtteilen Putney und Mortlake. Neben dem Hauptrennen zwischen den beiden Top-Booten der Männer gibt es nämlich auch noch das Rennen der »Ersatzleute«. Und dann gibt es auch noch das immer populärer werdende Rennen der Frauen und deren Ersatzruderinnen, die seit 2015 ebenfalls auf dem traditionellen Kurs fahren dürfen. Bis dahin fuhren sie ihre Rennen in Henley aus, genauso wie die Leichtgewichtsaktiven heute noch. Die »Ehemaligen« fahren wiederum in der Woche vor dem eigentlichen Boat Race in London. Bei einem kann man aber sicher sein: In jedem dieser Rennen kämpfen alle Teilnehmer bis zum letzten Schlag für ihre Universität.

Und wie kam es nun zu diesem Rennen, für das Generationen von Studenten und inzwischen auch Studentinnen sich über Monate in den Vorbereitungen quälen? Charles Wordsworth und Charles Merrivale waren eigentlich Schulfreunde, gingen aber getrennt zum Studium nach Cambridge (Merrivale) und Oxford (Wordsworth). Letzterer war Ruderer und ging bei einem Besuch seines Freundes in Cambridge auf dem Flüsschen Cam rudern. Quasi aus einer Laune heraus beschlossen die beiden, dass sich doch ihre Universitäten im Rudern messen sollten. Sie sprachen ihre Professoren an und am 10. Februar 1829 schickte Mr. Snow, Professor in Cambridge, eine offizielle Herausforderung an Mr. Staniforth, Kollege in Oxford. Beide kannten sich gut, denn auch sie waren Schulfreunde und hatten in ihrer Zeit auf dem Eton College bereits gerudert.

Es brauchte ein paar Wochen für die Vorbereitungen, aber dann fand das Rennen tatsächlich am 10. Juni 1829 statt. Oxford gewann mit klarem Vorsprung und ist damit erster Sieger des legendären Wettkampfes. In den folgenden 25 Jahren wurde das Rennen in unregelmäßiger Folge ausgetragen und auch auf ganz unterschiedlichen Strecken. 1836 folgte die zweite Auseinandersetzung auf dem Wasser, diesmal auf der Themse zwischen Westminster und Putney, wo man sich dann auch bis 1842 jährlich traf. 1845 ruderte man dann erstmals auf der heute noch genutzten Strecke zwischen Putney und Mortlake im Südwesten der britischen Hauptstadt. Sie ist 4 Meilen und 374 Yards lang, was etwa 6,8 Kilometern entspricht. Begrenzt wird sie durch die »University Stones«, zwei etwa hüfthohe Steinsäulen, die mit »UBR« für »University Boat-Race« markiert sind und auf dem Spazierweg entlang der Themse stehen. Dazwischen gibt es weitere feste Landmarken, an denen jeweils die Zwischenzeiten im Rennen genommen werden. Entlang der Strecke liegen einige bekannte Gebäude. Kurz nach dem Start passieren die Mannschaften das Stadion des FC Fulham, bei dem ein gewisser Felix Magath vor einigen Jahren als Fußballtrainer wirkte. Der nächste Stadtteil ist Hammersmith mit seiner malerischen Themse-Brücke. Dort liegen auch die »Hammersmith Studios«, ein Kultur- und Kunstzentrum mit Weltgeltung. Zahlreiche Theaterproduktionen mit Schauspiel-Stars wurden hier seit 1933 ins Leben gerufen, viele große Fernsehserien hatten und haben hier ihre Heimat. Über viele Jahre nutzte die BBC die Studios für ihre großen TV-Produktionen, immer wieder wurden die Gebäude ausgebaut und modernisiert. Weltstars der Pop- und Rockmusik geben sich nach wie vor hier die Klinke in die Hand, u.a. für die populären Shows *Top of the Pops* und *TFI Friday*.

Für all das haben die Ruderer wenig Zeit und Interesse, sie müssen den Kurs möglichst so bewältigen, dass sie gut um die drei Kurven kommen und im Ziel vorne liegen. Kurios ist dabei, dass trotz der drei lang gezogenen Biegungen die Start- und Ziellinien exakt parallel zueinander liegen. Regeln für das Rennen gibt es wenige. Die wichtigste ist, dass man den Gegner in den Kurven nicht behindern darf, also auch in einer Außenkurve nicht nach innen ziehen kann, sofern nicht deutlich Wasser zwischen den Booten liegt. Um das möglichst gerecht zu halten, wird vor jedem Rennen beim obligatorischen »Toss – Münzwurf« mit einem 1829 geprägten »Gold Sovereign« entschieden, wer sich die Seite, auf der seine Mannschaft fahren soll, aussuchen darf. Das ist durchaus unterschiedlich und wird von den Mannschaftspräsidenten je nach Wetterlage, Strömung,

Wind und Wellenbildung bewertet. Als weitere Regel ist noch festgelegt, dass die Brücke in Hammersmith und die Eisenbahnbrücke im Stadtteil Barnes jeweils von beiden Crews im Mittelbogen durchfahren werden müssen. Über die Einhaltung dieser Regeln und vor allem um den nötigen seitlichen Abstand zwischen den Booten während des Rennens wacht ein »Umpire – Schiedsrichter«, der auf einem großen Katamaran-Motorboot direkt hinter den Mannschaften herfährt. Mit etwas Abstand folgt dem eine ganze Armada von weiteren großen und kleinen Motorbooten mit den Trainern, besonders privilegierten und handverlesenen Zuschauern und den Medienvertretern. Dazu liefern eine große Zahl von Fernsehkameras an Land, auf dem Umpire-Kat sowie in Hubschraubern über dem Rennen die Bilder in alle Welt. Entlang der Strecke stehen bei gutem Wetter rund 250.000 Zuschauer, viele davon in den Pubs, den am Ufer gelegenen Ruder-Clubs und in Privathäusern. Nähert sich das Rennen dem jeweiligen Standort, stürmen alle auf die Terrassen, Wege und direkt ans Ufer, um die Boote für ein paar Sekunden live zu sehen. Dann geht es sofort wieder zurück an die Bildschirme.

Und zum guten Ton gehört es sich natürlich auch für die Briten, vor dem Rennen auf ihren Favoriten zu wetten. Wer das jeweils ist, wird über die Kleidung oder Anstecker signalisiert. Denn seit jeher regiert die Farbe »Blau« das Rennen. Die beiden Top-Teams fahren in den »Blue Boats«. Dunkelblau steht dabei für die Crew von Oxford, Hellblau für Cambridge. Bei den Mannschaften findet man diese traditionellen Farben in den Trikots wieder. Aber nicht nur dort, sondern auch in den Blazern, die die Teams für die offiziellen Anlässe, die es rund um das Rennen in jedem Jahr gibt, erhalten. Wer das Rennen mit seinem Team gewinnt, erhält den sportlichen Ehrentitel »Blue« seiner jeweiligen Universität. Voraussetzung ist aber, dass man sein Studium dann auch zu Ende bringt.

Wer nun denkt »Och, ich habe mal in der Schule gerudert, und ein bisschen Studieren an einer der renommiertesten Universitäten der Welt macht sich sicher gut im Lebenslauf!«, der ist eher

»blauäugig« und wird wohl nie ein »Blue« werden. Als Ruderer sollte man schon einiges an Erfahrungen vor allem in internationalen Wettkämpfen vorweisen können, bevor man überhaupt in die engere Auswahl kommt. Und bevor man dann in den Kader für das Ruder-Team kommt, muss man als ausländischer Student möglichst ein Studium an einer anderen Universität erfolgreich abgeschlossen haben oder als britischer Student mit Direktzugang zu einer der Unis hervorragende Noten vorweisen. Meist ist das Studium an einer der beiden Unis dann eine ergänzende oder weiterführende Ausbildung oder die Promotion auf dem bereits eingeschlagenen akademischen Weg. Und der steht dann auch während der mehrmonatigen sportlichen Vorbereitung auf das Rennen im Vordergrund. Der Tag eines Universitätsruderers sieht dann zwischen 6 und 23 Uhr in etwa so aus: Aufstehen – leichtes Frühstück – Training – Frühstück – Uni – Mittagessen – Uni – Training – Abendessen – Hausarbeiten für die Uni – Schlafengehen. Das ist wahrlich kein Zuckerschlecken!

Aber wer das hinter sich bringt und dann auch noch einen Sieg im »Boat Race« vorweisen kann, dem stehen in der britischen Wirtschaft und Gesellschaft alle Türen zu höchsten Positionen offen.

Bier und andere Getränke fließen während des Rennens zwischen Oxford und Cambridge an den Ufern in Strömen, aber »Blau sein« hat da eine ganz andere Bedeutung als in unserer Sprache. Und mit »Gaudiamus igitur – Lasst uns also fröhlich sein« hat das Studentenleben für die »Blues« auch wenig zu tun. Trotzdem gibt es jedes Jahr viel mehr Bewerber als Plätze im »Blue Boat«.

34. GRUND

Weil die Geschichte des »Boat Race« einmalig ist

Die Geschichte des »Boat Race« ist so umfangreich und voll mit Argumenten für den Rudersport, da lässt sich auch gut ein zweiter Grund anführen. 1829 also begann die Historie, bis zum April 2017 wurde das Rennen 163 Mal ausgetragen. Seit 1927 treten auch die Frauen in diesem Wettstreit gegeneinander an, bisher gab es 72 Mal dieses Rennen, aber erst dreimal 2015–2017 auf dem »Tideway« genannten Kurs. (Warum der so heißt, folgt im 35. Grund.) Bei den Frauen führt das Team aus Cambridge klar die ewige Wertung an, da stehen 42 Siege den 30 Erfolgen von Oxford gegenüber. Bei den Männern wird es langsam eng. Bis 1999 war auch hier Cambridge das bessere Team, dann holte Oxford in den 2000er Jahren auf. 2018 hatte wieder Cambridge einen Traumtag erwischt, deklassierte die Dunkelblauen, so dass es jetzt in der Siegerliste 80 : 83 für die Hellblauen steht.

Wer jetzt diesen Rennstand addiert stellt fest, dass da nur 162 Rennen berücksichtigt sind, eines also fehlt. Es ist das Rennen von 1877, das als »Dead Heat – Totes Rennen« gewertet wurde. Aber ob die beiden Bugbälle der Achter tatsächlich genau gleichauf über die Ziellinie gingen, ist doch eher fraglich. Der Legende nach hatte der Zielrichter schon vor dem Rennen und dann auch zwischendurch etwas zu tief ins Glas geschaut und war deshalb nicht mehr in der Lage, die Ziellinie genau zu beobachten. Um dem Lapsus zu entgehen, entschied die Rennleitung dann kurzerhand auf »Unentschieden«. Es ist bis heute das einzige Mal, dass sich keine der Universitäten in die Siegerliste eintragen durfte.

Im Laufe der Jahre änderte sich natürlich auch die Technik der Boote. Als man 1829 anfing, gab es nur feste Ruderbänke, auf denen die Aktiven saßen. Die Riemen wurden direkt durch eine Aussparung in der Bordwand geführt, die Ruderschläge waren entsprechend kurz. 1846 hatten die Boote dann Ausleger, in denen die Riemen lagerten. Erst 1873 war der Rollsitz erfunden, und die Achter waren damit ausgerüstet worden. Und erst Anfang des 20. Jahrhunderts, genau 1902, waren erstmals bewegbare Dollen an den Booten montiert, womit die Basis der heute noch genutzten Bauformen eines Ruderplatzes geschaffen war. Nach heutigen Maßstäben war das »Boat Race« auch immer ein wenig der Antreiber für die Entwicklung in der Bootstechnik.

Für 1912 verzeichnet die Chronik des Rennens dann zum ersten Mal, dass beide Boote im ersten Rennen in den Wellen der Themse sanken. Es gab dann einen zweiten Versuch, und den gewann Oxford mit sechs Längen Vorsprung. 1924 begann dann die längste Siegesserie eines Teams. Cambridge konnte alle folgenden Rennen bis 1936 für sich entscheiden, profitierte 1925 aber auch davon, dass diesmal Oxford »absoff«, wie die Ruderer das Sinken eines Bootes nennen.

Waren seit dem ersten Rennen nur Boote aus Holz verwendet worden, nutzte Oxford 1977 zum ersten Mal ein in Deutschland auf der Empacher-Werft gebautes Kunststoffboot. Diese Bauform hatte sich inzwischen im internationalen Rennsport durchgesetzt, Oxford gewann eindrucksvoll mit fast 150 Metern Vorsprung. Von 1976 bis 1985 hatte Oxford überhaupt seine starke Phase mit zehn Siegen in Folge. Fast wären ihnen noch mehr Erfolge gelungen, aber 1986 dominierte die Crew von Cambridge. Danach war aber wieder sechsmal Oxford vorne, womit sie also in 17 Jahren 16 Siege einfuhren. 1978 sank Cambridge, 1984 demolierten die Hellblauen beim letzten Warmfahren vor dem eigentlich für Samstag vorgesehenen Rennen ihren Achter. Mit einem Ersatzboot traten sie einen Tag später an, zum ersten Mal in der Geschichte fand somit das »Boat Race« an einem Sonntag statt. Und auch das Jahr 1981 brachte eine Zäsur, zum ersten Mal saß mit Sue Brown eine junge Dame an den Steuerseilen bei den Männern, Oxford steuerte sie zum Sieg.

Es ist zwar ein Zweikampf, bei dem es nur einen Sieger gibt, einen zweiten Platz kennt dieses Rennen nicht. Trotzdem wird bei jeder Austragung akribisch die Rennzeit mitgestoppt und seit 1998 steht hier der Rekord für die 6,8 km bei 16 Minuten und 19 Sekunden. Eine solche Zeit war 2001 nicht drin, denn nachdem sich die Boote viel zu nah gekommen waren und die Ruderriemen gegenseitig blockierten, stoppte der Schiedsrichter das Rennen und führte mitten auf der Strecke einen Neustart durch. Ein Vorgang, den es bis dahin noch nie gegeben hatte und der große Diskussionen auslöste. In der Folge wurde eine paritätisch besetzte Schiedsrichterkommission eingesetzt, die für solche Situationen in zukünftigen Rennen klare Verhaltensregeln aufsetzte und aus der bis heute jeweils abwechselnd von den beiden beteiligten Universitäten der amtierende Unparteiische benannt wird. Die jeweils andere Uni stellt dann den Assistenten, der den Hauptschiedsrichter durch Beobachtung der Strecke unterstützt. Das war 2012 der Auslöser für eine ebenfalls einmalige Situation. Genau 100 Jahre, nachdem im Rennen beide Crews gesunken waren, kam es zu einem Zwischenfall, der das Rennen des Olympiajahres zum dramatischsten seiner Geschichte machte. Nach etwas mehr als 10 Minuten riss Oxfords Steuerfrau Zoe De Toledo die Hand hoch. Schiedsrichter John Garrett und sein Assistent Sir Matthew Pinsent, einer der erfolgreichsten Ruderer der Welt, reagierten sofort. Pinsent sah ihn zuerst, den Schwimmer mitten zwischen den Booten, und er brüllte seinem Schiri zu, sofort das Rennen zu stoppen. Garrett reagierte blitzschnell und brachte mit einem lauten Kommando und der dafür obligatorischen roten Flagge den Wettkampf zum Stillstand. Das alles passierte innerhalb von weniger als drei Sekunden. Zum Glück für den Schwimmer, einen Aktivisten, der mit seiner Aktion gegen soziale Missstände protestieren wollte. Dass er sich damit in höchste Lebensgefahr gebracht hatte, war ihm wohl nicht klar. Hätte ihn eines der scharfkantigen Ruderblätter aus Kunststoff am Kopf getroffen, wären möglicherweise tödliche Verletzungen die Folge gewesen. Spätestens aber die dem Rennen folgende Motorbootflotte wäre ihm zum Verhängnis geworden. Die Polizei fischte ihn aus dem Wasser und verhaftete ihn auf der Stelle. Schiedsrichter Garrett beriet sich mit seinem Assistenten und der Rennleitung, nach gut 30 Minuten wurde das Rennen etwas vor der Stelle, an der es gestoppt wurde, neu gestartet. Und als ob das alles noch nicht genug gewesen wäre, kam es 35 Sekunden nach dem Neustart zu einer Kollision der beiden Mannschaften, bei der der Riemen des im Oxford-Boot sitzenden Deutschen Hanno Wienhausen brach. Damit war der Wettkampf für die Dunkelblauen gelaufen, mit nur sieben Ruderern fiel Oxford hoffnungslos zurück.

Im Rennsport gibt es Edelmetall und Titel; wer möglichst viele davon in seiner Karriere sammeln kann, zählt zu den Top-Ruderern der Welt. Und wer ist nun davon der Beste beim »Boat Race«? Eigentlich keiner von ihnen, obwohl der schon erwähnte Matthew Pinsent auch zu den Gewinnern gehört. Aber er konnte den Rekord von Boris Rankov nicht erreichen. Der 1954 geborene Brite gewann zwischen 1978 und 1983 sechsmal mit Oxford das Rennen, woraufhin man für die Zukunft festlegte, dass ein Ruderer maximal vier »Boat-Races« bestreiten darf. Rankov, ein sympathischer Sportsmann im besten Sinne, war insgesamt zehnmal im Rennen dabei, die letzten viermal (2003, 2005, 2009 und 2015) als Schiedsrichter. Heute ist er Professor für Geschichte an der Londoner Universität.

Und wann war das Rennen mit dem knappsten Ausgang? Das ist auch noch gar nicht so lange her, 2003 trennten die beiden Crews gerade mal 30 cm auf der Ziellinie.

Es gibt umfangreiche Bücher über die Geschichte und Hintergründe zum »Boat Race«. Zwei davon hat Christopher Dodd geschrieben, ein journalistischer Kollege vom Londoner *Guardian* und zugleich langjähriger Freund, mit dem ich mich oft über das Rudern in Großbritannien und Deutschland austausche. In einem bin ich mir mit ihm sicher: Die Geschichte dieses großartigen Wettkampfes zweier Universitäten ist auch nach 163 Austragungen noch lange nicht zu Ende erzählt, dafür ist das Rennen mit 6,8 km einfach zu lang.

35. GRUND

Weil der Mond die Startzeit von Ruderrennen bestimmt

Die Themse ist ein Fluss, genauer gesagt ein in die Nordsee im englischen Kanal mündender Strom. Und von Flüssen und Strömen wissen wir, die fließen von A nach B. Mal mit mehr, mal mit weniger Wasser, ab und an auch mit richtig Hochwasser, aber eben immer in dieselbe Richtung.

Bei der Themse ist das ein wenig anders. Wenn man Bilder mit der berühmten Ansicht des britischen Parlaments sieht, ist die Themse meist gut gefüllt, das Wasser reicht bis an die Ufermauern ran. Sechs Stunden später sähe man auf dem gleichen Foto am Fuße des Palace of Westminster mit dem markanten Turm Big Ben einen ziemlich unschönen breiten Schlammstreifen. Wiederum sechs Stunden später ist dann das Wasser wieder da.

Der geneigte Leser wird es jetzt schon ahnen, das muss etwas mit den Gezeiten, also dem Wechsel zwischen Ebbe und Flut, zu tun haben. Und genauso ist es. Im gesamten Stadtgebiet von London bis in die südwestlichen Vororte hinein beeinflusst das Wechselspiel des Wassers im Ärmelkanal den Lauf der Themse. Sechs Stunden fließt der Strom deshalb in die eine, die nächsten sechs Stunden dann wieder in die andere Richtung.

Wer im Fach Erdkunde in der Schule aufgepasst hat, weiß, dass dieser Wechselfluss durch die Schwerkraft von Erde und Mond verursacht wird. Und man hat auch gelernt, dass man nach diesen Gezeiten nicht die Uhr stellen kann, sondern dass diese einem ganz eigenen Rhythmus unterliegen. Für die Seeschifffahrt gibt es von Fachleuten berechnete Tabellen, und die werden dann auch für die Festlegung der Startzeit des »Boat Race« herangezogen. Das Rennen findet quasi in der letzten Stunde des auflaufenden Wassers statt, damit die Themse möglichst breit ist und die Mannschaften Platz für ihre Manöver beim Kampf um die Spitze haben. Deshalb gibt es auch nicht einen festliegenden Tag oder eine ebenso eindeutige Startzeit. Beides liegt irgendwann an einem Samstag oder Sonntag am letzten März- oder ersten Aprilwochenende, möglichst im Laufe des Nachmittags, damit viele Zuschauer am Ufer oder am Fernsehen die Chance haben, den Zweikampf der Universitätsteams zu verfolgen.

Und mit dem Wissen, dass die Themse den Gezeiten unterliegt und es am Ufer jeden Tag über einige Stunden nur einen Schlammstreifen gibt, erklären sich auch zwei Dinge aus vorherigen Gründen:

Im Norddeutschen werden die Gezeiten auch gerne »Tide« genannt, ein Begriff, den es wort- und sinngleich auch im Englischen gibt. Da der Fluss auf der Rennstrecke der Unis dieser Tide folgt, heißt der legendäre Abschnitt eben »Tideway«. Er wird übrigens nicht nur für das »Boat Race« genutzt, sondern im Laufe des Jahres noch für viele andere Ruderrennen vom Einer bis zum Achter. Sie alle unterliegen mit ihrer Terminierung und dem Rennablauf der Tide.

Der Geruch in manchem Bootshaus entlang des Tideways wird schon mal geprägt durch die Gummistiefel, die in der Bootshalle liegen. Da es durch den sich ständig verändernden Wasserstand keinen Sinn hat, vor das Bootshaus am Ufer einen festen Steg zum Ein- und Aussteigen zu bauen, nutzen die Aktiven diese Stiefel, um trockenen Fußes ins Boot bzw. nach dem Training wieder ans Ufer zu kommen. Manche haben eigene Stiefel, oft nutzt man für die paar Schritte zwischen Bootshalle und Wasser aber auch welche, die der Verein bereithält. Mit Socken an den Füßen ist das dann auch nicht unbedingt ein hygienisches Problem.

Rudern ist halt doch ein naturverbundener Sport, und wenn es halt nötig ist, richtet sich der Sport dann auch mit seinen Bedürfnissen nach der Natur. In England hat eben auch das Tradition, wie so vieles andere auch.

Weil auf der Themse das wohl größte Achterrennen der Welt stattfindet

Wir kennen jetzt das »Boat Race«, die Besonderheiten des »Tideway« und wissen, dass dort auch einige andere Rennen stattfinden. Darunter befindet sich das wohl größte Achterrennen der Welt, zumindest was die Teilnehmerzahlen angeht. Es ist das »Head of the River Race« der Männer, das jährlich am Wochenende vor dem Universitätenwettstreit stattfindet. Es gibt auch noch ein paar Wochen früher das »Head« für die Frauen, da sind aber nicht ganz so viele Teams wie bei den Männern dabei. Dort sind für das Rennen gegen die Uhr insgesamt 420 Achtermannschaften zugelassen, knapp 500 geben jährlich im Vorfeld ihre Meldung ab. Ein Rennkomitee legt fest, wer dann auch tatsächlich starten darf und zu den 420 Teams gehört, die dann am Renntag auf das Wasser der Themse gehen. Die Zahl 420 stellt die maximale Menge an Achtern dar, die organisatorisch und aufgrund der Strömungsverhältnisse der Themse noch zu bewältigen sind.

Zugelassen sind nur reine Vereinsmannschaften. Und alle Clubs, die mindestens eines ihrer zur Unterscheidung durchnummerierten Teams im Vorjahr unter die ersten 200 gebracht haben, erhalten automatisch in der Reihenfolge dieses Ergebnisses für das neue Jahr eine Startberechtigung. Die weiteren 220 Startplätze werden dann aufgefüllt mit Mannschaften, die im Vorjahr den Cut nicht geschafft haben, wobei darauf geachtet wird, dass jeder meldende Verein mindestens ein Team auch im neuen Jahr dabeihat. Und am Ende des Starterfeldes werden dann Plätze vergeben für neue Vereine, die im Vorjahr nicht dabei waren. Eigentlich sind nur Vereinsmannschaften zugelassen, aber in den letzten rund 25 Jahren nutzten auch sich neu formierende Nationalmannschaften den frühen Jahreszeitpunkt, um die Form auf der Langstrecke zu testen. Dazu treten dann alle acht Ruderer und der Steuermann gemeinsam einem Verein bei, und unter dessen Namen wird dann die Mannschaft gemeldet. Nachdem nicht nur ausländische Verbände so agieren, sondern auch die britische Mannschaft unter dem Clubnamen »Leander« an den Start geht, wird das vom Regattakomitee stillschweigend geduldet. Damit kann es aber auch passieren, dass ein starker Nationalachter mit einer Startnummer zwischen 350 und 420 erst recht spät ins Rennen geht. Auf einem »normalen« Fluss wäre das nicht unbedingt ein Handicap, auf der Themse aber bedeutet dies, dass man mit viel weniger Unterstützung durch die Strömung des Wassers rechnen muss als die ersten Mannschaften. Die mit der Nr. 1 fährt los, nachdem sich die Strömungsrichtung von »auflaufend« in »ablaufend« geändert hat. Danach folgt alle zehn Sekunden ein Boot, bis eben alle 420 auf der Strecke sind. Schon lange, bevor die letzten die Startlinie passieren, sind die ersten Aktiven unter der Dusche und warten dann anschließend auf das Ergebnis.

Wer einmal bei dem Rennen dabei war, ist fasziniert vom durchorganisierten Ablauf ohne Kollisionen und fast ohne Behinderung. Rechts und links am Ufer fahren die Achter vor ihrem Rennen in der Reihenfolge der Startnummern flussaufwärts über die Startlinie hinaus. Immer wieder ertönen Böllerschüsse und bei jedem Böller wendet eine Gruppe von rund 50 Achterteams ihre Boote und fährt wie an der Perlenschnur aufgereiht mit der Strömung über die Startlinie. Macht man mal ein paar Zahlenspiele, wird das ganze Spektakel deutlich. Rechnet man für jedes Boot eine durchschnittliche Länge von 18 Metern, ergäben alle Boote hintereinander eine durchgehende Linie von 7,56 Kilometern. Alle Ruderer und ihre Steuerleute zusammen ergeben eine Teilnehmerzahl von 3.780, eine Zahl, die sich mit manchem Volkslauf messen kann. Insgesamt sind 3.360 Ruderriemen in Bewegung, die die Boote über eine Gesamtstrecke von 2.856 Kilometer bringen. Rechnet man für jeden Achter mit Riemen und Ausrüstung einen durchschnittlichen Zeitwert von

25.000 Euro, fährt beim »Head« Material im Gesamtwert von rund 10,5 Millionen Euro auf der Themse rum.

Alle Achter fahren gegen die Uhr in der Reihenfolge ihrer Startnummern. Gewertet wird aber in ganz unterschiedlichen Alters- und Leistungsklassen. Diese Organisation wird durch das Rennkomitee akribisch und durch Mithilfe von Bildaufzeichnungen sowie von vielen Ordnern (Stewards) entlang der Strecke bewältigt. Die entscheiden auch mit, wenn es dann doch mal zu Behinderungen im Rennverlauf gekommen sein sollte, für die dem verursachenden Team dann Strafsekunden und damit Rückstufung im Klassement angerechnet werden. Anders als bei den großen Rennen über die 2000 Meter und mit sechs Booten in Bahnen ist beim »Head« natürlich keine Wiederholung möglich. Möglich ist auch keine zentrale Siegerehrung mit der Vergabe der kleinen Wappenschilde (Pennants) für die Platzierungen in den einzelnen Klassen. Denn alle Teams nutzen einen der zahlreichen Vereine entlang der 6,8 km langen Strecke für den Zugang zum Wasser und feiern danach auch meist mit ihren Freunden am jeweiligen Club. Deshalb gibt es ein paar Tage nach dem Rennen ein Treffen von Vereinsvertretern, bei dem dann die begehrten Pennants feierlich übergeben werden.

Das »Head of the River« von London wird auch in einem späteren Grund noch mal eine Rolle spielen. »Head«-Rennen nach diesem Vorbild gibt es aber viele in der Welt, wobei das »Head of the Charles« im Herbst in Boston in Ruderkreisen inzwischen als Saisonausklang große Beliebtheit bei den international erfolgreichen Aktiven genießt. Meist fahren sie dort vorne mit, aber gerade bei den »Head Races« haben auch viele Vereinsteams, die sonst bei Weltmeisterschaften oder Olympischen Spielen nicht in Erscheinung treten, die Möglichkeit, sich zu präsentieren.

37. GRUND

Weil Rudern auf der Insel ein eigenes Museum hat

Eine Sportart mit so viel Historie, mit honorig gepflegter Tradition und großen Höhepunkten in der internationalen Sportgeschichte muss natürlich auch eines haben: ein Museum! Und wer wäre besser für den Aufbau und die Erhaltung einer solchen Einrichtung geeignet als die in Museumsfragen sehr erfahrenen Briten? Und tatsächlich, in Henley, einem der legendärsten Orte im Rudersport, gibt es tatsächlich das River and Rowing Museum, direkt am Themse-Ufer gelegen.

Wer nun aber hier einen miefigen Bootshausbau mit alten Bildern und Exponaten aus grauen Rudervorzeiten erwartet, wird bei einem Besuch sehr angenehm überrascht sein. Das Gebäude ist modern, passt sich in seinem Stil dem direkten Umfeld der kleinen Stadt Henley, aber auch dem Flair der britischen Sportgesellschaft an.

Und das Haus ist viel mehr als nur ein einfaches Museum. Regelmäßig finden Sonderschauen und Events statt, dabei spielen Kinder und Jugendliche bei der Ausgestaltung eine besondere Rolle. Natürlich kann man die gastronomischen Einrichtungen und Räume des Hauses auch für private oder Firmenfeiern anmieten. Das fast schon maritime Ambiente direkt am Ufer der Themse trägt zu einer besonderen Stimmung bei.

In den klassischen Museumsbereichen widmet sich eine große Ausstellung dem landschaftsprägenden Themse-Fluss und den verschiedenen Perioden, in denen sich die entlang der Themse lebenden Menschen den Wasserweg zunutze gemacht haben. Dabei gibt es nicht nur Bilder oder historische Geräte zu sehen. An raffinierten technischen Modellen kann man auch selber simulieren, wie sich Fluss, Landschaft und das Treiben dort im Laufe der Jahrhunderte verändert haben.

Der sportliche Teil enthält natürlich viele Exponate und Devotionalien erfolgreicher Aktiver aus aller Welt, wobei die erfolgreichen britischen Ruderer und Ruderinnen im Mittelpunkt stehen. Platz nehmen kann man aber auch in einem Nachbau einer Triremen-Ruderbank oder in speziell trocken gelagerten modernen Booten, um selber sein Gleichgewicht in den schmalen Rennschalen zu testen. Und natürlich hat mit einigen Ton- und Bildpräsentationen auch die moderne Elektronik längst Einzug in dieses Museum gefunden.

Besondere Schätze findet man beim ausgestellten wie auch beim eingelagerten Bootsmaterial. Da findet man das Boot, das 1829 von einer der Universitäten beim ersten Rennen genutzt wurde. Und neben den Booten, in denen spätere britische Rudergenerationen große Welt- und Olympiaerfolge gefeiert haben, findet man auch Exoten. So gab es in den 70er-Jahren mal einen Vierer-mit, bei dem der Steuerplatz in der Mitte zwischen den vier Ruderern installiert war. Damit wollte man die Bug- oder Hecklastigkeit des Bootes umgehen, denn üblicherweise saßen die Steuerleute zu dieser Zeit hinten oder vorne. Durchgesetzt hat sich der Mittenplatz aber nicht, das von der UdSSR genutzte und heute in Henley aufzufindende Boot blieb ein Einzelstück.

Einer der Gründer des Museums ist der bereits im Grund 34 genannte Christopher Dodd vom Londoner *Guardian*. Er nutzte seine als angesehener Ruderjournalist erworbene Reputation sowie die vielen internationalen Kontakte, die er durch den Besuch unzähliger großer Wettkämpfe hat, um Ideen für die Ausstellung zu finden und diese dann auch durch entsprechende Exponate und Leihgaben in die Tat umzusetzen. Dass dann Henley als britisches Ruder-Mekka zum Standort wurde, war mehr oder weniger ein Selbstläufer.

Wenn Sie also jetzt schon nach 37 aufgeführten Gründen zum Ruder-Fan geworden sein sollten, gehört ein Besuch im Ruder-Museum in Henley unbedingt zum Programm des nächsten England-Besuchs. Sie werden es nicht bereuen.

38. GRUND

Weil Rudern auch in den Adelsstand erheben kann

Bei der Vergabe von staatlichen Auszeichnungen für besonderen persönlichen Einsatz von Sportlern sind wir ja in Deutschland doch eher bescheiden. Für den Gewinn von Olympiamedaillen oder WM-Titeln gibt es als höchste Sportauszeichnung das »Silberne Lorbeerblatt«. In Einzelfällen, wenn sich die Sportler auch noch nach der aktiven Karriere erfolgreich im Sport oder in anderen sozialen Bereichen engagieren, kann auch das Bundesverdienstkreuz in seinen unterschiedlichen Ausprägungen folgen. Erhebung in den Adelsstand steht bei uns schon seit dem Ende der Kaiserzeit nicht mehr auf dem Programm, wäre wohl auch in einer sich modern gebenden Republik nicht mehr so angesagt.

Ganz anders ist das in Großbritannien, das zwar bekanntlich politisch demokratisch geführt wird, in dem die Monarchie aber wie in kaum einem anderen europäischen Land im gesellschaftlichen Leben eine große Rolle spielt. Und da ist es natürlich schon eine ganz besondere Ehre, von der Queen persönlich mit den besonderen Weihen des Adelsstandes bedacht zu werden.

Der im Rudern Bekannteste, dem diese Ehre im 21. Jahrhundert zuteil wurde, ist Sir Steven Redgrave. Er gilt nach wie vor als der erfolgreichste Ruderer der Welt, nicht zuletzt, weil er bei fünf aufeinanderfolgenden Olympischen Spielen jeweils die Goldmedaille im Zweier oder Vierer holte. Dazu gelang ihm 1984 in Los Angeles das Kunststück, in dem noch am gleichen Tag stattfindenden Zweier mit Stm. zusammen mit seinem langjährigen Zweier-Partner Andrew Holmes auch noch Bronze zu gewinnen. 1987 und 1997 erhielt er bereits verschiedene hohe Orden des Königreiches verliehen, 2001 nach seinem fünften Gold ernannten ihn die Queen zum Ritter und damit zum Adeligen.

»Knight Bachelor« ist der genaue Adelstitel, und den erhielt 2004 auch Sir Mathew Pinsent, der Zweier- und Vierer-Partner von Redgrave in dessen späteren Jahren seiner Ruderkarriere. Pinsent gewann viermal Gold bei Olympia und war über Jahre der unbestrittene Schlagmann des britischen Paradebootes, dem Vierer-ohne.

Solche Adelstitel sind aber nicht nur den Männern vorbehalten, auch erfolgreiche britische Athletinnen werden von der Queen persönlich bedacht. Dame Katherine Grainger zählt dazu. In Sydney saß die sympathische Schottin aus Aberdeen erstmals in einem Olympiaboot für Großbritannien. Hinter dem deutschen Boot wurde der Doppelvierer Zweiter, und damit gewann die Crew um Katherine die erste Frauen-Medaille für Großbritannien im Rudern. 2004 saß sie im Doppelzweier, und wieder wurde es Silber. Und 2008 in Peking hatten die Chinesinnen alles auf den Doppelvierer gesetzt, in den auch Grainger für Großbritannien zurückgekehrt war. Wieder wurde es Silber, und mit dieser dritten Medaille sah es für Grainger fast so aus, als ob sie wie einige andere namhafte Athleten vor ihr wohl nie mit Olympiagold »gekrönt« werden sollte. Doch dann kamen die Spiele auf ihrem heimatlichen Boden und Katherine stieg wieder in den Zweier, wo sie mit Anna Watkins eine ideale Partnerin gefunden hatte. Und endlich wurde der Traum wahr, das Duo holte eine viel umjubelte Goldmedaille. Nicht erst seitdem ist Katherine Grainger eine hoch geachtete Persönlichkeit im britischen Sport. Im weiteren Verlauf der Londoner Spiele sah man sie dann noch öfter mit ihrer »höchstadeligen« Fast-Namensvetterin Catherine, Herzogin von Cambridge und Gattin des britischen Thronfolgers, auf den Tribünen der verschiedenen Sportarten sitzen und wie zwei vertraute Freundinnen miteinander schwatzen und lachen. Nach verschiedenen Orden erhielt Katherine Grainger 2017 dann von der Queen den Adelstitel »Dame« verliehen.

Dies sind nur einige aktuelle britische Beispiele, im folgenden Grund wird aber nachzulesen sein, dass »Rudern« und »Adel« schon viel früher eine gewisse Beziehung eingingen.

5. KAPITEL

PERSÖNLICHKEITEN

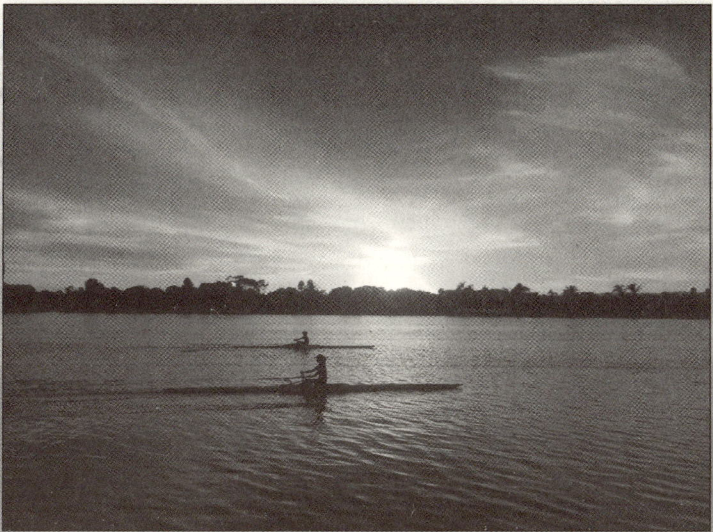

39. GRUND

Weil Rudern und Adel sich nicht ausschließen

Kennen Sie die Kellys? Nein, ich meine nicht die singende Großfamilie aus Irland. Die lebte zwar zeitweilig auf einem Hausboot in einem Kölner Hafen, aber ob sie von dort aus auch mit Ruderbooten unterwegs waren, ist nicht bekannt.

Gemeint ist die Familie von John B. Kelly aus Philadelphia/USA. Seine Eltern hatten zwar auch irische Wurzeln, aber statt mit der Stimme machte John Brendan eher mit seinen Muskeln Karriere. Die brauchte er beruflich zunächst als Maurer, später gründete er ein Bauunternehmen, das ihn zum wohlhabenden Mann machte. Doch noch mehr setzte er seinen Körper beim Rudern ein. Im Alter von 18 Jahren begann er damit, im Einer wurde er in der ersten Hälfte des 20. Jahrhunderts zum ungeschlagenen Star. In 126 bestrittenen Rennen blieb er unbesiegt. Noch mehr aber zählt, dass ihm 1920 bei den Olympischen Spielen in Antwerpen ein Kunststück gelang, das bisher nicht wiederholt werden konnte. Innerhalb von weniger als einer Stunde gewann er sowohl im Einer wie auch gemeinsam mit seinem Cousin Paul Costello im Doppelzweier die olympische Goldmedaille. Vier Jahre später trat er noch mal im Doppelzweier mit seinem Cousin an, erneut gewannen sie Gold. Sein größter Traum blieb ihm aber verwehrt, der Sieg auf der Henley-Regatta. Dort verweigerte man ihm 1920 als »Handwerker« die Startberechtigung. Das führte in den USA zu einer Riesenwelle in den Medien, die als Kehrseite der Medaille das Bauunternehmen Kelly florieren ließ und seinen Inhaber zum Millionär machte. Später ernannte ihn Präsident Franklin D. Roosevelt zum nationalen Fitness-Direktor.

Und was hat das jetzt mit dem Adel zu tun? Eine Menge, denn John B. war auch ein Familienmensch. Nach der sportlichen Karriere heiratete er das frühere Mannequin Margaret K. Majer. Vier

Kinder kamen nach und nach zur Welt. Der älteste John B. jun. trat sportlich in die Fußstapfen des Vaters und nahm zwischen 1948 und 1956 viermal an Olympischen Spielen teil. Dabei gelang ihm aber »nur« der Gewinn der Einer-Bronzemedaille in Melbourne 1956. Nach dem Krieg hatte man die Regeln in Henley gelockert, und so erfüllte der Junior nachträglich den Traum seines Vaters, indem er auf der englischen Traditionsstrecke 1947 und 1949 die »Diamond Sculls«, den begehrten Preis im Einer, gewann.

Und nun kommt der Adel. John B. sen. und seine Frau Margaret bekamen auch eine Tochter, die den Namen Grace Patrizia erhielt. Dämmert es? Unter dem Namen Grace Kelly wirkte sie zwischen 1950 und 1956 in insgesamt elf Hollywood-Spielfilmen mit, ausgezeichnet wurde sie u.a. mit dem Oscar und dem Golden Globe. 1955, quasi auf dem Höhepunkt ihrer Filmkarriere, besuchte sie die Filmfestspiele in Cannes, wo sie erstmals mit Fürst Rainier von Monaco zusammentraf. Ein Jahr später heirateten sie, und aus der inzwischen weltbekannten Filmschauspielerin und Ruderer-Tochter bzw. -Schwester wurde ein Mitglied der monegassischen Adelsfamilie Grimaldi und zugleich Fürstin von Monaco. So glamourös sich dieser Lebenslauf liest, so stilvoll und oft herzlich war das Auftreten der Fürstin in der Öffentlichkeit. Deshalb war die Trauer groß, als sie 1982 im Alter von nur 52 Jahren bei einem Autounfall ums Leben kam.

Das Sportliche in ihrer Familie hat aber offenbar ihr Sohn, der heutige Fürst Albert II. von Monaco, geerbt. Schon mit 27 Jahren wurde er in das Internationale Olympische Komitee aufgenommen, zwischen 1988 und 2000 startete er fünfmal bei den Winterspielen als Bobpilot. Doch die ruderische Vergangenheit seines Großvaters und seines Onkels kennt der Fürst auch sehr gut, wovon ich mich 1994 selber überzeugen konnte: Die Messe »boot« in Düsseldorf war damals immer mit einem Land als Partner verbunden, 1994 war es Monaco. Fürst Rainier und Prinz Albert besuchten persönlich die Messe und steuerten in der damals bestehenden Aktionshalle zielstrebig den Stand der Ruderer an. Ich war damals zufällig als Pressesprecher des Deutschen Ruderverbandes mit am Stand, und schnell kamen Albert und ich ins Gespräch. Da ich bereits um die Familiengeschichte wusste, hatten wir direkt ein Thema, und es zeigte sich wieder einmal, dass im Rudersport »gesellschaftliche« Grenzen nahezu verschwinden.

Auch heute ist Fürst Albert II. als renommierter Meeresschutz-Experte der »boot« in Düsseldorf verbunden, besucht sie immer mal wieder. Und wenn im Hafen von Monaco ein paar Motorboote der monegassischen Sicherheitskräfte auftauchen, kann man sicher sein, dass Albert mit einer Rudermannschaft ganz in der Nähe ist. Damit ist der Kreis zwischen Rudern und Adel, wie er schon im 18. Jahrhundert sich in England bildete, bis zum heutigen Tag geschlossen. Zum Glück inzwischen mit ganz anderen Vorzeichen.

40. GRUND

Weil viele Prominente Ruderer waren oder sind

Eine weltbekannte Persönlichkeit mit engen Verbindungen zum Rudern haben wir im vorigen Grund kennengelernt. Aber die monegassische Fürstin ist bei Weitem nicht die einzige Prominente, die in ihrem Leben einem Ruderboot nahe gekommen ist. Einige weitere werden in diesem Grund genannt.

In der Frühzeit des Rudersports war es fast selbstverständlich, dass viele Adelige, Dichter, Schriftsteller, Schauspieler und auch Politiker Rudern zur körperlichen Ertüchtigung betrieben. In der neueren Zeit ist es Baron Pierre de Coubertin, der Begründer der neuzeitlichen Olympischen Spiele, der bis ins hohe Lebensalter regelmäßig im Ruder-Einer anzutreffen war. Der Name David T. de Varona ist zwar nicht so bekannt, dafür machte aber seine Tochter Donna sich einen Namen. Erst als zweifache Olympiasiegerin im Schwimmen, dann als erste Frau, die beim amerikanischen Fernsehsender ABC als Sportkommentatorin zu sehen und hören war. Ihr Vater wurde ein bekannter Herzchirurg, studiert hatte er im kalifornischen Berkeley. Dort traf er in der Mannschaft des Universitäts-Achters auf einen gewissen Eldred G. Peck, der in Berkeley Englisch studierte. Als er dieses Studium abgeschlossen hatte, legte er den ungeliebten Namen »Eldred« ab und nannte sich ab sofort nur noch Gregory Peck. Und mit diesem Namen machte er nach dem Zweiten Weltkrieg in Hollywood Karriere bis hin zum Gewinn des Oscars. Nicht auszuschließen, dass er in Drehpausen in den Studios auch auf Grace Kelly traf und beide sich dort über das Rudern unterhalten haben. Belegt ist das freilich nicht …

Bleiben wir noch kurz bei den Schauspielern, denn mit Bradley Cooper ist auch ein Mime unserer Zeit *(Sex in the City, Hangover)* in der Liste der Ruderer zu finden. Er studierte an der Georgetown-Universität in Washington D.C. und ruderte dort für sein Team.

Seit 1968 war er durch eine unheilbare Nervenerkrankung an den Rollstuhl gefesselt, verständigen konnte er sich nur noch durch einen Sprachcomputer. Aber der im März 2018 verstorbene weltbekannte Astrophysiker Stephen Hawking steuerte während seiner Studienzeit in Oxford Anfang der 1960er-Jahre dort den Achter. Und wenn wir im All bleiben, dann konnte man dort zeitweilig einen anderen Ruderer antreffen. Alan B. Shepard war der erste Mann der USA im All, und mit Apollo 14 war er 1971 auf dem Mond. Er ruderte in einem Team der US-Navy genauso wie Admiral Chester Nimitz, der Oberbefehlshaber der US-Navy im Pazifik im Zweiten Weltkrieg. Nach ihm benannte die US-Marine später einen ihrer großen Flugzeugträger.

In der amerikanischen Politik findet man weitere bekannte Namen, die vor ihrer Karriere im Ruderboot saßen. Teddy Roosvelt (US-Präsident von 1901 bis 1909) skullte in Harvard, der spätere

US-Verteidigungsminister Robert McNamara ruderte 1935 im kalifornischen Berkeley, wo er vermutlich mit dem oben bereits erwähnten Gregory Peck im Boot saß. Robert Rich, in der Clinton-Administration Arbeitsminister, steuerte den Achter von Dartmouth. Auch andere Politiker ruderten, so etwa der wegen seiner späteren Leibesfülle (über 200 kg) bekannte König Tupou IV. von Tonga. Er ruderte in seiner Schulzeit, sprach übrigens recht gut deutsch. König Harald von Norwegen ist heute vor allem als Segler und Freund des nordischen Skisports bekannt, während seines Studiums ruderte er aber auch für das Balliol-College in Oxford.

Und damit es sportlich bleibt, beenden wir an dieser Stelle die bei Weitem unvollständige Aufzählung von Prominenten im Ruderboot mit dem britischen Automobil-Rennfahrer Graham Hill, der 1953 für den Londoner Ruder Club am Steuer eines Achters saß. Daran werden wohl der britische Prinz William und seine Frau Kate nicht gedacht haben, als sie 2017 in Heidelberg jeweils auf den Steuersitz eines Achters stiegen und von Aktiven aus der historischen Schlossstadt und deren Partnerstadt Cambridge einen guten Kilometer über den Neckar gezogen wurden. Aber mit ihrer Nennung an dieser Stelle schließen sich gleich mehrere Kreise zum Rudersport in Großbritannien, dem Adel und eben den prominenten Namen im Boot.

41. GRUND

Weil Mannschaften zur Legende werden können

Sie kennen das: Immer wieder gibt es im Sport Mannschaften, die über Jahre eine Disziplin, eine Liga oder die internationalen Meisterschaften beherrschen. Sie werden von ihren Fans dafür geliebt, von den Gegnern eher gehasst. Und dennoch sind es große sportliche Leistungen, die da erbracht werden und die man bewundern kann. Auch im Rudern gibt es solche Mannschaften, die über einen längeren Zeitraum unschlagbar scheinen. Einige davon sollen hier genannt werden.

Den Anfang machten die USA mit ihrem Männer-Achter. Von 1900 bis 1956 gelang es nur 1908 in London und 1912 in Stockholm dem Achter der Briten, die Goldmedaille zu gewinnen. Bei allen anderen Spielen lag stets der USA-Achter der Männer vorne. Erst 1960 durchbrach der Achter aus Deutschland diese Serie in Rom, schon vier Jahre später aber revanchierten sich die US-Boys ihrerseits mit dem Sieg vor dem deutschen Achter.

Was die Männer können, ist auch den US-Frauen im Achter nicht unmöglich. Seit 2006 gibt es in dieser Bootsklasse nur noch eine Mannschaft ganz oben auf dem Treppchen, die USA. Und das nicht nur bei den Olympischen Spielen 2008–2016, sondern auch bei allen Weltmeisterschaften dazwischen. Dass ausgerechnet 2017 bei ihrer Heim-WM die US-Frauen im Achter ohne Medaille blieben, hat den Ruf des Teams kaum geschmälert.

Achtmal fuhren die Neuseeländer Hamish Bond und Eric Murray zu WM- bzw. Olympia-Gold. Die beiden Kiwis verloren zwischen 2009 und 2016 nicht ein einziges Rennen im Zweier-ohne der Männer, weder Vor- noch Zwischenläufe. Bei den großen Meisterschaften und in den Finalrennen machten sie meist schon zur Streckenhälfte alles klar. Dabei sah es zunächst gar nicht danach aus, dass sie in dieser technisch anspruchsvollen Bootsklasse »füreinander« geschaffen waren. Eric ist Jahrgang 1982, 1,95 m groß und wiegt 97125 kg. Hamish ist vier Jahre jünger, fünf Zentimeter kleiner und wiegt nur 85 kg. Gerade im Zweier, wo es ja darauf ankommt, auf beiden Seiten mit dem Ruderriemen die gleiche Kraft hinter das Ruderblatt zu bringen, sind solche Unterschiede nicht gerade förderlich. Und dennoch gehört der Kiwi-Zweier zu den legendären Teams im Rudersport. 2016 nach dem zweiten Olympiasieg verkündeten Bond und Murray das Ende der gemeinsamen sportlichen Karriere. Hamish Bond stieg danach um aufs Fahrrad und ist auch da erfolgreich.

Zu Legenden jeweils in ihren Ländern avancierten die Vierer-ohne von Großbritannien und Australien. Vor allem in den Medien wird immer eine gesunde sportliche Rivalität zwischen »Mutterland GBR« und »Kolonie AUS« gelebt. Der Vierer war immer schon die Bootsklasse der Briten, die zwischen 1908 und 1932 viermal in Folge bei Olympia gewannen. Das gelang übrigens auch dem DDR-Vierer aus Dresden in den Jahren zwischen 1968 und 1980. Anfang der 90er-Jahre machte sich aber auch Australien auf, einen starken Vierer zu bilden. James Tomkins und Mike McKay bildeten das Gerüst, und 1992 sowie 1996 gewannen die Aussies Gold. In die Rudergeschichte gingen die Mannschaften in Gelb-Grün als die »Oarsome Foursome« ein. Neben den beiden Goldmedaillen gewannen die Australier zwischen 1990 und 2016 in verschiedenen Besetzungen noch zweimal Silber bei Olympia sowie viermal Gold und einmal Silber bei den Weltmeisterschaften. Die Briten waren mit diesen Erfolgen natürlich herausgefordert, hatte sie doch gerade in diesen Jahren mit Steven Redgrave den wohl bisher besten Ruderer der Welt in ihren Reihen. 1992 und 1996 saß er mit Mathew Pinsent im Zweier, holte jeweils Olympiagold. 2000 dann bei den Spielen in Sydney wollten es die Briten auf »gegnerischem Terrain« wissen. Die beiden Zweier-Cracks stiegen in den Vierer und siegten in einem dramatischen Rennen vor den Italienern und Australiern. Schnell war in Anlehnung an die Beatles für den britischen Ruder-Vierer der Spitzname »Fab Four« geboren. Für Redgrave war es die fünfte Goldmedaille bei seiner fünften Teilnahme an Olympischen Spielen. In den Folgejahren wechselten immer wieder die Besetzungen, aber bei Olympia blieben die »Fab Four« bis heute ungeschlagen, auch wenn die Australier es immer wieder mit neuen Teams versuchten.

Auch in Deutschland gibt es neben dem Deutschland-Achter immer wieder Teams, die gerade bei Olympia eine unvergleichliche Siegesserie hinlegen. So war der Frauen-Doppelvierer in den Jahren zwischen 1992 und 2004 viermal in Serie bei Olympia und mehreren WMs erfolgreich. Bei den Männern fuhren die deutschen Doppelvierer mehrfach nach seiner Einführung 1976 bei Olympia und auch Weltmeisterschaften als Erste über die Ziellinie.

Die Aufzählung der »Legenden« ist an dieser Stelle aus Platzgründen sicher unvollständig. Oft ist es so, dass sich eine Nation auf eine bestimmte Bootsklasse konzentriert, wie etwa die Dänen, die über Jahre immer eine vordere Rolle im Vierer-ohne der Leichtgewichte spielten. Aber so, wie das Team der Fußball-Weltmeister von 1954 einen unvergänglichen Legendenstatus in Deutschland hat, finden sich auch im Rudern viele solcher Teams, die in den Bootshäusern der Welt Kultstatus genießen.

42. GRUND

Weil man mit einem Ruderboot auch den Atlantik überqueren kann

Bisher war in diesem Buch vor allem vom Rudern als Leistungssport die Rede. In diesem Grund beleuchten wir zur Abwechslung mal eine andere Facette der Sportart. Wobei die Überquerung des Atlantiks im Ruderboot ohne jegliche Maschinenkraft doch weit außerhalb sportlicher Betrachtungen anzusiedeln ist.

Immer wieder versuchten wagemutige Männer und Frauen, den Atlantik zwischen Europa und der Karibik mit einem Ruderboot und ohne Begleitschiff zu überqueren. Einigen gelang es, andere scheiterten und mussten von Hubschraubern oder Schiffen an Bord genommen werden.

Populär wurden diese Überquerungen durch die Veranstaltung von Rennen. Endgültig wurde die Öffentlichkeit aufmerksam, als mit James Cracknell ein mehrfacher Weltmeister und zweifacher Olympiasieger im Rudern an den Start ging. Zusammen mit dem britischen TV-Moderator und Abenteurer Ben Fogle startete

Cracknell im Winter 2005 im Zweier in das Atlantik-Abenteuer, nach knapp 50 Tagen erreichten sie das Ziel in der Karibik.

Ganz nah kam ich dieser Form des Ruderns 2011. In Vorbereitung der Ruderer-Präsentation auf der Messe »boot« in Düsseldorf stieß ich im Januar auf eine Notiz, nach der eine Deutsche eine Atlantiküberquerung im Ruderboot plante. Ich nahm Kontakt zu ihr auf und schnell stellte sich heraus, dass Janice Jakait bereits eine Menge an Vorbereitungen getroffen hatte, dazu in einem entsprechenden Training für das Überleben auf hoher See stand. Und auch ein Boot hatte sie bereits besorgt, das Anfang 2011 gerade in einer Halle im pfälzischen Speyer für die Überfahrt vorbereitet wurde. Eigentlich scheute zu diesem Zeitpunkt Janice die Öffentlichkeit und auch eine Ausstellung ihres »Babys«, des Boots »Biförst«, auf einer Messe mit großem Publikumsverkehr war ihr nicht geheuer. Aber dann willigte sie doch ein und kam persönlich zur »boot«, wo sie nicht nur für Interviews auf der Bühne zur Verfügung stand, sondern vor allem zu vielen Ausrüstern und Herstellern technischer und nautischer Produkte Kontakte schaffen konnte.

Im November 2011 brachten sie und ihr Team »Biförst« nach Portugal, von wo aus Janice am 23. November losfuhr. Über einen Internet-Tracker konnte man ihren Weg verfolgen, in einem Blog schrieb sie immer wieder über ihre Erlebnisse, Beinah-Zusammenstöße mit anderen Schiffen, Begegnungen mit einem Wal und anderen Tieren und ihren eigenen Gefühlen allein auf dem Atlantik. Als sich die »boot« 2012 näherte, stimmte sie zu, dass ich sie über ihr Satellitentelefon mitten auf dem Atlantik für zwei Interviews anrufen durfte, die wir dann während der Messetage auf der »boot« dem Publikum präsentieren konnten. Zu diesem Zeitpunkt Ende Januar 2012 war sie noch gut 500 Seemeilen vom Ziel in Barbados entfernt. Am 21. Februar 2012 kam Janice Jakait schließlich dort an, viele Medien berichteten über die erste deutsche Frau, die eine solche Überquerung des Atlantiks erfolgreich absolviert hatte. Die anfängliche Scheu vor der Öffentlichkeit hatte Janice inzwischen abgelegt, in den kommenden Jahren war sie in vielen Radio- und Fernsehsendungen zu Gast, um über ihre Erfahrungen auf dem Atlantik zu berichten. Aus der früheren IT-Beraterin, die auch bei der Montage von Flugzeugen mitgearbeitet hat, wurde eine Buchautorin mit vielen Kontakten zu Menschen und Medien. Noch heute stehen wir in Kontakt miteinander.

In diesem Fall hat Rudern einen großen Einfluss auf die Persönlichkeit gehabt, auch wenn diese Form der Sportart sicherlich in allen Belangen als »Ausnahmesituation« angesehen werden kann.

43. GRUND

Weil Rudern einen Thomas Keller hatte

In einem früheren Grund wurde bereits der Name Thomas Keller genannt. Der am 24. Dezember 1924 geborene Schweizer ist der Vater des modernen Ruder-Wettkampfs, den er innerhalb des Internationalen Ruderverbandes FISA etablierte. Dabei stand immer das Interesse der Athletinnen und Athleten für Thomas Keller im Vordergrund. Und das hatte seinen Grund:

1956 boykottierten einige Nationen aufgrund des niedergeschlagenen Aufstandes in Ungarn die Olympischen Spiele von Melbourne. Dazu zählte auch die Schweiz, was Thomas Keller, damals u.a. mehrfacher Landesmeister für den Grasshoppers Club Zürich und Einer-Europameister 1950, die Chance nahm, auch bei Olympia vielleicht eine Medaille holen zu können. Es war die Sportpolitik, die dies verhinderte, und damit hatten die Funktionäre den Zorn des damals noch relativ jungen Mannes herausgefordert. Aus dem Ruderer Thomas Keller wurde, wie es Christopher Dodd in seinem Buch *History of Rowing* später nannte, der »Thomi«, der sich fortan kompromisslos und auch erfolgreich für die Sportler einsetzen sollte.

1958 wurde er mit nur knapp 34 Jahren Präsident des Ruder-Weltverbandes FISA. Damals ein geradezu revolutionärer Vorgang, denn die Sportpolitik der damaligen Zeit wurde vor allem durch ältere Herren repräsentiert, von denen viele nie selber besonders erfolgreich im Sport waren. Keller aber war sofort in seiner klaren, durchgreifenden und diplomatisch-durchsetzungsfähigen Art akzeptiert. Er duldete selten Widerspruch, war aber Ideen, die vielleicht besser waren als seine eigenen, stets aufgeschlossen. Seine Rolle für die Entwicklung des Ruderns als hoch angesehenen Wettkampfsport wurde bereits im Grund 18 dargestellt.

Und eines muss man aus heutiger Sicht Thomas Keller auch ganz hoch anrechnen: Stehen heute Sportfunktionäre in hohen Ämtern der Weltverbände im zweifelhaften Ruf von Korruption und Vetternwirtschaft, so konnte man Thomi solche Charakterzüge nie zuschreiben. Wirtschaftlich war er durch die Beteiligung an einem Schweizer Unternehmen unabhängig, und auch im Sport widerstand er mancher Versuchung, um weiterhin für »seine« Ruderer da zu sein. Avery Brundage, einflussreicher IOC-Präsident der Jahre von 1952 bis 1972, versuchte mehrfach, Thomas Keller als IOC-Mitglied zu gewinnen, weil er in ihm seinen Nachfolger sah. Doch Thomi lehnte stets ab, blieb lieber Präsident der Ruderer und der Vereinigung der internationalen Sportverbände.

Ich hatte mein ganz eigenes Erlebnis mit Thomi, was auch einen besonderen Zug seiner Persönlichkeit widerspiegelt: 1981 überredeten mich drei Schiedsrichterkollegen aus Düsseldorf, mit ihnen zur Prüfung für die internationale Lizenz nach Frankfurt zu fahren. Ich war eher skeptisch, denn die nationale Prüfung hatte ich erst vier Jahre zuvor abgelegt und das wegen meines jungen Alters von 21 Jahren mit einer Sondergenehmigung, da man eigentlich 24 Jahre dafür hätte sein müssen. Wenige Tage vor der Fahrt nach Frankfurt war ich erst 25 Jahre alt geworden, rechnete mir also wenig Chancen aus. Die Aussicht auf Erfahrungen, die man aber dennoch mitnehmen könne, ließen mich dann halt doch mitfahren.

18 Kandidaten aus Deutschland traten an, einer der drei Prüfer war Thomas Keller selber. Uns allen war klar, dass wohl maximal zwölf Kandidaten durchkommen würden, also vier bei jedem Prüfer. Natürlich suchte sich Thomi »seine« Kandidaten besonders aus, mit meinem fast noch jugendlichen Alter war ich natürlich dabei.

In der Prüfung lief es zunächst ganz gut, mein Ruder-Französisch reichte aus, um die nötigen Abläufe eines Ruderrennens begleiten zu können. Dann aber sollte ich einen Start machen, Thomi simulierte dabei einen Frühstart, den ich natürlich regelkonform zurückholte, um ihn wiederholen zu lassen. Unmittelbar nach dem Rückruf verwickelte mich Thomi dann aber mit seinem einnehmenden Wesen und natürlich auch mit seiner Persönlichkeit als *der* FISA-Präsident in ein Gespräch, über das ich völlig vergaß, die zu früh gestartete Mannschaft wegen ihres Fehlers zu verwarnen.

Es folgte nach einigen Minuten ein neuer Startversuch auf dem Tisch, auf dem ein entsprechend großes Tuch die Regattabahn darstellte und kleine Holzmodelle die Boote waren. Wieder ließ Thomi dasselbe Boot einen Frühstart produzieren und fragte mich dann, was zu tun sei. Ein zweiter Frühstart bedeutet im Rudern den Ausschluss aus dem Rennen, was ich dann auch vollziehen wollte. Mit einem freundlichen, aber auch verschmitzten Lächeln fragte mich Thomi dann, ob ich denn die Mannschaft nach dem ersten Fehler verwarnt hätte, was ich natürlich durch das Gespräch völlig aus den Augen verloren hatte. National hatte ich schon oft in der gleichen Situation regelkonform gehandelt. Hier aber war mir die Verwarnung des Bootes durchgegangen, ein Ausschluss nach dem zweiten Frühstart wäre also nicht regelkonform gewesen. Für mich war in diesem Moment klar, dass diese Prüfung wohl nicht gut enden könne, die Erfahrungen aber waren in der Tat sehr wertvoll.

Am Abend dann sollten in einer Zusammenkunft aller Kandidaten und Prüfer die Ergebnisse verkündet werden. Thomi saß am Kopf eines langen Tisches und hatte wieder dieses verschmitzte Lächeln im Gesicht. Er eröffnete das Gespräch mit der Bekanntgabe, dass er alle seine sechs Kandidaten in denselben Fehler getrieben habe, alle hätten es versäumt, ein Boot zu verwarnen. Das war während des Tages quasi geheim geblieben, weil wir Kandidaten zwischen den Prüfungen nicht miteinander sprechen durften. Wir alle sahen uns ungläubig an, für Thomi war es eine Art Hochamt, bei dem man aber nie das Gefühl hatte, dass er als der große FISA-Präsident irgendjemand hätte vorführen wollen. Es war einfach seine ganz persönliche Art von Humor, mit der er den Menschen in seiner Umgebung und besonders in seiner Ruderfamilie begegnete. Als mein Ergebnis dann von ihm verkündet wurde, war ich nur noch sprachlos. »Ich freue mich, dass wir nun einen ganz besonders jungen Schiedsrichter in unseren Reihen haben. Lieber Arno, ich gratuliere dir, dein Auftritt heute hat mich überzeugt, und ab sofort bin ich für dich der Thomi«, waren seine Worte, die ich noch heute im Ohr habe. Der große FISA-Präsident bot mir kleinem unbedeutenden Schiedsrichter das Du an, schöner hätte der Tag nicht enden können. Es war dann schlussendlich der Beginn meiner eigenen Laufbahn im Rudern, die mich 19 Jahre später in das Council (Vorstand) der FISA führen sollte, dem ich dann zehn Jahre angehört habe.

Umso trauriger war dann die Nachricht, die ich am 29. September 1989 abends im Radio auf der Rückfahrt von einem Eishockeyspiel hörte. Thomi war im Laufe des Tages ganz plötzlich einem Herzversagen erlegen. Seine Nachfolge in der FISA hatte er da schon geregelt. Wenige Wochen vorher hatte der Weltverband den langjährigen Generalsekretär Denis Oswald zum neuen Präsidenten gewählt, der das Amt aber erst 1990 antreten sollte. Thomi hatte es geschafft, den europäisch geprägten Verband zu einer Weltmeisterschaft im fernen Australien zu bewegen. Diese sollte der Abschluss seiner Arbeit für die FISA sein. Leider hat er sie nicht mehr erlebt, aber sein Wirken im internationalen Rudern und dem Sport ist auch noch heute zu spüren. Und es gibt viele Ruderfreunde in aller Welt, die wie ich von ganz persönlichen Erlebnissen mit diesem außergewöhnlichen Sportfunktionär erzählen können. Schaut man sich heute um in der Sportpolitik, wünscht man sich manches Mal eine Persönlichkeit wie Thomas »Thomi« Keller zurück. Er machte aus einem elitären Klub älterer FISA-Herren in den Jahren seiner Präsidentschaft einen Sportverband mit moderner Prägung und Weltformat.

44. GRUND

Weil auch ein Manager mit Weltruf beim Rudern nur einer unter vielen ist

Sagt Ihnen der Name Ion Tiriac noch etwas? Ja genau, der hatte mit dem Tennis-Idol der 80er- und 90er-Jahre Boris Becker zu tun. Von 1984 bis 1993 betreute Tiriac den Boris als Manager, war einer der Väter des Wimbledon-Sieges 1985, mit dem sich der Junge aus Leimen endgültig in den Tennis-Olymp spielte. Später war Tiriac auch als einflussreicher und wegen seines manchmal rüden Auftretens umstrittener Sportfunktionär tätig, so von 1998 bis 2004 als Präsident des Nationalen Olympischen Komitees von Rumänien. Und genau in dieser Rolle trat er am Finaltag der olympischen Ruderregatta von 2004 in Athen auf, bei der ich als FISA-Councilmitglied die möglichst reibungslose Organisation der Siegerehrungen mit der Übergabe der Olympiamedaillen an die Sportlerinnen und Sportler zu verantworten hatte.

Das Frauenrudern in Rumänien feierte über 20 Jahre ganz große Erfolge in fast allen sechs Bootsklassen, die bei Olympia ausgefahren wurden. Als krönenden Abschluss der Frauen-Regatta 2004 gewann der rumänische Achter die Goldmedaille vor den USA und den Niederlanden. Im extra abgesperrten Raum für die Siegerehrungen feierten 27 Frauen ihren Erfolg geradezu überschwänglich, an den Absperrungen drängelten sich Freunde, Teamkameraden und Familien der Medaillengewinnerinnen, um ihre Athletinnen zu beglückwünschen und sie in den Arm zu nehmen. Es war also nicht ganz leicht, den Raum für die Zeremonie frei zu halten, einige Kollegen aus dem FISA-Vorstand und natürlich einige Ordnungskräfte der Organisatoren halfen mir dabei.

Plötzlich tauchte hinter mir Ion Tiriac auf und forderte auf Englisch den Zugang zu seinen Achterruderinnen noch vor der Siegerehrung. Das hätte klar gegen die Regeln der Olympischen Charta verstoßen, auch aus Gründen der obligatorischen Doping-Überprüfung. Das entgegnete ich Tiriac ruhig, aber unmissverständlich ebenfalls auf Englisch. Dass eine solche Antwort ihn nicht zufriedenstellen würde, lag halt in seiner Natur und erneut forderte er als NOK-Präsident den Zugang zu seinen Athletinnen. Ebenfalls etwas energischer im Ton wiederholte ich auf Englisch mein »Nein« und stellte mich demonstrativ in den Weg. Inzwischen sichtlich aufgebracht fragte er mich erneut in Englisch, ob ich wisse, wer er sei und dass er jedes Recht hätte, sofort zu den Ruderinnen zu gehen. Da war dann auch bei mir der Punkt gekommen, Klartext zu sprechen. Auf Deutsch antwortete ich: »Lieber Herr Tiriac! Da Sie es offenbar nicht auf Englisch verstehen, sage ich es Ihnen jetzt auf Deutsch: Sie kommen nicht in diese abgesperrte Zone, sondern warten wie alle anderen bis nach der Siegerehrung! Ich weiß als deutscher Sportfan sehr genau, wer Sie sind, aber das nützt Ihnen hier und jetzt absolut nichts!« Verdutzt schaute mich der Welt-Manager an, der Sprachenwechsel hatte ihn offenbar so überrascht, dass er sich auf dem Absatz umdrehte und weitere Versuche, sich Sonderrechte zu verschaffen, unterließ. Meine FISA-Kollegen waren durch die sich steigernde Lautstärke des Disputes auf uns aufmerksam geworden, am Ende lachten sie und spendeten Beifall für meine »Unverfrorenheit«, dem großen Ion Tiriac die Stirn geboten zu haben.

Klar, der Wunsch des Rumänen in dieser Situation war natürlich verständlich, und oft wird ja auch beklagt, dass gerade bei solchen Zeremonien eine persönliche Note für die Medaillengewinner fehlt.

Was darin gipfelte, dass unlängst das IOC den Athleten verbot, mit ihren eigenen Kindern bei der Siegerehrung aufzutreten. Doch Regel ist nun mal Regel, und das hat im Rudern immer einen hohen Stellenwert gehabt. Da passiert es dann eben auch, dass weltbekannte Persönlichkeiten ihre eigenen Interessen in gewissen Momenten nicht durchsetzen können. So wie eben Ion Tiriac, der an diesem Tag in Athen einfach nur einer unter ganz vielen war.

45. GRUND

Weil es ohne Ruderer Facebook vielleicht nicht geben würde

Sind Sie bei Facebook? Gut, das soziale Internet-Netzwerk ist bei der Jugend nicht mehr unbedingt so angesagt, weil sich meist die eigenen Eltern da auch schon tummeln. Und da eine Verweigerung der »Freundschaft« hier zu Familienkonflikten führen könnte, andererseits dann aber die »Alten« einiges mitlesen könnten, was die »Jungen« da so posten, wandern die Jugendlichen halt zu anderen Netzwerken ab. Dennoch, der Siegeszug von Facebook rund um die Welt ist schon beeindruckend, ganz zu schweigen vom wirtschaftlichen Faktor, der hinter dem von Mark Zuckerberg geführten Unternehmen steckt. Und dennoch, ohne Ruderer wäre es wohl nie zu Facebook gekommen.

Tyler und Cameron Winklevoss waren Anfang der 2000er-Jahre Kommilitonen von Mark Zuckerberg an der Universität von Harvard. Die Zwillinge stammten aus Southampton im Bundesstaat New York und waren beide fasziniert von der Welt der Mathematik, Daten und Computer. 2002 gründeten sie zusammen mit einem weiteren Kommilitonen das soziale Internet-Netzwerk ConnectU. Zuckerberg arbeitete an seinem Facebook, hatte sich aber wohl durch einige Ideen der Winklevoss-Zwillinge mächtig bei der Umsetzung beeinflussen lassen. 2004 verklagten deshalb die Brüder den Facebook-Gründer wegen Urheberrechtsverletzung. Am Ende des Rechtsstreits um die angeblich von Zuckerberg geklauten Ideen stand ein Vergleich, der die Winklevoss-Zwillinge zu wohlhabenden jungen Männern machte. Über die genaue Summe gibt es unterschiedliche Angaben, sie liegt wohl irgendwo zwischen 20 und 65 Millionen Dollar.

Jedenfalls machte das die Zwillinge wirtschaftlich unabhängig, und in den folgenden Jahren widmeten sie sich vor allem dem Ausbau ihrer sportlichen Ambitionen. Ruderer waren sie schon länger, und nun hatten sie die Chance, sich voll und ganz auf das Training zu konzentrieren. Schließlich setzten sie sich 2008 bei den US-Trials im Zweier-ohne durch und starteten in Peking bei den Olympischen Spielen in dieser Bootsklasse. Sie erreichten das Finale, aber hier spielten sie als Sechste mit deutlichem Abstand zum übrigen Feld keine bedeutende Rolle. Ein Jahr später saßen sie noch mal im USA-Achter bei den Weltmeisterschaften in Polen, aber auch hier blieb ihnen als Neunte eine Medaille versagt. 2010 machten sie erneut als Ruderer von sich reden. Nach dem Abschluss in Harvard waren sie nach England an die Universität in Oxford gewechselt und dort natürlich aufgrund ihrer sportlichen Vergangenheit prädestiniert für den Boat-Race-Achter. Tatsächlich kamen sie auch in das Blue-Boat, verloren aber mit ihrem Team mit einer guten Länge Rückstand gegen Cambridge.

Tyler und Cameron zogen sich danach aus der Öffentlichkeit zurück, gründeten ein Unternehmen, das sich vor allem mit dem weltweiten Kapitalmarkt beschäftigt. Kapital hatten sie ja aus dem Vergleich mit Mark Zuckerberg genügend. Vor einigen Jahren dann veröffentlichten die Brüder, dass sie Anteile an der Kryptowährung Bitcoin haben und auf der Basis ihrer mathematischen Kenntnisse an der Weiterentwicklung dieses Systems zum etablierten Zahlungsmittel arbeiteten.

Der Erfolg von Mark Zuckerberg mit Facebook wäre wohl ohne die Ruderer Tyler und Cameron Winklevoss kaum möglich geworden. Aber sicher ist auch, dass die sozialen Netzwerke im Internet, die auch immer wieder für Diskussionen wegen zweifelhafter Einträge sorgen, uns irgendwann sowieso eingeholt hätten, Ruderer hin, Mathematiker her.

46. GRUND

Weil Rudern Stars ohne Allüren hat

Ich möchte jetzt nicht die Allüren einiger hoch bezahlter Profisportler bewerten. Manches wirkt ja am Anfang vielleicht noch interessant, prägend oder diskussionswürdig. Meist stellt sich aber nach kurzer Zeit beim Betrachter dann doch ein Nervfaktor ein, und die Vorurteile, dass mancher dieser »Stars« doch nicht ganz richtig tickt, werden genährt.

Ruderer findet man in diesem Umfeld nicht. Selbst die großen Stars im Einer, die nun manchmal etwas eigenwillig und »selbstbestimmt« ihren Sport betreiben, bleiben meist auf dem Teppich. Da wird der eine oder andere schon mal lauter in seiner Kritik an Verbänden oder seinem Umfeld, doch das bleibt meist im eigenen Hause, die Öffentlichkeit bekommt davon selten etwas mit.

Zwei Gründe lassen sich wohl für diese im Endeffekt doch sympathische »Leisetreterei« ausmachen:

Wie schon in einem ganz frühen Grund in diesem Buch geschildert, hat sich Rudern antizyklisch entwickelt in der Frage des Profitums. Die »Watermen« in England ließen sich für ihre Dienste noch bezahlen. Als sich dann die Sportart auf dem Amateursektor weiterentwickelte, war es mit den Geldflüssen vorbei. Das ist bis heute so geblieben, kaum ein aktiver Ruderer kann von den Einkünften, die er durch seinen Sport erzielt, gut leben. Zahlungskräftige Sponsoren hat kaum einer von ihnen, die Zuwendungen durch staatliche oder institutionelle Sportförderungen reichen gerade für die täglichen Bedürfnisse, eine sportgerechte Ernährung und die Finanzierung von Trainings- und Wettkampfaufwendungen. Ohne die Stiftung Deutsche Sporthilfe könnten sich viele Aktive unseres Landes neben Studium bzw. Ausbildung ihren Sport kaum leisten. Und wenn dann doch mal Sponsoren anklopfen, dann stehen vor allem die erfolgreichen Großboote wie Achter oder Vierer im Vordergrund.

Und genau da liegt der zweite Grund für die individuelle Bescheidenheit im Rudern. In einer klassischen Team-Sportart regulieren sich »Alleingänge« schnell von selbst. Der Teamgeist gehört wie Fitness, Trainingsdisziplin und Einsatz zum Grundgerüst für den Erfolg einer Rudermannschaft. Da bleibt für Starallüren kein Platz.

Stars hat die Sportart sicher zu bieten, dieses Kapitel hat einige bereits genannt. Doch Allüren sind ihnen eher fremd. Auch damit hat sich Rudern sein hohes Ansehen in der Öffentlichkeit erhalten.

47. GRUND

Weil Rudern viele große Trainer hatte und hat

Wie viel Anteil hat ein Trainer am Erfolg einer Mannschaft oder eines Einzelsportlers? Über diese Frage ist schon viel philosophiert worden. Im Rudern gab es immer wieder sowohl in Deutschland wie auch im Ausland Trainerpersönlichkeiten, die diese Sportart nachhaltig geprägt haben. Neue Methoden, neue Techniken, Weiterentwicklungen im physischen Bereich der Aktiven und auch Veränderungen in der Bootstechnik – das alles wurde durch diese »Übungsleiter« im Laufe der Jahrzehnte geschaffen. Sie alle zu nennen wäre ein eigenes Buch wert, deshalb beschränken wir uns an dieser Stelle auf zwei Trainer, die auch gleichzeitig für ihre jeweilige Generation stehen.

Der erste ist natürlich Karl Adam. 1912 geboren, absolvierte er ein pädagogisches Studium, das ihn schließlich nach den Wirren des Zweiten Weltkrieges an die Lauenburgische Gelehrtenschule nach Ratzeburg brachte. Mathematik und Physik wurden seine Fächer. Da er auch »Leibesübungen« studiert hatte, vertraute man ihm dazu das Protektorat über die Ruderriege der Schule an. Und damit begann eine historisch einmalige Epoche im deutschen Rudern, die bis heute nachwirkt. Adam selber hat wohl nie in einem Ruderboot gesessen, war aber als Hammerwerfer und Boxer (u.a. Studentenweltmeister 1937) erfolgreich. Und vor allem hatte er auch Vorlesungen in Philosophie und Logik während des Studiums belegt. Diese Kenntnisse ließen ihn viele trainingsmethodische und physische Belange im Rudern unter einem bis dahin nicht gekannten Blickwinkel betrachten. Adam führte das Intervalltraining ein, machte das Hanteltraining in den Krafteinheiten zur Basis und tüftelte auch an bootstechnischen Feinheiten, um das Letzte aus jedem Ruderschlag herauszuholen. Noch wertvoller für die ihm anvertrauten Aktiven war aber seine Sicht auf die Interessen der Athleten. In ihnen sah er nicht nur willige Anweisungsempfänger, die des Trainers Ideen einfach umzusetzen hätten. Er prägte vielmehr das Wort und die Handlungsweise des »mündigen Athleten«, dem er auch ein Mitspracherecht vor allem bei der persönlichen Entwicklung einräumte.

Adams Wirken war noch viel umfassender, er gehörte zu den Trainern, die ihr Wissen auch in Vorträgen und in der Zusammenarbeit mit anderen Ruder- und Sportverbänden teilten. Deshalb sind noch viele seiner trainingsmethodischen Grundlagen bis heute in der gesamten Sportlandschaft zu finden. Auch wenn die Wissenschaft im Sport heute einen breiten Raum einnimmt, so findet man ihre Basis doch in der Arbeit eines Autodidakten, der Karl Adam für das Rudern zweifelsfrei war.

»Die Struktur der Leistung ist auf allen Gebieten gleich!«, das war einer der Leitsätze, mit denen Karl Adam seine Methoden im

Umgang mit den Athleten erklärte. Für ihn war der Sport eines dieser Gebiete, auf dem man Höchstleistung methodisch und konsequent erarbeiten konnte. Dass dies aber auch mit gleicher Einstellung in privaten und beruflichen Bereichen galt und Karl Adam ihnen genau das vermittelt hatte, bewiesen viele von Adams Schützlingen, von denen auch nach dem Sport einige eine beruflich beachtliche Karriere vorweisen konnten.

Wer heute in das Bootshaus des Ratzeburger Ruder-Clubs kommt, den der Trainer selber mitbegründete, um seinen Athleten eine Art »Heimstätte« zu geben, findet noch viele Nachweise der sportlichen Erfolge der Epoche Adam. Herausragend sind dabei die beiden Olympiasiege 1960 und 1968 im Achter. Und im nahe gelegenen Leistungszentrum der Ruderer am Ratzeburger See, einst als »Ruder-Akademie« in der Zeit von Karl Adam gegründet und heute noch wichtiger Ort für die Vorbereitungen der deutschen Aktiven auf internationale Spitzenwettkämpfe, grüßt der »Ruder-Professor« quasi selber noch in Form einer großen Büste. Sie wurde einst geschaffen vom international anerkannten Designer Luigi Colani, der wohl ein Adam-Bewunderer war und sogar einen Achter entwarf, der sich aber schlussendlich nicht durchsetzen konnte.

Völlig unerwartet starb Karl Adam wenige Wochen nach seinem 64. Geburtstag im Jahre 1976. Ihm war kaum Zeit geblieben, eine Art Nachlass seiner Arbeit für den Rudersport selber zu schaffen. Da er aber immer offen dafür war, sein Wissen und die Grundlagen seiner Arbeit auch an Dritte weiterzugeben, blieb vieles davon in Büchern und anderen Aufzeichnungen erhalten.

Ihn als einen Erben von Karl Adam zu bezeichnen würde der Rolle, die Ralf Holtmeyer für das deutsche Rudern spielt, kaum gerecht. Die zeitliche Überschneidung beider Trainertätigkeiten beträgt gerade mal ein Jahr. Holtmeyer, Jahrgang 1956, begann als 19-Jähriger mit der Trainerarbeit im heimatlichen Osnabrücker RV. Als Karl Adam ein Jahr später starb, hatte der junge Trainer Holtmeyer gerade erste nationale Erfolge mit seinen Schülern eingefahren, die kaum jünger waren als der Coach selber. Aber Holtmeyer schuf eine Ausnahmegeneration von Athleten, die sich schon 1980 für Olympia im Vierer-ohne qualifizierten. Der Boykott verhinderte allerdings die Teilnahme in Moskau. Holtmeyer war dennoch im Fokus des Verbandes. Als man nach einer längeren Durststrecke im Achter daranging, die Strukturen für diese Bootsklasse neu zu ordnen, war es der Osnabrücker, der die Aufgabe bekam, einen neuen Achter zu formen. Der sollte möglichst schon 1988 bei den Spielen ins Finale fahren.

Mit Holtmeyer als sportlichem Leiter und Klaus Walkenhorst als organisierendem Fachmann wurde der Stützpunkt in Dortmund beim RC Hansa geschaffen und ausgebaut. Die Achterteams von 1986 und 87 waren noch nicht der große Wurf, die Lücke zur Weltspitze wurde aber kleiner. Und im Frühjahr 1988 präsentierte Holtmeyer eine Mannschaft, die auf den ersten internationalen Regatten ganz vorne fuhr. Das Ergebnis ist bekannt, wir haben es schon in vorherigen Gründen genannt: Achter-Gold 20 Jahre nach dem letzten Erfolg in dieser Bootsklasse von Karl Adam.

Es folgten noch Olympia-Bronze (1992) und -Silber (1996) und dazwischen mehrere WM-Titel. Als dann aber die Achter-Qualifikation für 2000 verpasst wurde, handelte der Verband erneut. Holtmeyer übernahm – vereinfacht gesagt – die Verantwortung für die Frauen, führte in dieser Rolle deren Achter zum WM-Titel 2003. Den Männer-Achter übernahm Dieter Grahn, Olympiasieger im legendären Dresdner Vierer-ohne für die DDR. Er konnte sich auch über einige WM-Medaillen freuen, aber als der Achter kurz vor Olympia 2008 in Peking völlig von der Rolle war, wurden Trainer und Mannschaft kurzerhand vom Verband ausgetauscht. Das Ergebnis in Peking überraschte nicht, letzter Platz und eine indiskutable Vorstellung, allerdings auch durch Krankheiten geschwächt.

Erneut musste der Verband handeln. Im Frühjahr 2009 setzte man Ralf Holtmeyer wieder als Trainer des Männer-Achters ein, wenige Wochen vor der folgenden WM übernahm er den Posten und führte das Team zum WM-Titel. Es folgten zwei weitere WM-Erfolge, bevor 2012 mit dem zweiten Olympiasieg im Achter Ralf Holtmeyer zumindest nach Erfolgen zur Legende Karl Adam aufschloss. 2016 folgte Silber in Rio, und noch dürfte die Geschichte des Trainers Ralf Holtmeyer nicht zu Ende erzählt sein. Tokio 2020 ist für den Trainer des Jahrs 2012 sicher ein Ziel, ob als Achter-Coach oder in einer anderen Rolle wird man sehen.

Karl Adam und Ralf Holtmeyer, zwei Trainerkarrieren, die beispielhaft für das Engagement im Rudern stehen. Solche Charaktere hatten und haben sowohl der Deutsche Ruderverband wie auch andere nationale Ruderverbände in ihren jeweiligen Teams. Sie alle stehen für eine Eigenschaft, die im Rudern besonders ausgeprägt ist: Der Trainer ist nicht nur der sportliche Chef, er formt auch seine Aktiven für das Leben außerhalb des Rudersports. Öffentlich gedankt wird es ihnen selten, aber viele von ihnen legen darauf auch nicht so den großen Wert. Zumindest darin sind sich Karl Adam und Ralf Holtmeyer durchaus ähnlich.

Und bevor nun ein Aufschrei in der Damenwelt ertönt: Natürlich gab und gibt es in Deutschland auch sehr gute und erfolgreiche Trainerinnen. Jutta Lau betreute über Jahrzehnte die Skullerinnen und feierte mit ihnen viele Goldmedaillen bei Olympia und Weltmeisterschaften. Heute arbeitet sie für den Chinesischen Ruderverband. Mit Brigitte Bielig ist in Deutschland eine Trainerin für den Nachwuchs im Bereich U19 und U23 tätig, ohne deren Arbeit nicht immer wieder große Talente für die A-Nationalmannschaften heranwachsen würden. Beide seien hier nur stellvertretend genannt für die vielen Trainerinnen, die tagtäglich in den Vereinen engagiert und erfolgreich arbeiten.

6. KAPITEL

RUDERN IN DEUTSCHLAND

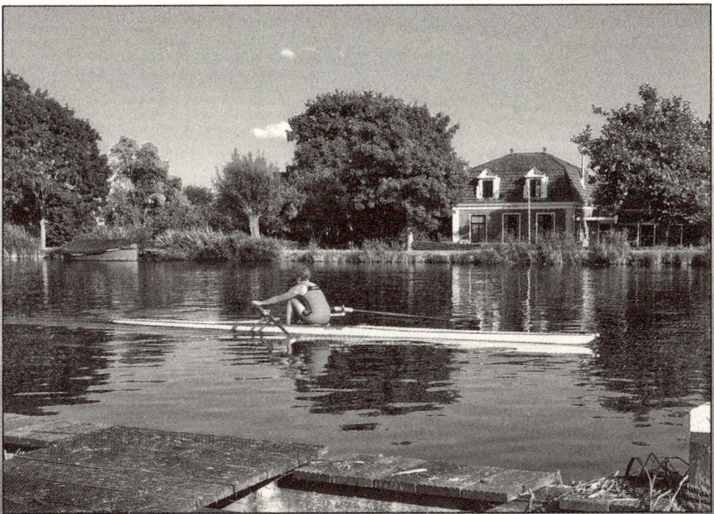

48. GRUND

Weil alles in Hamburg begann

Denkt man heute an den Sport in Hamburg, dann hat man wohl sehr schnell die immer noch tickende Bundesliga-Uhr in der Spielstätte des Fußballvereins HSV vor Augen. Noch hat der Verein in den letzten Jahren immer wieder den Klassenerhalt geschafft, meist über die Relegation. Aber so kann man halt auch Schlagzeilen machen. Die machten auch die Auflösung der Handball- und der Eishockeymannschaften, dazu die ziemlich aus dem Ruder gelaufene Olympia-Bewerbung. Alles leider nicht so richtige Aushängeschilder für den Sport in der Hansestadt.

Gut, dass die Umstände zu Beginn des 19. Jahrhunderts doch andere waren. Gesellschaftlich und politisch nicht unbedingt besser, aber halt anders. Sonst hätte es die Blütezeiten des Ruderns in Deutschland vielleicht nie gegeben.

Um 1830 gründeten einige junge Engländer, die als Kaufleute in Hamburg Residenz bezogen hatten, einen Ruder-Club. Die noch junge Sportart samt des nötigen Materials hatten sie von der Insel mitgebracht, und schnell zogen sie bei ihren Ausfahrten auf den Gewässern in der agilen Handelsmetropole das Interesse heimischer junger Männer auf sich. Die versuchten sich zunächst im englischen Club, bevor sie dann im Juli 1836 einen eigenen Verein gründeten. Die vielen familiären und gesellschaftlichen Verbindungen zwischen den Kaufleuten der beiden Länder machten es möglich, Boote wurden beschafft, und schon bald trat »Der Hamburger Ruder-Club« gegen die Engländer im Rennen an. Die waren zwar beim Rennen im November weit überlegen, aber es war die Geburtsstunde der Sportart Rudern in Deutschland. Schnell kamen neue Clubs entlang der Alster hinzu, und schon bald wurde es notwendig, einen »Regattaverein« zu gründen, der für gleiche Regeln und korrekten Ablauf der Rennen sorgte. Er erhielt im Oktober den

Namen »Allgemeiner Alster-Club«, kurz AAC. Und dieser Name besteht heute noch. Inzwischen mit dem später gegründeten Norddeutschen Ruderer-Bund bildet der AAC als »NRB/AAC« bis heute den Landesruderverband des Stadtstaates.

Von Hamburg aus eroberte der Rudersport dann weitere Teile Deutschlands, wobei es vor allem die bürgerlichen Schichten waren, die in die Vereine strömten. Frankfurt am Main wurde zu einem der nächsten Ruderzentren. Begünstigt durch die Überlassung einer Maininsel durch die Stadt an die Vereine im Jahre 1870 gründeten sich auch hier schnell sehr viele Clubs, die größten von ihnen bestehen heute noch. Die Gründung eines Regattavereins auch in der Main-Metropole für die anstehenden Wettfahrten gehörte zum damaligen Selbstverständnis der Sportart.

Mannheim folgte, und auch in Berlin hatte man mit dem Treptow-Kanal schnell eine geeignete Strecke gefunden, um Ruderrennen auszutragen. Hier war es besonders die Nähe zur Kaiserfamilie, die den Rudersport förderte. Mehrfach spendeten Wilhelm I. und Wilhelm II. wertvolle Silberpokale als Siegerpreise für die Regatten. Da man zur Erholung gerne in Bad Ems weilte, wurde auch dort eine Regatta etabliert und ein Pokal gestiftet. Der ist bis heute erhalten, und alljährlich gibt es noch das Rennen im Kaiser-Vierer, zu dem das wertvolle Stück aus dem Tresor bzw. der Dauerausstellung in der Lahnstadt ans Ufer des Flusses geholt wird. Dass es mit dieser engen Verbindung zwischen der Sportart und den alleinherrschenden Kaisern auch seine zweifelhaften Hintergründe gab, ist im übernächsten Grund aufgegriffen.

An den HSV dachte man 1836 in Hamburg noch lange nicht, der entstand erst 1919 durch die Fusion dreier bereits bestehender Vereine. Da war Rudern in Deutschland aber längst etabliert, auch ohne tickende Stadionuhr.

49. GRUND

Weil Rudern den Sport in Deutschland organisierte

Wer ist der älteste deutsche Sportverband? Zwei »streiten« sich immer mal wieder darum, der Deutsche Schützenbund und der Deutsche Ruderverband. Als Gründungsjahr führen die Schützen in der Historie ihres Verbandes das Jahr 1861 an. Die Wurzeln gehen jedoch noch viel weiter zurück, meist bis in das Mittelalter. Denn die Schützen dienten vor allem der Verteidigung einer Stadt gegen Eindringlinge und Feinde, also Dingen, die weitab vom heutigen Sport lagen. Als es dann etwas friedlicher wurde, engagierten sich die Schützenvereine vor allem bei den jährlichen Stadtfesten. Bis heute sind in vielen Regionen Deutschlands die Schützenfeste erhalten. Dem Schießen als organisiertem Sport widmete sich der Schützenbund dann erst nach eigenem Bekunden im beginnenden 20. Jahrhundert.

Da bestand der Deutsche Ruderverband als von Anfang an dem Sport zugewandte Vereinigung längst. Am 18. März 1883 kamen im Kölner Gürzenich 34 Vereine zusammen und gründeten ihn. Aufgrund dieser Strukturen und der zunächst unterschiedlichen Ausrichtung von Ruder- und Schützenverband reklamieren die Ruderer damit gerne für sich, ältester deutscher Sportverband zu sein. Betrachtet man die vielen gesellschaftlichen und politischen Entwicklungen, die es in unserem Land seither gegeben hat, ist eine solche »Klassifizierung« aber ohnehin eher Makulatur.

Eines gehört aber sicher zu den ältesten Relikten im deutschen Sport, der Brillant-Stern an der Meisterkette für den Deutschen Meister im Einer, der auch gerne »Meister von Deutschland« genannt wird. Der wurde nämlich bereits ein Jahr vor der Gründung des Verbandes von der Frankfurter Ruder-Gesellschaft Germania (Gründungsjahr 1869) gestiftet. Die Frankfurter hatten großen Anteil an der Entstehung des Ruderverbandes, organisierten vorbereitende Versammlungen und Gespräche. Als dann 1883 das Ziel erreicht war, übergaben die Germanen den Stern an den neuen Verband mit der Maßgabe, ihn in jedem Jahr als »Herausforderungspreis« im Einer auszufahren. Das ist bis heute so geblieben, in jedem Jahr darf sich der Meister im Einer während der Siegerehrung mit der Meisterkette schmücken. Sie besteht aus zahlreichen kleinen Goldplättchen, auf jedem ist der Name des jährlichen Meisters eingraviert. Generationen von Ruderern sind so verewigt, sie alle haben den Meisterstern, der am Ende der Kette befestigt ist, seit 1883 getragen. Dieses so nun im dritten Jahrhundert derart zu organisieren, ist sicher eine besondere Leistung des DRV.

Die Regattavereine und der Deutsche Ruderverband bildeten somit schon bald nach der Einführung der Sportart die organisatorische Klammer für die Rennen und ihre Teilnehmer. Auch nach Gründung der Bundesrepublik Deutschland mit dem föderalen System der Länder sind viele dieser Strukturen erhalten geblieben. Sie wurden in ihren frühen Jahren von anderen Sportarten gerne übernommen, lange galt ihnen der Deutsche Ruderverband als Orientierung für die eigene Organisation. Auch wenn das Wort »Tradition« heute nicht mehr so hoch im Kurs steht, die Ruderer können zu Recht behaupten, dass die ihrige prägend für unser gesamtes Sportsystem gewesen ist.

50. GRUND

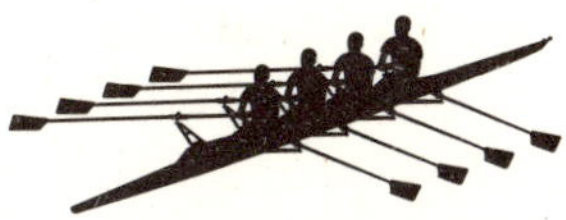

Weil Rudern das Elitäre abgelegt hat, fast zumindest

»Wir wollen unsern alten Kaiser Wilhelm wiederhaben!« So sang man in den Goldenen Zwanzigern gassenhauermäßig auf den Straßen und wohl auch in manchem Ruderverein. Als 1918 nach dem für Deutschland verlorenen Krieg der Kaiser abdankte, wurden die Zeiten in der jungen Republik politisch schwieriger. Das »einfache

Volk« aus dem Umfeld der Arbeiter verschaffte sich mehr und mehr Gehör, und das war in höheren Kreisen nicht gerade gerne gesehen. Vor allem in den Rudervereinen hatte man bis dahin sehr auf eine »standesgemäße« Mitgliedschaft geschaut. Waren es zunächst nach der Gründung der ersten Vereine durch die wohlhabenden Kaufleute und Unternehmer gerade die Sprösslinge dieser Familien, die man in die Clubs aufnahm, wurde diese Klassenabgrenzung in der Kaiserzeit noch durch diverse Erlasse des Herrschers und seiner Hofbeamten unterstrichen. Da wurde der Sport an den höheren Schulen besonders gefördert, und auf diese gingen natürlich nicht die Kinder der »unteren« gesellschaftlichen Schichten, sondern vor allem die der Oberschicht und der hohen Beamten. Standesdünkel war angesagt, und damit erhielt der Rudersport zu Recht den Ruf des Elitären und des »Sports der oberen Klasse«. In diesen Zeiten schallte oft ein dreifaches Hipp-Hipp-Hurra auf den Kaiser durch die Säle und öffentlichen Versammlungen. Schließlich wurden damit auch viele Soldaten vom Kaiser in den Ersten Weltkrieg geschickt. Ihnen voran jeweils die Offiziere in ihren blauen Uniformröcken.

Auch im Deutschen Ruderverband unterstützte man lange diese Konstellation. Ende des 19. Jahrhunderts entwickelte sich nach und nach neben dem Rennsport das Wanderrudern. Erste Vereine bildeten sich, aber ihnen wurde die Aufnahme in den Verband zunächst verwehrt. Man befürchtete, dass damit die Ideologie der »ritterlichen Wettkämpfe« unter »Seinesgleichen« aufgeweicht würde und sich auch einfache Bürger und gesellschaftlich niedere Schichten den Vereinen anschließen könnten. Erst 1911 wurde eine Kommission gegründet, die Wettbewerbsformen für das Wanderrudern entwickelte und sich dann auch als Vertretung dieser Sparte des Rudersports im Verband etablierte.

In den Jahren zwischen den beiden Weltkriegen änderte sich an der elitären Ausrichtung der Vereine wenig. Durch die wirtschaftlichen Krisen und die hohe Arbeitslosigkeit waren große Teile der Bevölkerung auch gar nicht in der Lage, die Beiträge für die Vereine, in denen ja Boote, Material und die Häuser unterhalten werden mussten, aufzubringen.

Die Zeit des Nationalsozialismus stand eher unter dem Zeichen der Ausgrenzung, was viele Vereine mit jüdischen Mitgliedern besonders zu spüren bekamen. Trotz der Erfolge der Ruderer bei den Olympischen Spielen in Berlin 1936 stand der Sport in dieser Zeit nicht im Vordergrund des gesellschaftlichen Lebens, und so änderte sich auch wenig an der Konstellation der Vereine.

Das wurde erst anders, als sich 1949 die heutige Bundesrepublik konstituierte und durch das folgende »Wirtschaftswunder« auch gesellschaftliche Änderungen eintraten. Eine höhere Schulbildung war nicht mehr nur der »Elite« möglich, auch Kinder aus sogenannten »einfachen Verhältnissen« konnten die Gymnasien und Oberschulen besuchen. Und damit erhielten sie auch Zugang zu den Ruderriegen dieser Schulen, die neben anderen Sportarten durch öffentliche Zuschüsse besonders gefördert wurden. Die meisten dieser Riegen waren bestehenden Vereinen angeschlossen oder bildeten selber Vereine für jene, die nach der Schulzeit weiter dem Rudersport frönen wollten. Und nicht selten waren auch die inzwischen zahlreich angebotenen Wanderfahrten gerade in den Ferien eine kostengünstige Gelegenheit, um auf Reise zu gehen. Nach und nach legte damit die Sportart den elitären Anstrich ihrer Frühzeit ab. Auch die Mitgliedsbeiträge wurden besonders für Schüler und Jugendliche auf ein Niveau gesenkt, das den Zugang zum Rudern breiten Schichten der Bevölkerung ermöglichte.

Getan und verändert hat sich also viel in den zurückliegenden Jahrzehnten, doch so ganz allerdings ist der Rudersport seinen elitären Ruf noch nicht losgeworden. Der finanzielle Bedarf der Vereine ist nach wie vor hoch, und die Mitgliedschaft in einem Ruderverein gehört nicht unbedingt zum billigen Vergnügen unserer heutigen Sportwelt in Deutschland. Viele Vereine arbeiten aber auch weiterhin mit Schulen zusammen und öffnen so ihre Tore für alle, die den Zugang zum Wassersport suchen.

Allerdings: Die uniformähnlichen blauen Blazer sowie das weiterhin bei allen passenden und auch unpassenden Gelegenheiten zu hörende »Hipp, hipp, hurra«-Gebrülle erinnert auch heute noch an eine Zeit, die eigentlich nichts mehr mit unserer freiheitlich-demokratischen Ordnung gemein hat. Aber wer weiß, solche Entwicklungen folgen ja nicht einem Kalender, sondern vor allem dem Willen der Menschen.

51. GRUND

Weil Rudern einen »Ruder-Club Deutschland« hat

Man kennt es aus vielen Sportarten: Erfolgreiche Athletinnen und Athleten beenden nach kurzer oder längerer Karriere mit Medaillen und Titeln dekoriert ihre Laufbahn im Sport und widmen sich dann vor allem beruflichen Dingen, Familie und Freizeitaktivitäten, die sie bisher für ihren Sport zurückgestellt hatten. Oft hört man dann auch, dass man dem Sport »etwas zurückgeben« und sich im Verein oder Verband engagieren wolle.

Schaut man dann nach einigen Jahren auf die tatsächliche Quote derer, die dem Sport erhalten blieben, dann muss man leider feststellen, dass diese »Rückgabe« nur wenigen ehemaligen Aktiven wirkungsvoll gelingt. Die neuen Dinge sind zeitlich doch viel anspruchsvoller, als man vorhersehen konnte, das Kennenlernen neuer Lebensfacetten führt immer weiter von der ursprünglich ausgeübten Sportart weg. Man kann dies keinem verübeln, das ist nun mal der Lauf der Dinge.

Im Rudern haben einige Aktive der für das deutsche Rudern goldenen 1960er-Jahre hier eine Institution geschaffen, die allen ehemaligen Mitgliedern der Ruder-Nationalmannschaften eine Art Klammer bietet, mit der sie in der Nähe des Rudersports bleiben können. Die Rede ist vom Ruder-Club Deutschland (RCD).

1967 wurde er gegründet, Olympiasieger, Welt- und Europameister, Deutsche Meister sowie internationale Wettkampfrichter konnten ursprünglich dem Verein beitreten und somit indirekt am Leben im Deutschen Ruderverband teilhaben. Heute hat man den Kreis etwas erweitert auf Ruderer und Ruderinnen, die sich auch ohne Medaillen und Titel in der Sportart engagieren.

Von Anfang an war die Förderung des Rudersports durch geeignete Maßnahmen sowie finanzielle Unterstützung in besonderen Fällen ein besonderes Anliegen des RCD. Sich direkt in die Verbandspolitik einzumischen stand da eher im Hintergrund. Aber die Erfahrungen, die die ehemaligen Aktiven mitbrachten, und auch ihr Engagement und die sportliche Einstellung, die sie in Training und Wettkampf kennengelernt hatten, führten auf einigen Rudertagen (Vollversammlung des Verbandes) zu Anträgen und Redebeiträgen, die für Bewegung in Verbandsstrukturen oder Themen rund um den Leistungssport führten. Für den Verband war dies selten ein Nachteil, RCD-Mitglieder wurden auch im Laufe der Jahre immer mal wieder in den Verbandsvorstand gewählt.

Die RCDler waren und sind auch heute noch über die gesamte Bundesrepublik verstreut, leben und arbeiten in ihrem eigenen Umfeld und bringen sich nicht selten in die Vereine vor Ort ein. Durch diese Struktur hat der RCD verständlicherweise kein eigenes Bootshaus oder Boote. Und dennoch erwies sich der RCD schon bald nach seiner Gründung als willkommene Einrichtung, über die der Kontakt zu früheren Bootskameraden aus den Nationalteams gehalten werden und über die man sich auch bei Treffen über aktuelle Themen im Rudern austauschen konnte. Wie in jedem Verein war dazu die jährlich stattfindende Hauptversammlung eine gute Gelegenheit. Und als man 1972 die ebenfalls jährliche gemeinsame Wanderfahrt einführte, die seitdem die RCD-Mitglieder auf viele Gewässer in Deutschland und dem benachbarten Ausland geführt hat, spielt auch der aktive Sport im RCD eine wichtige Rolle. Gut organisiert, wurden viele dieser Fahrten genutzt, um jeweils zusätzlich gemeinsam die Bedingungen für das Deutsche Sportabzeichen zu erfüllen.

2003 wurde dann aus dem eingetragenen Verein ganz offiziell eine Stiftung mit Vorstand und Kuratorium, das über die Fördermaßnahmen entscheidet. Mal sind es Nationalmannschaften des Deutschen Ruderverbandes, die mit Geldbeträgen z.B. für Trainingslager unterstützt werden. Mal hilft man auch einzelnen Vereinen, wenn diese z.B. durch Hochwasser oder Brand ihre Bootshäuser oder das Bootsmaterial verloren haben. Und auch bei den Meisterschaften des Verbandes bringt sich der RCD durch die Stiftung von Preisen und Prämien für die Vereine ein.

Meist im Hintergrund, aber doch zielgerichtet und wirkungsvoll – so arbeitet der RCD seit seiner Gründung. Er bietet damit nicht nur eine Plattform für die Ehemaligen, die dem Rudern verbunden bleiben wollen, sondern auch eine Anlaufstelle, die gerne »zurücknimmt«, um es dahin weiterzugeben, wo es notwendig ist.

52. GRUND

Weil Rudern eine eigene Akademie hat

Heute sind sie aus dem Sport nicht mehr wegzudenken – die Leistungszentren. Hier absolvieren die Aktiven ihr Training, haben Trainer ihren ortsfesten Arbeitsplatz, und Mediziner, Physiotherapeuten und Materialexperten versorgen die Sportler quasi rund um die Uhr. Und viele dieser Einrichtungen bieten auch Lebensraum für Sportler und Betreuer, wo sie bei Trainingslagern oder Vorbereitungen auf große Wettkämpfe übernachten können und mit Mahlzeiten versorgt werden.

Das alles musste nach dem Zweiten Weltkrieg im deutschen Sport entstehen, der mit dem Gewinn der Fußballweltmeisterschaft 1954 erstmals wieder auf die internationale Bühne trat. Für die Ruderer dauerte es noch ein paar Jahre länger, aber als Anfang der 1960er-Jahre Olympiaerfolge zu feiern waren und in den Jahren dazwischen mit Europameisterschaften die damals wertvollsten Titel im Rudern dazukamen, war es der damalige Vorsitzende des Deutschen Ruderverbandes Dr. Walther Wülfing, der die Idee eines Ruder-Leistungszentrums vorantrieb. Schnell war klar, dass dies nur im unmittelbaren Umfeld von Trainer Karl Adam entstehen konnte, also im Norden, genauer in Ratzeburg. Adam war inzwischen erster hauptamtlicher Bundestrainer im Rudern geworden, und die von ihm trainierten Achter bestanden aus Aktiven verschiedener Vereine. Die reisten jeweils zum Training an und brauchten somit ein Umfeld, das weit über die Trainingseinrichtungen eines einzelnen Vereins hinausging.

Das Gelände in der Inselstadt war schnell gefunden, der Ratzeburger See bot trotz seiner unmittelbaren Nähe zur DDR-Grenze gute Bedingungen. Bootshallen, Trainings- und Schulungsräume, Sporthalle, Übernachtungs- und Versorgungsmöglichkeiten und auch Räume für Bootsreparaturen und Freizeitgestaltung wurden geplant und gebaut. 1966 erfolgte der erste Spatenstich, und bereits zwei Jahre später konnte das neue Leistungszentrum feierlich eingeweiht werden. Der Name »Ruder-Akademie« wurde nicht nur wegen seines guten Klangs von allen gerne genutzt, sondern auch wegen der hohen Funktionalität der Einrichtung. Neben den reinen Trainingsmöglichkeiten für die Aktiven bot das Leistungszentrum dem DRV zahlreiche Möglichkeiten für seine Tagungen, für die Ausrichtung von Lehrgängen oder auch für repräsentative Treffen mit Gästen aus Politik, Gesellschaft und den Medien. Die Liste dieser Veranstaltungen seit der Einweihung der Ruder-Akademie ist lang. Und noch länger ist die der Frauen und Männer, die dort ihre Grundlagen für die Trainerarbeit lernten und die entsprechenden Lizenz-Prüfungen ablegten.

Im Laufe der Jahrzehnte seit der Eröffnung wurde immer mal wieder etwas umgebaut, in den 1990er-Jahren auch besonders die

Räume für die Unterkunft von Aktiven und Lehrgangsteilnehmern umfassend renoviert. Generationen von Leistungssportlern haben sich hier auf Weltmeisterschaften und Olympische Spiele vorbereitet und damit einen wichtigen Baustein für Medaillen und Titel absolviert. Noch heute ist es beim Deutschland-Achter fast ein Ritual: Wenn es vor der WM oder den Spielen nach Ratzeburg geht, dann ist der Endspurt in den Vorbereitungen eingeläutet. Dann erhält die Mannschaft den letzten Schliff, vielleicht auch ein wenig den Geist von Karl Adam eingehaucht. Und auch wenn der Name »Ruder-Akademie« für das Ruder-Leistungszentrum offiziell aus formalen Gründen nur noch als Untertitel dient, dem Zweck und Anspruch ihrer Gründer wird sie auch nach rund 50 Jahren noch gerecht.

Ach übrigens, eines gibt es auch schon sehr lange in Ratzeburg, sogar etwas länger als die Ruder-Akademie. Nein, die Rede ist nicht vom Dom oder der Gelehrtenschule, an der einst Karl Adam lehrte. Nein, es ist der Eis-Pavillon ganz in der Nähe des Ratzeburger Sees und der Ruder-Akademie. Seine Existenz hat auch schon Generationen von Ruderinnen und Ruderern die doch manchmal etwas anstrengenden und zuweilen eintönigen Trainingswochen in der Inselstadt erträglicher gemacht. Ganz inoffiziell natürlich, denn Speiseeis steht bekanntlich nicht auf dem Ernährungsplan von Hochleistungssportlern. Geschadet hat es angesichts der vielen Erfolge der Ruderer offenbar aber auch nicht.

53. GRUND

Weil man im Rudern zum »Master« werden kann

Gut, ich gebe zu, die Überschrift ist nicht so ganz korrekt. Aber weil ja im vorigen Grund von der Ruder-Akademie die Rede war, bot sie sich halt an. Es geht aber nicht um den Abschluss eines Studiums, sondern schlichtweg »nur« um das Alter. Man macht also nicht seinen »Master«, man wird ganz natürlich dazu.

Aber was ist ein »Master« im Rudern? Wir kennen das aus den Ballsportarten. Da gibt es die einzelnen Altersklassen und irgendwann hat man ein biologisches Alter erreicht, das die erforderlichen Leistungen für den Einsatz im Top-Team doch spürbar einschränkt. Der Weg führt dann meist in das »Altherren-Team«. Da kann man sich sportlich noch austoben, ohne den Körper zu überfordern. Und so ganz nebenbei nimmt das Gesellige im Verein immer mehr Raum im Leben des in die Jahre gekommenen Sportlers ein.

Im Rudern gibt es das natürlich auch, sowohl bei den Männern, wie auch bei den Frauen. Nun ist ja der »Altherren«-Begriff irgendwie eingebürgert und akzeptiert. Aber haben Sie schon mal ein Team als »Altfr…« bezeichnet? Sie sehen schon, selbst das Schreiben geht da nicht von der Hand. Die Ruderer haben das geschickt umgangen, indem sie schon früh den Begriff der »Masters« eingeführt haben. »Masters-Herren« und »Masters-Damen«, das hat Klang und wirkt auch nicht so despektierlich.

Und wer genau ist das jetzt? Das ist wie bei anderen Sportarten auch. Für das A-Nationalteam reicht es nicht mehr, trotzdem möchte man sich noch weiter mit seinesgleichen im Wettkampf messen. Dafür hat man die einzelnen Altersklassen im Rudern eingeführt, in denen sich dann die Ruderinnen und Ruderer im Rennen treffen und gegeneinander um den Sieg kämpfen. Das beginnt schon im Alter von 27 Jahren, das ist die jüngste Mastersklasse mit den Ordnungsbuchstaben A. In diesem Alter gibt es noch genügend Aktive, die noch in den A-Nationalmannschaften ihrer Verbände aktiv sind und sogar Titel und Medaillen gewinnen. Das ist ihnen natürlich unbenommen, der Übergang in die A-Klasse der Masters ist völlig freiwillig. Man kann auch später einsteigen, etwa in die B-Klasse ab dem 36. Lebensjahr. Im Laufe der Jahre kamen immer mehr Klassen dazu, denn Rudern hält ja bekanntlich fit und Alter schützt ja auch vor Wettkampf nicht. Inzwischen hat der internationale Ruderverband die Klasse K eingeführt für Aktive ab dem 85. Lebensjahr. Und es gibt sie tatsächlich, die Rennen in dieser Klasse. Manche werden gefahren nach dem Motto »Je oller, je doller!« Da gewinnt der Kämpfergeist bei den Senioren wieder an Bedeutung und um jeden Meter auf den meist 1000-Meter-Strecken wird gerungen.

Eines ist noch besonders bei den Masters: Es ist nicht einfach nur eine Wettkampfklasse, in der man da rudert, sondern ein weltumspannendes Netz an begeisterten Sportlern und Sportlerinnen. Man trifft sich regelmäßig bei den Regatten, fährt die dort ausgeschriebenen Rennen und feiert danach gemeinsam ausgiebig. Und in den Mannschaften sitzen nicht immer nur Aktive eines Vereins oder einer Nation, sondern es gibt auch die Gruppe der »Internationalen Masters«, bei denen die Zweier, Vierer und Achter mit Aktiven aus verschiedenen Nationen gebildet werden. Einige Masters aus Deutschland sind mit darin integriert, aber die gesamte Masters-Szene ist auch in den deutschen Vereinen sehr groß. Auf vielen Regatten sind extra Rennen ausgeschrieben, und hier starten die Teams für ihre Vereine oder auch in Renngemeinschaften, die aus mehreren Vereinen bestehen. Und ein »Championat« gibt es alljährlich auch.

Besonderer Höhepunkt für alle Masters ist die jährlich vom internationalen Verband FISA veranstaltete »FISA-Masters-Regatta«, die viele gerne als die inoffizielle »Weltmeisterschaft« der Altersklassen ansehen. Beeindruckend ist bei dieser Regatta besonders die Teilnehmerzahl. Mit mehreren Tausend Aktiven aus aller Welt ist sie jeweils die größte internationale Veranstaltung unter der Flagge der FISA, und es gibt immer noch einen Zuwachs. Tolle Stimmung ist dabei garantiert, einen akademischen Titel gibt's allerdings trotz aller Anstrengung nicht. Auch nicht, wenn man sich an der Ruder-Akademie auf die Rennen vorbereitet.

54. GRUND

Weil Rudern für jeden etwas bietet

Nun haben wir im letzten Grund erklärt, dass Rudern für alle Altersstufen etwas zu bieten hat und dass dabei kaum Grenzen gesetzt sind. Aber das ist eigentlich nur die halbe Wahrheit, denn bisher haben wir Rudern ja hauptsächlich als Leistungssport mit Training und Rennen betrachtet. Da gibt es aber dazu noch eine ganz wichtige Facette der Sportart – den Breitensport.

Gut 80.000 Mitglieder hat der Deutsche Ruderverband. Von denen ist nur ein relativ kleiner Teil im Rennsport aktiv. Der weitaus größere Teil – geschätzt etwa 80–85 % – betreibt das Rudern zur eigenen Fitness und vor allem auf Wanderfahrten. Da trifft man sich ein- oder mehrmals in der Woche am Bootshaus mit seinen Freunden oder auch zu den allgemeinen und für alle offenen Ruderzeiten, besteigt ein Boot und fährt in den nächsten rund zwei Stunden auf der »Hausstrecke« des Vereins. Das Tempo kann da von flott bis gemütlich variieren, ganz so, wie es die Mannschaft möchte oder die Tageszeit hergibt. Wenn es nämlich dunkel wird, müssen in den meisten Vereinen aus Gründen der Sicherheit diese Ausfahrten beendet sein, das Boot wieder in der Bootshalle liegen.

Einen besonderen Stellenwert nimmt das Fahrten- und Wanderrudern ein. Das wurde schon sehr früh in Deutschland populär und von fast allen Vereinen angeboten. Diese Fahrten gehen über längere Strecken, entweder als Tagesfahrt oder auch über mehrere Tage. Bei den Tagesfahrten startet man gerne am eigenen Bootshaus, und es geht über 30, 40 oder mehr Kilometer zu einem Zielort. Alternativ bieten sich auf Seen oder sonstigen nicht fließenden Gewässern auch Rundstrecken an, die zum Bootshaus wieder zurückführen. Meist aber werden die Boote auf einer Strecke mit einem speziellen Anhänger transportiert, entweder zu einem Startort, von dem es dann zum eigenen Bootshaus zurückgeht. Oder auch zu einem

Zielort, von dem dann Boote, Material und Sportler wieder an den Heimatort zurückgebracht werden.

Geht es über zwei oder mehr Tage, dann sprechen die Ruderer von einer Wanderfahrt. Hier wird die gewählte Strecke in mehreren Etappen zurückgelegt, die dann auch meist zwischen 20 und 50 Kilometer lang sein können. Auf stärker fließenden Gewässern wie etwa dem Rhein, der Donau, der Weser oder der Elbe können solche Etappen auch gerne mal etwas länger sein. Übernachtet wird auf Campingplätzen oder in am Wege liegenden Bootshäusern. Im fortgeschrittenen Alter werden auch gerne Pensionen oder Hotels genutzt. Das bedeutet dann zwar in der Vorbereitung und den Kosten für die Teilnehmer etwas mehr Aufwand, kommt aber manch einem Rücken, der die Luftmatratze beim Camping scheut, sehr entgegen.

Wanderfahrten sind aber in jedem Fall eine preisgünstige Form der Urlaubsreise. Man lernt die ausgewählte Region von der Wasserseite aus kennen, was seine ganz eigenen Reize haben kann. Und dazu trifft man an jedem Etappenort neue Leute, erfährt was zu ihrem Lebensraum und knüpft so auch Kontakte für zukünftige Fahrten mit oder ohne Boot. Gerade der finanzielle Aspekt ist für Jugendliche ein guter Grund, jährlich in den Ferien die ein oder andere Tour zu absolvieren und so auch soziale Kontakte über die elektronischen Geräte hinaus zu pflegen. Und dazu kommt trotz des überwiegend gemächlichen Tempos solcher Fahrten und den regelmäßigen Pausen, die man gerne mal an dem ein oder anderen ufernahen Gasthaus einlegt, der sportliche Aspekt mit Bewegung an der frischen Luft nicht zu kurz.

Weil Sport aber nie so ganz ohne Wettbewerb auskommt, hat der Deutsche Ruderverband schon in seinen frühen Jahren den Wanderruderwettbewerb eingeführt. Jeder Aktive, der eine seinem Alter angepasste Anzahl an Fahrtenkilometer pro Jahr zurücklegt, erhält jährlich ein Abzeichen. Die Anzahl der über das Jahr von seinen Mitgliedern zurückgelegten Wanderruderkilometer sowie die Anzahl der dabei zusammengekommenen Abzeichen melden die Vereine an den Ruderverband. Der erstellt nach bestimmten Faktoren, die u.a. die Anzahl der Gesamtmitglieder des Vereins enthalten, eine Wertungstabelle. Die Top-Vereine dieser Tabelle werden dann im folgenden Jahr bei einem großen Treffen der Wanderruderer vom Verband mit Preisen ausgezeichnet.

Das Wandern ist also nicht nur des Müllers Lust, auch die Ruderer haben da eine ganz aktive und ausgeprägte Szene. Etwas mehr dazu in einem späteren Grund.

55. GRUND

Weil Ruderer richtig feiern können

Haben Sie schon mal an einer Feier mit Ruderern in einem Bootshaus teilgenommen? Wenn nicht, dann sollten Sie das mal für die nahe Zukunft einplanen. Spätestens dann wissen Sie, warum Ruderer ihren Sport so lieben.

Sport – Feiern – wieso hängt das gerade bei Ruderern so eng zusammen? Nun, man kennt ja inzwischen die Massenfeiern auf Straßen und Rathausbalkonen nach gewonnenen Titeln im Fußball oder anderen populären Sportarten. Keine Frage, da geht es rund, da jubeln die Fans mit ihren Stars, und auch Getränke fließen in Strömen. Für manche bedeutet das Emotionen pur, und man spricht noch lange von diesem Tag.

Bei den Ruderern geht es nicht immer so öffentlich zu, und es muss auch nicht unbedingt ein großer Titel sein, der den Anlass zur Feier liefert. Da reicht schon der Geburtstag eines Teammitgliedes, eine bestandene Prüfung oder ein Aufstieg im Beruf oder auch ein persönliches oder ein Vereinsjubiläum. Ein Grund ist schnell gefunden, und das Bootshaus bietet ja quasi jederzeit die Location für eine zünftige Feier. Und bei der zeichnet sich nicht selten die im Sport – da ist der Zusammenhang – erarbeitete Kondition und körperliche Robustheit als Vorteil aus. Da kann man tanzen, hüpfen und rumspringen, auch dann noch, wenn Untrainierte lange schon schlappgemacht haben. Wenn die sich längst nach Hause verabschiedet haben, fängt für die Ruderer meist die Party erst so richtig an. Dann können Feiern auch mal mit dem gemeinsamen Frühstück erst am nächsten Morgen enden.

Klar, isotonische Getränke in Form eines gepflegten Bieres fließen da gerne mal verstärkt durch die Kehlen. Nicht ohne Grund haben sich die Ruderer im Laufe ihrer Geschichte den Ruf der »Trinkfestigkeit« erworben. In Zeiten des Jugendschutzes und des verantwortungsvollen Umgangs mit Alkohol werden die gesetzlichen Kriterien von den Vereinen aber sehr genau beobachtet und eingehalten. Bei öffentlichen Feiern in einem Bootshaus wird da inzwischen stärker kontrolliert als auf manch einem Rummelplatz.

Eines ist allerdings für die Ruderer auch Ehrensache: Nach einer durchfeierten Nacht wird das Bootshaus spätestens am nächsten Tag wieder ordentlich aufgeräumt und gereinigt. Und wenn davor oder unmittelbar danach noch ein Training angesetzt ist, wird dazu auch erschienen. Meist kennt ein Trainer seine Pappenheimer, und wenn es nicht gerade kurz vor einer wichtigen Regatta ist, kann man auch schon mal eine etwas ruhigere Übungseinheit einlegen. Schließlich sind Trainer auch meist gerne mitfeiernde Ruderer.

Feiern gehört also zum Sport dazu. Bei den Ruderern allemal. Und wenn Sie dann über eine solche Feier den Zugang zum Bootshaus gefunden haben, wer weiß? Der Schritt ins Boot, um dann selber mal was für die eigene Kondition zu tun, ist dann nicht mehr sehr weit. Spätestens bei der nächsten Feier zahlt sich das aus, kann ich selber bestätigen.

56. GRUND

Weil Rudern ein Familiensport ist

Die vielen Sportarten buhlen heute ganz besonders um den Nachwuchs. Bei manchen ist die Findung junger Talente ein Selbstläufer, weil die Sportart halt populär oder gerade bei den Kids ganz besonders angesagt ist. Andere Disziplinen müssen da schon etwas mehr tun, um sich für Kinder und Jugendliche attraktiv zu machen. Einfach mal einen »Tag der offenen Tür« veranstalten reicht da meist nicht.

Die Ruderer kooperieren aus ihrer Tradition heraus gerne mit den weiterführenden Schulen. Das ist vor allem eine Altersfrage, denn allgemein so ab dem zehnten Lebensjahr verfügen die Kinder über die körperlichen Voraussetzungen, um sich im Ruderboot sinnvoll bewegen zu können.

Ein ganz wesentlicher Fundus für die Gewinnung neuer Mitglieder sind aber für die Vereine die Familien. Da findet man in vielen Rudervereinen heute ganze Stammbäume von Generationen einer Familie, die dem Verein angehört haben.

Ein Grund dafür liegt in der Sportart selber. Da trifft man sich im Freundeskreis gerne mal auf ein Ruderwochenende mit der ganzen Familie. Im Bootshaus eines befreundeten Vereins wird Quartier bezogen oder man zeltet ganz naturverbunden auf dem Vereinsgelände. Die Boote hat man aus dem eigenen Club mitgebracht, und wenn Mama und Papa in einem breiten Wanderzweier aufs Wasser gehen, sitzen die Kleinen gerne vorne oder hinten im Luftkasten mit im Boot. Selbstverständlich ausgestattet mit Schwimmweste und Sonnenschutz, so viel Verantwortung muss schon sein. Aber welches Kind entwickelt da nicht schon das gewisse Gefühl für Abenteuer? Und wenn man dann vom Boot aus bei geeignetem Gewässer und unter Aufsicht der Eltern auch noch ins Wasser springen darf, dann sind der Wonne kaum Grenzen gesetzt. Klar, dass damit ein Bezug zur Sportart schon im Kindesalter hergestellt wird. Und nicht wenige dieser Kinder beginnen dann auch selber im entsprechenden Alter mit dem Rudern und werden somit zur nächsten Generation im Verein. Selbst wenn es dann durch Schule, Studium und erste Berufsjahre mal zu längeren Pausen kommt, die Prägung durch diese frühen Jahre im Boot bleibt und oftmals hält die Treue zur Sportart Rudern ein Leben lang.

Das führt dann auch gerne dazu, dass rüstige Großväter oder -mütter dann ab und an mal mit den eigenen Enkeln ins Boot steigen und eine gemeinsame Ausfahrt machen. Das mag nicht der Regelfall sein, denn Sport mit den Großeltern gemeinsam zu treiben gilt bei den Jugendlichen ja nicht unbedingt als cool. Aber ausgeschlossen ist es halt nicht, und oftmals bringt es gerade im sozialen Bereich für die Kinder Erfahrungen fürs Leben.

Der Familiengedanke wird auch in manchen Vereinen durch engagierte junge Mütter gefördert. Die treffen sich in der Gruppe im Bootshaus. Dort werden die Kids dann über zwei Stunden von einer Mutter oder einem Babysitter betreut, während die Mütter ihrem Sport frönen können. Gemeinsames anschließendes Kaffeetrinken inklusive.

Ehe für alle – das ist ja ein Schlagwort in der Familienpolitik unserer Tage. Rudern für alle, das ist schon lange ein Faktor für viele Familien, die damit immer wieder Akzente gegen Langeweile oder pubertäre Ausreißer setzen können.

57. GRUND

Weil Rudern eigene Bootshäuser hat

Wer träumt nicht davon: Ein nettes Grundstück direkt an einem schönen Gewässer, darauf ein Häuschen, das allen Bedürfnissen des Alltags gerecht wird und dazu noch einen schönen Ausblick auf die Umgebung bietet. Gut, fast habe ich diesen Traum für mich wahr machen können, fast! Da ist der Ausblick auf den von meiner Frau liebevoll gepflegten Garten durchaus schön. Das nächste Gewässer ist allerdings dann doch gute zehn Kilometer entfernt, unmittelbar »am Wasser« liegt das Haus also nur, wenn es so richtig regnet.

Vielen Ruderfreunden mag es ähnlich gehen, aber auf den Ausblick auf das Wasser müssen sie nicht unbedingt verzichten. Den haben sie nämlich oft vom Bootshaus des Vereins aus, dem sie angehören. Viele der rund 400 Bootshäuser in Deutschland stehen in unmittelbarer Ufernähe zu Seen oder Flüssen. Und nicht wenige davon haben auch viel Grün rund um das Grundstück, das oft auf Erbpachtbasis von der Kommune überlassen ist.

Meist wohnt man ja nun nicht selber in diesem Haus, viele der Bootshäuser werden aber gastronomisch bewirtschaftet und verfügen auch über Wohnräume für die Betreiber. Einige der größeren Vereine haben dazu eigene Haus- und Bootsmeister, die ebenfalls im Gebäude ihren Wohnsitz haben.

Und zu tun haben sie meist genug, denn Bootshäuser mit all ihren Räumen und Einrichtungen sind nicht gerade klein. Da gibt es die Bootshalle, in denen die Boote und das Material liegen. Da ein Achter rund 18 Meter lang ist und durch die Ausleger fast drei Meter Breite aufweist, sind die Hallen nicht gerade klein. Da man nicht nur eine, sondern möglichst beide Wände für die Lagerung der Boote nutzen möchte und in der Mitte auch noch Platz zum Rein- und Raustragen sein muss, kommt man schnell auf eine Breite von rund zehn Metern. Je nach Vereinsgröße und damit nötiger Anzahl der Boote sind es dann auch gleich mehrere Hallen, die man benötigt. Dazu kommt oft ein Werkstattbereich, in dem der Verein nötige Reparaturen selber ausführt.

Der Sportbereich darf natürlich auch nicht zu klein ausgelegt werden. Umkleiden, sanitäre Einrichtungen und in vielen Vereinen auch Räume für das Krafttraining, Gymnastik und die inzwischen im Rudern unverzichtbaren Ergometer bringen es alleine schnell auf eine dreistellige Quadratmeterzahl.

Wichtig für jeden Verein sind natürlich auch die Gesellschaftsräume. Hier trifft man sich nach dem Rudern, um die im Sport verbrauchten Kräfte durch Getränke und Speisen aus der Gastronomie wieder aufzunehmen. Da die Bootshäuser dann eben repräsentativ an den Gewässern liegen, nutzen auch gerne Vereinsfremde die Einrichtungen zur Anmietung für Familien- oder Firmenfeiern. Es ist halt schön und nicht selten auch gemütlich in einem Ruderhaus.

Das ist freilich nur ein kleiner Einblick in die vielen Möglichkeiten, die man in und rund um die Ruderhäuser in Deutschland und vielfach auch im Ausland findet. Klar, der Traum vom Eigenheim am Wasser wird nur für wenige zur Wirklichkeit. Aber Ruderer kommen dieser Wirklichkeit auf ihre Art doch ein wenig näher. Vielleicht schauen sie beim nächsten Spaziergang am Wasser einfach mal, ob sich nicht auch dort so ein Bootshaus finden lässt, in dem Sie sich eine Zeit lang wohlfühlen können.

58. GRUND

Weil deutsche Ruderbootwerften Top-Produkte liefern

Zum Rudern braucht man Boote, und die sind nicht gerade in der eigenen Garage zu bauen. Dafür gibt es die Bootswerften, von denen gleich mehrere ihren Sitz in Deutschland haben.

Die bekannteste und traditionsreichste davon ist die Empacher-Werft in Eberbach am Neckar. Auf fast 100 Jahre Geschichte kann das Haus zurückblicken. Ursprünglich gegründet 1923 in Ostpreußen, fand Bootsbauer Willi Empacher am Neckar nach dem Krieg eine neue Heimat. Dort wuchs das Unternehmen schnell und machte sich weltweit einen Namen mit Renn- und Breitensportbooten. Als dann die Kunststofftechnologie im Bootsbau immer mehr Bedeutung gewann, wählte man ein leuchtendes Gelb für die Bootsrümpfe, mit denen die Produkte auf dem Wasser direkt als Produkt aus Eberbach zu erkennen sind. Inzwischen geht man aber bei der Farbgebung auf andere Wünsche der Kunden ein, wenn etwa die eigene Vereinsfarbe oder die eines Sponsors oder Stifters den Vorrang haben soll.

Aber die Eberbacher sind in Deutschland nicht alleine. Aus einem ehemaligen VEB-Betrieb der DDR entwickelte sich nach der Wende die Berliner Bootsbau GmbH, kurz BBG. Ihre firmeneigene Farbe war das Rot, man baute aber auch schwarze Schiffe. Als vor ein paar Jahren das Unternehmen aus Berlin in wirtschaftliche Schwierigkeiten geriet, übernahm die ehemalige deutsche Olympiaruderin Anja Schäfer zusammen mit einem Partner die Werft, in der inzwischen ein leuchtendes Orange auf weißem Grund die vorherrschende Identifikationsfarbe ist.

So wie alle größeren Rennbootwerften bieten auch die deutschen Werften nicht nur ihre Produkte auf dem Markt an. Zu den Leistungen gehören natürlich auch Reparaturen bei größeren Beschädigungen, die mit vereinseigenen Mitteln nicht zu beheben sind. Und dazu findet man auf den größeren nationalen sowie internationalen Regatten auch Servicestände auf dem jeweiligen Veranstaltungsgelände, an denen kleinere Beschädigungen schnellstmöglich behoben werden, damit eine betroffene Mannschaft ihr gewohntes Material möglichst noch zu den Rennen um Titel und Medaillen nutzen kann. Ruderer sind da manchmal schon sehr eigen, wenn es um das eigene »Fahrzeug« geht.

Schaut man sich nach einem Boot für den Breiten- und Wanderrudersport um, findet man in Deutschland drei weitere Werften, die etabliert sind. In Wetzlar hat Werner-Kahl – Die Ruderwerkstatt ihren Sitz. Aus diesem Haus kommt die C-Line-Linie. Das sind Gig-Boote mit einem festgelegten Standardmaß, das auch für Rennen in den heutigen Schüler- und Anfängerklassen anerkannt ist. Im gleichen Segment sind auch die Baumgarten-Werft in Warin sowie das Unternehmen von Werner Rehberg aus Celle tätig. Auch hier werden Boote gebaut, die meist mehrere Jahrzehnte bei entsprechender Pflege durch die Vereine genutzt werden können. Zurecht kann man da von Top-Produkten »Made in Germany« sprechen.

Wenn es dann halt doch mal zu einem größeren Schaden an einem Boot gekommen ist, bieten diese Werften, dazu aber auch einige selbstständig tätige Bootsbauer, ihre Reparaturleistungen an.

Mit Booten ist es halt so wie mit dem eigenen Auto: Man nutzt sie intensiv, Pflege, Service und Reparatur verlängern dazu meist die Lebens- und Nutzungsdauer. Denn die Anschaffung eines neuen Bootes kommt finanziell für die Vereine dem Gegenwert eines Automobils nicht selten nahe. Das leistet man sich ja nun auch nicht unbedingt jedes Jahr.

59. GRUND

Weil sich Rudern keine technischen Grenzen setzt

Im Ruderbootsbau gibt es – fast – keine Grenzen. Alles, was technisch machbar ist, darf umgesetzt werden. Das klingt zunächst mal so, als ob Tüftler und Techniker sich auf diesem Gebiet austoben können. Manchmal führt das auch zu recht eigenwilligen Konstruktionen. Da findet man dann gerne Boote, in denen man mit dem Blick in Fahrtrichtung sitzen kann. Die Kraft wird dann so am Ausleger über gelenkähnliche Einrichtungen umgeleitet, dass man trotzdem die »natürliche« Ruderbewegung ausüben kann, die Skulls also auf den eigenen Körper zuzieht. Als Massenprodukt durchgesetzt haben sich diese Konstruktionen allerdings nicht.

Das hätte bei einer anderen Technik, dem »Rollausleger-Einer«, durchaus der Fall sein können. Hier sitzt man auf einem festen Sitz im Boot und bewegt die Ausleger auf einer Art Schlittenkonstruktion mit den Beinen. Damit soll die bremsende vertikale Bewegung des Bootes im Wasser verhindert werden, die durch das horizontale Bewegen des Körpers im Boot ausgelöst wird. Erste Konstruktionen dazu gab es bereits im frühen 20. Jahrhundert, richtig zum Durchbruch kam diese Technik aber erst in den frühen 1980er-Jahren, als Peter-Michael Kolbe in einem solchen Boot zweimal Weltmeister wurde. Der internationale Ruderverband FISA setzte dem Einsatz dieser Boote auf seinen Regatten aber dann bereits 1983 ein Ende, denn der Preis für diese Konstruktionen lag doch deutlich über dem der konventionellen festen Ausleger mit Rollsitz im Boot. Da man aber vor allem kleineren und finanziell nicht so gut ausgestatteten Nationen die Teilnahme an Weltmeisterschaften ermöglichen und dort die Chancengleichheit gegenüber den »großen« Rudernationen bewahren wollte, verbot man den Einsatz der Rollauslegertechnik fortan in den Rennen. Ab und an findet man aber doch noch ein Exemplar dieser Einer in den Vereinen, und manch ein Ruderer schwört noch immer darauf.

Eine zweite Grenze gibt es für das Gewicht der Boote. Dies stammt vor allem aus der Entwicklung in den 1970er-Jahren, als immer mehr Materialien aus Kunststoff und Leichtmetallen im Bootsbau verwendet wurden. Hier spielten natürlich auch die Preise für diese Baustoffe und die Chancen für die kleinen Verbände eine Rolle. Aber auch die Sicherheit dieser Konstruktionen stand in der Diskussion. Als der Stardesigner Luigi Colani 1972 für den Einsatz bei den Olympischen Spielen von München einen Achter für die Männer entwarf, legte er besonderen Wert auf das Gesamtgewicht. Weniger Gewicht bedeutete höhere Effizienz der eingesetzten Kraft für die Bootsgeschwindigkeit. Als dann nach den Colani-Entwürfen ein Achter gebaut wurde, stellte sich aber schnell heraus, dass die Lebensdauer der Materialien nicht für den permanenten Einsatz im Training und Wettkampf ausreichen würde. Schon im Training für Olympia kam es immer wieder zu Schäden, die ein Weiterrudern in einem Rennen verhindert hätten. Das wollte die Mannschaft natürlich nicht riskieren und wählte deshalb schließlich ein konventionell gebautes Boot.

Diese Umstände führten im internationalen Verband zu den Überlegungen im Bereich der Sicherheit. Was passiert, wenn es in einem so leicht gebauten Boot mitten auf einem See zu einem Schaden kommt, der eine sichere Rückkehr zum festen Ufer unmöglich macht? Oder schlimmer noch, wenn das Boot gar komplett auseinanderbricht und die Sportler im Wasser landen? Aus all diesen Betrachtungen kam es dann zu den Mindestgewichten für Einer, Zweier, Vierer und Achter, die verbindlich für alle Boote sowohl in den Rennen als auch im Training festgelegt sind. Damit soll ein Mindestmaß an Festigkeit und Robustheit der Boote erreicht werden, und das hat sich auch in den zurückliegenden Jahrzehnten seit Einführung dieser Regeln bewährt.

Überwacht wird das von der FISA bei allen ihren internationalen Regatten. Da sind entsprechende Waagen aufgebaut, mit denen das Gewicht der Boote aufs Gramm genau festgestellt wird. Falls da ein Boot in einem Vor- oder Zwischenlauf zu leicht sein sollte, also nicht den Vorgaben entspricht, wird das Team auf den letzten Platz dieses Rennens zurückgestuft. Damit ist man dann nicht aus dem Wettbewerb ausgeschlossen, die Teilnahme am Finale um die Medaillen dann aber u.U. verspielt. Wird man dann auf derselben Regatta ein zweites Mal mit einem zu leichten Boot »erwischt«, führt das dann unausweichlich zur Disqualifikation.

Technisch ist also die Sportart und ihr Material nicht uninteressant. Auch wenn die Grundzüge der Bootsbauten schon aus dem 19. und 20. Jahrhundert stammen, finden sich bei Details doch immer mal wieder Neuerungen, die sich dann auch im harten Renneinsatz bewähren. Und wenn dann die Bedingung erfüllt ist, dass diese Technik für alle interessierten Nationen auf dem Markt verfügbar ist, um Chancengleichheit herzustellen, darf sie auch im Wettkampf genutzt werden.

60. GRUND

Weil man beim Rudern nicht immer auf demselben Sportplatz steht

So wie jeder Sportverein seine/n eigene/n Sportplatz oder -halle als Sportgelände hat, so gibt es natürlich auch bei den Rudervereinen eine »Hausstrecke«, die man vom eigenen Steg auf dem heimatlichen Gewässer befährt und wo man seine Trainings- oder Freizeit- und Fitnesskilometer absolviert. Doch anders als bei fest gebauten Plätzen und Hallen sind Gewässer meist naturabhängig. Sie verändern sich eigentlich ständig, sei es durch einen wechselnden Wasserstand oder durch den Bewuchs an den Ufern. Gerade bei den größeren Flüssen wie Rhein, Donau, Weser oder Elbe spielen dabei auch die Strömung und die wassertechnischen Bauten zur Regulierung von Geschwindigkeiten und Richtung eine erhebliche Rolle. Je nach Jahreszeit kann das von Tag zu Tag unterschiedlich sein. Eine Sand- oder Kiesbank, über die man am Vortag noch problemlos rübergefahren ist, kann bei stark fallendem Wasserstand 24 Stunden später schon nicht mehr die Wassertiefe aufweisen, die man für ein Ruderboot benötigt. Da geht es um wenige Zentimeter, aber die sind durchaus entscheidend.

Und bei den großen Strömen sowie den künstlich angelegten Binnenkanälen nimmt natürlich auch die Berufsschifffahrt einen Einfluss auf die Beschaffenheit des Gewässers für die Ruderer. Allein der durch die Frachter verursachte Wellenschlag ist bei jedem Schiff unterschiedlich, also bei keiner Ausfahrt gleich. Immer wieder muss man auf diese Situationen reagieren, muss aufmerksam sein und sein Umfeld auf dem Wasser beobachten. Und wenn sich dann die Behörden entschließen, am Ufer Veränderungen vorzunehmen, Mündungen von kleineren Flüssen oder Bächen zu befestigen oder die Buhnen/Kribben zur Flussregulierung umzubauen, dann hat das direkten Einfluss auf das heimische Gewässer, auf dem man vielleicht schon seit Jahrzehnten unterwegs ist und das man dann trotzdem neu »erfahren« muss.

Genau das macht für viele Touren- und Freizeitruderer ihren »Sportplatz« so interessant. Da wird es auch nach der 1000 Ausfahrten nicht langweilig, und es macht immer wieder Spaß, die Gewässer auf Wanderfahrten neu zu erleben, obwohl man vielleicht schon öfter dort unterwegs war.

Was für die heimischen Bedingungen der Vereine gilt, hat natürlich auch für die Regattastrecken, auf denen der Leistungssport zu Hause ist, eine Bedeutung. Jede Anlage hat da ihre ganz eigene Infrastruktur, ihre Umgebung unmittelbar an den Ufern. Auch beim Wasserstand gibt es hier und da mal Veränderungen, die von den Aktiven wahrgenommen werden. Und was in einem vorherigen Grund für die attraktive Lage der Bootshäuser angeführt wurde, findet man auch bei den Regattastrecken. Die meisten sind von viel Grün umgeben, bieten sowohl für die Sportler wie auch für Besucher ein Umfeld, in dem man sich wohlfühlen kann, das auch einlädt, entlang der Regattastrecke einen Spaziergang während der Rennen zu machen. Die Länge der Strecke für die jeweiligen Wettbewerbe ist festgelegt, aber ansonsten hat jede Regattabahn ihren ganz eigenen Charakter.

Nicht eingeengt durch feldbegrenzende Linien, Wände von Sporthallen oder Umrandungen eines Sportgeländes, sondern Bewegung in der freien Natur, immer wieder neue Herausforderungen durch Veränderungen und dazu ein bisschen auch das Gefühl von der Freiheit der Schifffahrt – das unterscheidet den Rudersport von den Ballsportarten und macht ihn dadurch zusätzlich attraktiv.

Weil Rudern schon lange vor 1989 die Mauer fallen ließ

Dieses Kapitel widmet sich dem Rudern in Deutschland. Da gehört auch dazu, dass man auf die jüngere Geschichte unseres Landes eingeht, die vor allem durch die »Wende« geprägt war. Der 9. November 1989 wird auf ewig als Datum mit dem Fall der Mauer in Berlin verbunden sein. Was sich danach alles in der Politik, Wirtschaft und auch im Sport abspielte, ist sattsam bekannt. Nicht alles verlief reibungslos, gerade im Sport waren die Strukturen und Methoden auf vielen Ebenen sehr unterschiedlich, was nicht nur an der Dopingproblematik festzumachen war.

Der Deutsche Ruderverband gehörte zu jenen Sportorganisationen, bei denen die Zusammenführung von Ost und West doch eher geräuschlos ablief. Mit dem damaligen Vorsitzenden des West-Verbandes DRV, Henrik Lotz, und dem Präsidenten des DRSV der DDR, Wilfried Hofmann, jeweils an der Spitze, stellten die beiden Verbände und die ihnen angeschlossenen Vereine frühzeitig die Weichen für eine Vereinigung. Die sah vor, dass sich der DRSV zum 31. Dezember 1990 auflöste und die dort organisierten Vereine ohne Bedingungen und Probleme in den DRV aufgenommen wurden. Vielleicht mag sich das bei manchem ehemaligen DDR-Ruderer angefühlt haben wie eine Übernahme des Schwächeren durch den Stärkeren. Aber insgesamt stellte sich doch schon bald das Gefühl der Zusammengehörigkeit ein, Regatten und Fahrten wurden gemeinsam und vereinsübergreifend organisiert, und durch Patenschaften half man sich gegenseitig, die neuen Verhältnisse in den Alltag der Vereine umzusetzen.

Ein Umstand mag dabei gerade auf der Ebene der Verbandsfunktionäre geholfen haben – der »Deutsche Tisch« im Rahmen des internationalen Ruderverbandes FISA. In einem früheren Grund sind die nicht ganz einfachen Umstände schon geschildert, unter denen die FISA schließlich doch beide deutschen Ruderverbände anerkannte und in ihren Kreis aufnahm. Sosehr man auch in der Sportpolitik die Auswirkungen des Kalten Krieges spürte, umso mehr versuchten in den 1970er- und 80er-Jahren die deutschen Delegierten in der FISA eine Annäherung. Da wurde trotz der teils hohen politischen Funktionen der DDR-Vertreter das Thema der großen Politik innerhalb der FISA ausgespart. Es ging um den Sport, es ging um das Wohl des Ruderns und seiner Aktiven, und die dafür geleistete Arbeit stand im Vordergrund. Natürlich war es für die Aktiven der DDR innerhalb ihres Mannschaftsgefüges nicht immer möglich, mal so eben den Kontakt zu »westlichen« Sportlern aufzunehmen. Die »Aufpasser« waren da immer präsent. Aber auf der Ebene der Funktionäre wurde es immer selbstverständlicher, sich auch bei den begleitenden gesellschaftlichen Veranstaltungen großer Regatten gemeinsam an einen Tisch zu setzen und einen intensiven Gedankenaustausch über den Sport und manchmal auch über Familie und Privates zu betreiben. Schnell war die Bezeichnung »Deutscher Tisch« für die Runde geboren, und politische Dogmen oder errichtete Mauern spielten keine Rolle mehr. Ich selber habe das als junger Funktionär gemeinsam mit Wilfried Hofmann erleben dürfen. Bei der Junioren-WM 1987 in Köln waren wir beide von der Organisation damit beauftragt worden, die Pässe der Teilnehmer zu kontrollieren, um deren Startberechtigung für das jeweils meldende Land zu prüfen. Wir kannten uns bis dahin nur flüchtig, aber schon nach wenigen Minuten plauderten wir über unseren Sport, die Regattastrecke in Köln und die reibungslos laufende WM. Kein Beobachter der Szene wäre ohne weiteres Hintergrundwissen auf die Idee gekommen, dass hier Ost und West gemeinsam und freundschaftlich eine internationale Aufgabe erledigen.

Als die Mauer 1989 fiel, war sie auch in den Köpfen der meisten Ruderer relativ schnell verschwunden. Das hat auch zum sportlichen Erfolg und dem gegenseitigen Verständnis im dann zusammengeführten Deutschen Ruderverband beigetragen.

62. GRUND

Weil Rudern in Deutschland so vielfältig ist

In diesem Kapitel haben wir auf die Entwicklung des Ruderns in Deutschland geschaut. Von den Anfängen in Hamburg bis zur heutigen Vielfalt hat es viele Veränderungen gegeben, wurde wie in vielen anderen Lebensbereichen auch der Rudersport durch die politischen und gesellschaftlichen Entwicklungen in unserem Land beeinflusst. Unter dem Strich kann man zu Recht sagen, dass Rudern gemessen an Medaillen bei Olympia und Weltmeisterschaften bis heute zu den erfolgreichsten Sportarten in Deutschland gehört.

Dazu trägt auch der Ruf des Deutschen Ruderverbandes bei, den er bei anderen nationalen Verbänden genießt. Er gilt gemessen an den Mitgliedern als größter Ruderverband der Welt. Allerdings ist dabei zu berücksichtigen, dass in anderen Ländern nur der Hochleistungssport vom nationalen Verband betreut wird. Daneben sind es meist Organisationen der Universitäten oder regionale Verbände, die Regatten durchführen und Vereine und Rudergruppen aus dem Bereich von Schulen und Hochschulen unter ihrem Dach vereinigen.

In Deutschland hat die Zusammenfassung von Leistungs- und Breitensport in einem Verband der Entwicklung der Sportart sicher gutgetan. Die Organisation von Regatten gemäß einem gemeinsamen Regelwerk hat für einen hohen Standard bei der Abwicklung der Rennen und der Qualität der Regattastrecken gesorgt. Und auch wenn es immer mal wieder Diskussionen um den richtigen Weg im Hochleistungssport gibt, hat auch hier die Federführung durch den Verband bei der Bildung von Nationalmannschaften, der Ausbildung und Auswahl der Trainer und Betreuer und der Durchgängigkeit der Organisationsstrukturen von den jüngsten Kindern und Jugendlichen bis hin zu den Masters-Klassen meist dazu geführt, gute Ergebnisse feiern zu können.

Der hohe Anspruch des Leistungssports setzt sich auch im Breitensport sowie im Fahrten- und Wanderrudern fort. Da gehören Langstrecken-Wettbewerbe und Ruder-Events genauso dazu wie die alljährlichen Fahrten, die sowohl der Verband wie auch vor allem die Vereine auf Gewässern im In- und Ausland anbieten. Und wer sich einfach nur ein wenig fit halten möchte, findet in den Vereinen dazu meist auch die Möglichkeiten, ohne aufs Wasser gehen zu müssen. Angebote für Ausgleichssport, Ballspiele, Gymnastik, Krafttraining und auch die modernen Bewegungsformen wie Pilates oder Yoga findet man regelmäßig im Jahresprogramm der Clubs. Sie sind dazu durch die Bootshäuser für viele Mitglieder nicht nur die sportliche Heimat, sondern nicht selten durch die gesellschaftlichen und gastronomischen Einrichtungen so ein bisschen auch ein zweites Zuhause.

Vielfalt unter einem Dach, eine gewisse Freiheit auf dem Wasser und dazu auch Verantwortung und Herausforderung durch das Befahren von viel genutzten und öffentlichen Wasserstraßen – das alles bietet der Rudersport. Damit ist er nicht einfach nur eine Sportart, sondern irgendwie auch ein wenig Schule für das Leben. Genau dazu gibt es im nächsten Kapitel ein paar weitere Gründe.

7. KAPITEL

LERNEFFEKTE

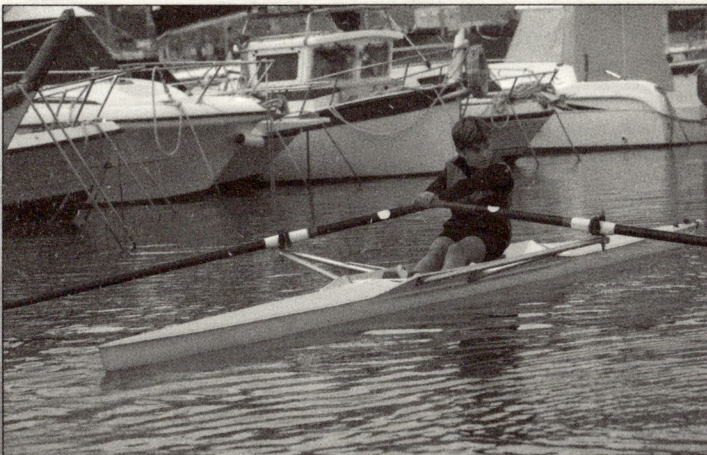

63. GRUND

Weil Rudern so ein bisschen erwachsen macht

Sie haben Kinder, etwa so im Pubertätsalter? Okay, dann brauche ich ihnen nicht zu schildern, was sich da manchmal für Dramen zu Hause abspielen. Das Aufräumen von Zimmern, Mithilfe im Haushalt und selbst das simple Mitnehmen der Mülltüte bis zur Tonne sind alles völlig unnütze Zeitverschwendungen und für Jugendliche absolut unzumutbare Überforderung des sich gerade heranbildenden Charakters – nach Auffassung der eigenen Kinder zumindest. Eine Ihnen vielleicht sinnvoll erscheinende Zeiteinteilung über den Tag, die Erledigung von anstehenden Aufgaben, etwa für die Schule oder sonstige in Kindertagen mal begonnene Ausbildungen grenzen mit zunehmendem Alter der Jugendlichen an Körperverletzung und nahezu völligem Verlust der Lebensqualität. Gut, vielleicht ist das jetzt ein bisschen übertrieben, aber in der Übertreibung liegt ja bekanntlich auch die Wahrheit.

Wir haben genau diese Phase auch bei unseren eigenen Sprösslingen erlebt, mal mehr, mal weniger ausgeprägt. Die dauerte aber zum Glück nur bis zum Eintritt in den Ruderverein und der Aufnahme eines regelmäßigen Trainings. Und im Stillen hatte ich auch darauf gehofft, denn man hat ja so seine ganz persönlichen Erfahrungen mit der eigenen Pubertät gemacht, auch wenn dazwischen schon rund 20 Jahre vergangen waren.

So ganz langsam setzte sich auch bei unseren Kindern die Erkenntnis durch, dass ein wenig Organisation des eigenen Lebens doch irgendwie nützlich sein kann. Da kamen neben der Schule nun regelmäßig zeitliche Verpflichtungen durch das Training auf den Stundenplan. Und da ja bekanntlich in einem Ruderboot mit einer fest zugeteilten Mannschaft möglichst alle Plätze besetzt sein sollten, konnte man da nicht so einfach mal »Unlust« vorschieben.

Eine weitere Erfahrung kam noch dazu, die des Erfolgserlebnisses. Man hatte trainiert, sich unter Anleitung des Trainers auf ein Rennen vorbereitet. Und wenn das dann gewonnen wurde, brachte das plötzlich bis dahin kaum gekannte Glücksgefühle in das ansonsten so dahinwabernde Alltagsleben der Jugendlichen hinein.

Irgendwann reift dann die Erkenntnis, dass man solche Glücksgefühle vielleicht auch im sonstigen Leben haben könnte. Etwa durch die Organisation und Vorbereitung bei schulischen Belangen. Und da die verfügbare Freizeit durch das Training noch weiter schrumpft, sollte sie dann doch besser nicht mit dem Suchen nach irgendwelchen Klamotten oder Gebrauchsgegenständen noch weiter dezimiert werden. Da könnte es dann vielleicht helfen, mehr Ordnung in die Sachen zu bringen. Natürlich nur die eigene, denn man will ja den »ständig nörgelnden Eltern« nicht zu weit entgegenkommen, wäre ja noch schöner.

Als Eltern steht man dann am besten mit einem Schmunzeln daneben und verfolgt mit ein wenig Genugtuung die Ereignisse. Und manchmal ist das auch so, als ob man in einen Spiegel schaut, oder?

Der Weg zum Erwachsenwerden ist aus Jugendsicht immer ein steiniger und eigentlich eher ungeliebter Abschnitt des Lebens. Aber wenn man dann durch das anspruchsvolle Rudertraining und die Einwirkung einer Respektsperson ungleich der eigenen Eltern dabei etwas Unterstützung erlebt, macht das die Sache durchaus angenehmer.

Deshalb, liebe Eltern, tragt die Pubertät eurer Kinder mit Fassung, erinnert euch an die eigene Lebensphase in diesem Alter. Und stellt euch gut mit dem Trainer bzw. mit der Trainerin in eurem Verein. Einen besseren Partner für diese schwierige Phase des Erwachsenwerdens eurer Sprösslinge könnt ihr nicht finden.

64. GRUND

Weil Rudern lehrt, früh Verantwortung zu übernehmen

Beim Rudern, das haben wir schon in einem ganz frühen Grund erfahren, gibt es nicht viele Unterschiede zwischen den Sportlern. Gesellschaftlicher Stand oder gar das Alter spielen da erst mal keine Rolle. Allerdings hat natürlich auch der Gesetzgeber die ein oder andere Grenze gesetzt, etwa bei der Verantwortung im Boot. Ruderboote haben ja keinen Motor, deshalb muss man auch keinen Führerschein besitzen, um sich mit einem Ruderboot auf einem öffentlichen Gewässer zu bewegen. Eine Person im Boot muss allerdings »den Hut aufhaben«, sich also bei Kontrollen durch die Wasserschutzpolizei oder gar bei Unfällen als Verantwortlicher im Sinne des Gesetzes zur Verfügung stellen. Das passiert zum Glück selten, aber im Fall des Falles sollte diese Person die volle Kontrolle und seemännische »Befehlsgewalt« über Boot und Mannschaft haben.

Nun ist es natürlich auch gerne mal so, dass sich die Erwachsenen einer Mannschaft alle aktiv betätigen und dabei möglichst wenig Gewicht mitschleppen möchten. Deshalb wird dann meist ein Jugendlicher/eine Jugendliche als Steuermann/Steuerfrau mit an Bord genommen, die selten volljährig ist. Das ist aber kein Problem, denn die verantwortliche Person im Boot muss nicht unbedingt auf dem Steuersitz Platz nehmen. Die Kommandos und erforderlichen Anweisungen für die Ausfahrt kann man auch von jedem anderen Platz im Boot geben. Für den Nachwuchs heißt das aber nicht, dass man während der Ausfahrt nichts zu tun hat oder vor sich hinträumen kann. Und bei den meisten Jugendlichen auf dem Steuersitz ist das auch gar nicht der Fall. Die wollen natürlich den Erwachsenen zeigen, dass sie mit dem Boot umgehen können, es sicher durch das Gewässer führen und sich auch trauen, den Erwachsenen mal ein klares Kommando zu geben. Am Anfang vielleicht noch zaghaft, aber von Ausfahrt zu Ausfahrt wächst die Erfahrung, und schnell sind dann die minderjährigen Steuerleute anerkannte Bootsführer. Sie lernen unter der Anleitung der Erwachsenen, wie man Gefahren erkennt, sie meidet und damit eine Ruderausfahrt sicher vom Ab- bis zum Wiederanlegen absolviert. Immerhin hat man da nicht nur die Verantwortung für Boot und Material im Wert von einigen Tausend Euro, sondern vor allem für die Unversehrtheit der gesamten Mannschaft.

Fast alle Vereine tragen so dazu bei, dass sich schon früh bei der Jugend ein Gefühl für Verantwortung heranbildet. Und meist werden dann auch Lehrgänge angeboten, in denen die Regeln auf dem Wasser, die Vorschriften der Wasserschutzbehörden, die Eigenarten des heimischen Gewässers und noch viel mehr besprochen werden. Am Ende steht dann meist eine Prüfung, mit der man die vereinsinterne Steuererlaubnis für alle Ausfahrten erlangt und dann auch selber als verantwortlicher Bootsführer mit Mannschaften ausfahren kann. Das ist zwar kein offizieller Führerschein, aber vermittelt doch recht viel Wissen über den Wassersport, was man dann später bei einer Führerscheinausbildung als »Vorsprung« nutzen kann.

Wie heißt es noch: Man lernt nicht für die Schule, sondern für das Leben! Beim Rudern kann man ein paar nützliche Lektionen schon in recht jungen Jahren dem Schulstoff hinzufügen und dabei sogar noch Erwachsene »rumkommandieren«.

65. GRUND

Weil Rudern handwerklich geschickt macht

Beim Auto sind es die Schrauber, beim Computer die Tüftler, und im Rudern sind es die Bootsbauer, die immer wieder versuchen, aus dem Material das Beste herauszuholen. Beim Ruderboot geht es da um Millimeter und Winkelgrade, um widerstandsfähiges Material, gute Schraubverbindungen und leichten Lauf der beweglichen

Teile. Das gilt vor allem im Leistungssport, in dem jede Mannschaft selber für ihr Boot verantwortlich ist, zumindest in den allgemeinen Rennklassen. Bei den Nationalmannschaften sind meist ausgebildete Bootsbauer dabei, die für die richtige Einstellung sorgen und kleine Schäden zwischen den Rennen beheben.

Schraubendreher, Zange, Zollstock, Hammer, ein Satz Schraubenschlüssel, Winkelmesser, Öl und Fett zum Schmieren und ein mittleres Sortiment an Schrauben, Muttern und sonstigen Kleinteilen gehören zur Grundausrüstung jeder Ruderer-Werkzeugkiste. Damit kann man dann selber auf dem Regattaplatz seinen Ruderplatz einstellen, gelockerte Schrauben und Muttern u.a. am Stemmbrett oder Ausleger nachziehen oder auch die Einstellung von Skulls und Riemen auf die Wasser- und Windverhältnisse einstellen. Mal ist der Innenhebel, an dem man das Blatt durch das Wasser zieht, etwas länger, mal kürzer. Das hat natürlich mit der Kraft zu tun, die man für den Ruderschlag aufbringen muss. Herrscht z.B. ein heftiger Gegenwind im Rennen, kann das schon mal deutlich länger dauern bis zur Ziellinie, und da ist es dann vielleicht hilfreich, wenn man die Innenhebel länger einstellt, um das Blatt mit weniger Kraft pro Schlag bewegen zu können.

Oder das Wasser ist durch den Wind auf der Regattastrecke aufgeraut, die Wellen etwas höher als gewohnt. Dann kann man die Ausleger und die Dollen entsprechend präparieren, damit die Skulls bzw. Riemen etwas höher über dem Wasser gelagert sind und so die Gefahr des Hängenbleibens in einer Welle vermindert wird. Es gibt noch einige solcher Möglichkeiten, um am Boot und den Auslegern individuelle Einstellungen vorzunehmen. Da hat jeder Trainer, jeder Athlet so seine ganz persönlichen Vorlieben. Wichtig ist dabei nur, dass in einer Mannschaft die Unterschiede nicht zu groß sind und der Ruderschlag möglichst gemeinsam und harmonisch ausgeführt werden kann.

Noch wichtiger sind handwerkliche Kenntnisse, wenn man auf einer längeren Wanderfahrt ist. Da unterliegt das Material zwar von der eingesetzten Kraft der Aktiven nicht so starken Belastungen, aber da man den ganzen Tag unterwegs sein kann, ist die Anzahl der Ruderschläge über die laufende Zeit natürlich um ein Vielfaches höher. Da kann sich schon mal der ein oder andere Schaden im Laufe einer Tour einstellen. Damit der nicht zu groß wird und damit die Fortsetzung der Wanderfahrt gefährdet wäre, ist immer eine Werkzeugkiste mit an Bord, quasi so eine kleine Versicherung für das Gelingen der Tour.

Boote und Material gehören beim Rudern unverbrüchlich dazu, und jeder Aktive entwickelt zu diesem Material im Laufe der Zeit eine Beziehung. Da gehören kleine Reparaturen dazu, und die lernt man in seinem Ruderleben wie selbstverständlich. Es reicht dann zwar nicht unbedingt, um das liegen gebliebene eigene Auto wieder flottzumachen oder sich gleich selber ein ganzes Haus in Eigenleistung zu bauen. Aber es ist auch irgendwie ein gutes Gefühl, im Fall des Falles nicht völlig auf fremde Hilfe angewiesen zu sein. Und wer schon in jungen Jahren die Grundlagen lernt, der entscheidet sich vielleicht später dazu, den handwerklichen Beruf des Bootsbauers von der Pike auf zu erlernen. Bedarf dafür ist immer und das sogar auf der ganzen Welt.

66. GRUND

Weil die Ausbildung in einem Ruderverein vielseitig sein kann

Ausbildung zum Steuermann, Grundlagen für handwerkliche Geschicklichkeit – das klingt für den ambitionierten Sportler, der sich in seinem Verein auch etwas engagieren möchte, schon ganz interessant. Aber das ist noch lange nicht alles, was man im Zusammenhang mit dem Rudersport lernen kann. Das Angebot an organisierten Lehrgängen, die meist mit Prüfungen abschließen, ist vielfältig und kann sogar bis zu einer berufsmäßigen Befassung mit dem Rudern führen.

Im Verein sind es meist die Erfahrungen und eigenen Kenntnisse, die an die jüngeren Mitglieder weitergegeben werden. Das reicht von der Kenntnis über das eigene Gewässer mit seinen Kurven, Wellen oder auch Untiefen bis hin zu Arbeiten in der vereinseigenen Werkstatt. Meist spielt hier das ehrenamtliche Engagement im Verein die größte Rolle. Auch wenn es in Vereinen immer wieder heißt, es sei immer schwieriger, für diese Aufgaben Freiwillige zu finden, so zeigt die Erfahrung doch, dass es auch bei den Jugendlichen Interessenten gibt, auf diese Weise das Miteinander im Vereinsleben fortzusetzen.

Weiterführende Ausbildungen etwa im Bereich der Trainingsarbeit oder des Vereinsmanagements werden überwiegend von den Sportverbänden angeboten. Dabei durchläuft man verschiedene Ausbildungsstufen, meist schließen die mit einer Prüfung ab, und man hat dann die Qualifikation, um sich im Vereine noch effektiver zu betätigen und vielleicht auch durch eigene Erfolge als Trainer oder in der Vereinsführung zu höheren Weihen zu kommen.

Gerade für den Bereich der Trainer kann es im Rudern auch zu einer beruflichen Orientierung kommen. Mit der höchsten Ausbildungsstufe, der A-Lizenz, hat man die Möglichkeit, sich in Vereinen oder auch in den Landesverbänden bei entsprechender Stellenausschreibung hauptberuflich zu betätigen. Das geht hin bis zum Amt eines Bundestrainers im Deutschen Ruderverband. Und wer hier die höchste Stufe erreichen möchte, absolviert an der Sporthochschule die Ausbildung zum Diplom-Trainer. Mehr geht dann nicht, aber das ist dann auch ein Zeugnis, mit dem man auf der ganzen Welt gute Chancen auf einen hauptamtlichen Job im Rudern hat.

Es muss natürlich nicht immer so weit gehen, mancher ist schon zufrieden, wenn er im eigenen Verein seinem Hobby nachgehen kann und dabei die Grundlagen über das Rudern und den Umgang mit dem Material beherrscht. Aber Grenzen sind da kaum gesetzt. Wer will, der kann auch!

67. GRUND

Weil man schnell in einer fremden Mannschaft integriert ist

Berufliche und familiäre Gegebenheiten bestimmen heute mehr denn je unser Leben. Dauerhaft in einer Stadt oder Region zu leben wird immer seltener. Mobilität ist gefragt. Da ist es gut, wenn man wenigstens in der Freizeit nicht auf den bevorzugten Sport verzichten muss, gerade wenn man sich gerne als Teil einer Mannschaft sieht. In Ballsportarten ist das nicht immer einfach, da sind Teams auch in den Freizeitligen meist schon komplett, über die Rolle des Bank-Reservisten kommt man da, wenn es nicht so gut läuft, vielleicht nicht hinaus.

Im Rudern hat man es einfacher. Einmal den Bewegungsablauf gelernt, ist der drin, und in allen Booten auf allen Gewässern auf dieser Welt ist er auch gleich. Da kann man sich also technisch relativ schnell auch in ein neues Ruderteam einbringen. Ist man neu in einer Stadt, sucht man nach einem Verein. Der bietet meist feste Termine für den Ruderbetrieb an, oder man trifft am Bootshaus Leute, die einem da Auskunft geben können. Zum nächsten Termin kommt man hin, macht eine Ausfahrt mit revierkundigen Mitgliedern, und schnell hat man dann den Anschluss, durch den man auch mehr über den Club, sein Sportangebot und seine Mitglieder erfährt. Nicht selten ist es der Fall, dass man den einen oder die andere auch schon kennt von Regatten oder anderen Treffen.

Will man dann mit einer Mannschaft an Regatten teilnehmen, bringt man sich in die Trainingsgruppe ein, und sehr schnell zeigt sich, wo man mit der eigenen Leistung steht und welche Möglichkeiten bestehen, sich mit einer Mannschaft für die nächste Wettfahrt zu melden.

Ist man vor allem am Freizeit- und Fahrtensport interessiert, finden sich auch hier in allen Vereinen Gruppen zu festen Ruderzeiten zusammen, auch dort ist man schnell integriert. Und durch das gemeinsame Après-Rudern im Bootshaus werden auch gleich gesellschaftliche Kontakte geknüpft.

Kennt man dann das neue Ruderrevier durch einige Ausfahrten und hat auch gezeigt, dass man technisch und verantwortlich mit einem Boot umgehen kann, gibt es ja auch noch den Einer, in dem man eben alleine fahren kann, falls Arbeitszeiten oder sonstige Umstände das Mitmachen in einem Team nicht immer möglich machen. Egal ob in der Gemeinschaft oder ganz individuell, Rudern lässt da durch seine Vielfalt auf der einen, seinen festen technischen Bewegungsablauf im Boot auf der anderen Seite eine Menge Raum für die eigene Planung der sportlichen Aktivitäten. Und damit ist man sportlich als Ruderer quasi auf »der ganzen Welt zu Hause«.

68. GRUND

Weil Rudern Türen zu US-Universitäten öffnet

Im Kapitel über den Rudersport in Großbritannien war ja schon nachzulesen, dass Rudern besonders an den Universitäten in Oxford und Cambridge eine ganz besondere Rolle spielt. Aber das ist nicht nur dort so, vor allem in den USA und auch dort an den Elite-Universitäten kann eine erfolgreiche Karriere im U19- oder U23-Bereich die eine oder andere Türe öffnen.

Der Sport an den Universitäten der USA spielt ohnehin eine wesentlich größere Rolle als in Europa. Vor allem im American Football oder im Basketball spielen die Hochschulen in eigenen Ligen, und aus denen rekrutieren dann die Profimannschaften der Top-Vereine gerne ihren Nachwuchs. Profirudern gibt es auch in den USA nicht, aber etwa 150 US-Universitäten beteiligen sich an einem Programm, bei dem Stipendien für erfolgreiche Ruderer vergeben werden. Dabei liegt der Schwerpunkt der Vergabe auf dem Frauenrudern, das in den USA einen sehr hohen Stellenwert hat und in besonderem Maße durch die Universitäten und Colleges gefördert wird.

Die Rudersaison beginnt im Frühjahr, gestartet wird auf Hochschulregatten und bei den nationalen Meisterschaften. Interessentinnen aus der ganzen Welt melden sich etwa zehn Monate vorher über spezialisierte Agenturen an. Die Nachfrage dabei ist beachtlich, die Auswahlkriterien für die Aufnahme in das Programm entsprechend selektiv. Vordere Plätze bei den nationalen Meisterschaften im Heimatland der Bewerberinnen müssen schon sein, das Niveau im Universitätsrudern der USA ist entsprechend hoch.

Das Studium selber ist je nach Hochschule unterschiedlich, das Trainingsprogramm liegt aber schon nahe am hohen Leistungsbereich. Fünf Trainingseinheiten mit jeweils 2–3 Stunden auf dem Wasser pro Woche sind obligatorisch, dazu kommen weitere Einheiten im Kraft- und Ausdauerbereich.

Da ein Auslandsstudium sich bei Bewerbungen in der deutschen Wirtschaft meist gut macht, beteiligen sich alljährlich auch einige deutsche Ruderinnen an diesem Wettbewerb. Und meist sind sie dabei auch erfolgreich. Die Kehrseite der Medaille besteht aber darin, dass diese Aktiven aus dem Fokus des deutschen Ruderverbandes bei der Bildung seiner Nationalmannschaften geraten, da sie aufgrund des fehlenden gemeinsamen Trainings nicht in die Auswahlboote des Verbandes integrierbar sind. Allerdings schaffte es 2017 ein kompletter Frauen-Vierer mit US-Stipendiatinnen in die deutsche U23-Mannschaft und auch auf den Bronzemedaillen-Platz bei der U23-WM.

8. KAPITEL

PERSÖNLICHE ERINNERUNGEN

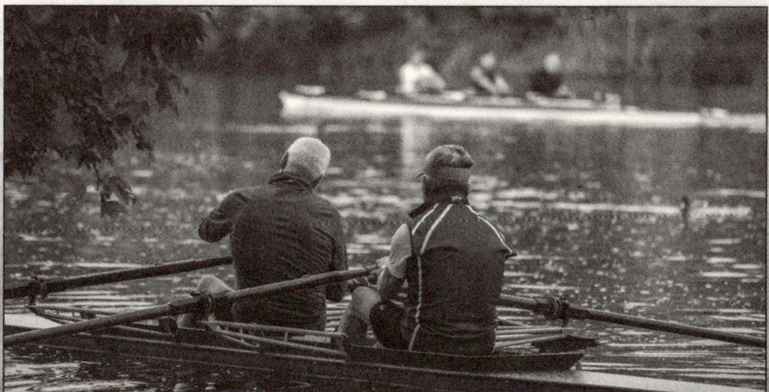

69. GRUND

Weil Rudern zusätzliche Ferientage bringen kann

In den folgenden Gründen habe ich so einige persönliche Erlebnisse aus meinem Rudererleben einfließen lassen, die vielleicht nicht so ganz repräsentativ sind. Aber sie zeigen, wie die Sportart und das Engagement für den Sport ein Leben doch reichlich beeinflussen können.

Im südlichen Düsseldorfer Stadtteil Benrath wurde 1967 ein neu erbautes Gymnasium eröffnet. Da das altehrwürdige Schloss-Gymnasium räumlich aus allen Nähten platzte, wurde der mathematisch-naturwissenschaftliche Zweig in das neue Gebäude an die Koblenzer Straße verlegt und damit das »Kobi«, wie es auch heute noch genannt wird, gegründet.

Neue Schule, neuer Schulleiter. Man hatte dafür einen Pädagogen aus Düsseldorf ausgesucht, der auch im Schulrudern des Deutschen Ruderverbandes zu den führenden Kräften gehörte. Und da Benrath mit seiner Ruder-Gesellschaft einen Verein hatte, war das für Rudolf Pentzlin, so der Name des Schulleiters, natürlich ein guter Grund, an seiner Schule das Rudern besonders zu fördern. Rudi, so wurde er mit allem Respekt hinter vorgehaltener Hand von allen genannt, machte das auf seine ganz persönliche Weise. Er war rund 1,65 m groß, der Kopf ging fast halslos in den Brustkorb über. Und immer, wenn ihm was gegen den Strich ging, jemand nicht seiner Meinung folgte oder es sonst wie zu Diskussionen kam, wurde der Kopf hochrot und schien förmlich anzuschwellen. Das sah bedrohlich und besorgniserregend aus, aber ebenso schnell kam Rudi auch wieder zum »Normalzustand« zurück. Entweder hatte man seine Meinung akzeptiert, oder er hatte sich überzeugen lassen, dass es doch bessere Lösungen für ein Problem gab. So war er, so wurde er von den Schülern und im Lehrerkollegium geschätzt.

In den 1960er- und 70er-Jahren war Rudern in Nordrhein-Westfalen offiziell Schulsport, und die Städte gaben finanzielle Zuschüsse für die Anschaffung von Booten. Der Transport dieser Boote in den Düsseldorfer Süden war für uns Schüler eine besondere schulische Veranstaltung. Es brachte nämlich zusätzliche Ferientage. Und das spielte sich meist so ab: Auf der Werft am Neckar waren mal wieder Boote abzuholen, und das dauerte über den Wasserweg nach Benrath sechs Tage. Transporte mit einem Hänger über die Straße waren nicht so selbstverständlich wie heute, viele Vereine hatten noch gar keine geeigneten Fahrzeuge.

Es mussten also sechs zusammenhängende Tage im Frühjahr her. Um Ostern war es noch zu früh, und die Urlaubsplanung der Familien für die längeren Sommerferien wollte man nicht stören. Da sollten die Boote ja auch bereits für längere Fahrten zur Verfügung stehen. Also ging der Transport nur im Mai oder Juni rund um die dort liegenden Feiertage. Zwei Wochen vorher erschien Rudi in der Klasse, in der ein oder mehrere Ruderer saßen, bevorzugt immer in der Stunde, in der auch der jeweilige Klassenlehrer dort Unterricht hatte. Rudi verkündete dann, dass der und der Schüler an den und den Tagen nicht anwesend sein werde, da er schulische Aufgaben außerhalb des Gebäudes zu erledigen hätte. Das waren in Wahrheit sechstägige Wanderfahrten, quasi auf Kosten des Schulträgers und somit eigentlich außerordentliche Ferientage. Widerspruch der Klassenlehrer war zwecklos, der Chef hatte es so angeordnet, und da der ja auch meist selber mitfuhr, war der schulische Charakter der Maßnahme garantiert.

Rudi war in dieser Zeit auch engagiert als Leiter einer großen Jugendregatta in Duisburg. Und auch da brauchte er natürlich »seine« Ruderer als Helfer. Da erschien er dann genauso in der Stunde, »ordnete« an, dass man am nächsten Tag – immer ein Freitag – seine Luftmatratze und den Schlafsack mitzubringen habe, da es nach der großen Pause Richtung Regattabahn Wedau ginge. Die letzten beiden Stunden am Freitag sowie der in diesen Jahren nicht selbstverständlich schulfreie Samstag waren also als zusätzliche Freistunden gesichert.

Natürlich kannten wir die Termine für die Fahrten und die Regatten immer schon im Vorfeld und warteten nur auf die »spontane« Abordnung unseres Direx. Und der konnte sich auch immer darauf verlassen, dass wir es uns nicht mit den anderen Lehrern so verscherzten, dass eine Teilnahme an den Fahrten aus disziplinarischen Gründen infrage gestellt werden konnte. Irgendwie war es aber doch immer wieder etwas Besonderes, sich auf diese Weise für »seine« Schule engagieren zu können. Und wenn der Direx das verlangte, konnte man das ja auch ohne schlechtes Gewissen tun.

70. GRUND

Weil Rudern den Direx zum Freund macht

Ob es nun an den zusätzlichen Ferientagen lag oder doch an meiner geringen »Gegenliebe« für schulisches Lernen, war schlussendlich egal. In der neunten Klasse kriegte ich die Kurve nicht und zu der obligatorischen »Fünf« in Latein kam auch noch – unnötigerweise – eine in Physik. Aber ich bekam mit einer Nachprüfung eine zweite Chance im Fach meiner Wahl. Latein wäre zwecklos gewesen, also entschied ich mich für Physik. Optik war im letzten Halbjahr das Thema, und eigentlich war ich auch gut vorbereitet. Dennoch stammelte ich mir vorne an der Tafel auf die Fragen meines Klassenlehrers, der Mathe und Physik unterrichtete, eher dürftige Antworten zusammen. Zum ersten Mal in meinem Leben fühlte ich so was wie Prüfungsstress.

Doch Rettung nahte! Die Prüfung fand im Musikzimmer statt, einem damals lang gestreckten Raum mit Türen an beiden Enden. Nach rund zehn Minuten, in denen ich zwar nicht viel Falsches gesagt hatte, aber die Antworten nicht immer so richtig zur Fragestellung passten, ging hinten im Raum die Tür auf. Es erschein Rudi, unser Direx. Er schloss die Tür, blieb aber hinten im Raum stehen und winkte meinen Klassenlehrer zu sich. Ein paar Minuten sprachen sie miteinander. Verstehen konnte ich nichts, aber immer mal wieder ging der Blick zu mir.

Rudi verließ den Raum nach dem Gespräch gleich wieder, mein Klassenlehrer kam zurück auf »seinen« Platz in der ersten Bank. Er blätterte kurz in seinen Unterlagen und meinte dann zu mir: »Na ja, es war zwar ein bisschen holperig, was du auf die Fragen geantwortet hast. Aber Grundlagen des Stoffs sind erkennbar, und die kannst du dann im neuen Schuljahr in der zehnten Klasse ausbauen.« Ich weiß nicht, ob es im Sommer 1971 im Düsseldorfer Süden ein Erdbeben gab, aber die Seismografen müssen ausgeschlagen haben, als mir die Steine vom Herzen fielen.

Rudi hat auf den noch folgenden Fahrten oder bei anderen Gelegenheiten mir gegenüber nie ein Wort zu diesem Tag in der Nachprüfung erwähnt. Aber ich bin auch nach fast 50 Jahren fest davon überzeugt, dass er meinen damaligen Klassenlehrer zu einer gewissen »Nachsicht« gegenüber »seinem« Ruderer bewegt hat. Und da ich ohnehin geplant hatte, nach der zehnten Klasse die Schule zugunsten einer beruflichen Ausbildung zu verlassen, mag das dann den Prüfer zu seinem gnädigen Urteil gebracht haben. Als ich im nächsten Sommer das »Kobi« verließ, stand auf dem Abschlusszeugnis tatsächlich keine »Fünf«. Sogar in Latein reichte meine durch die Prüfung gewonnene Motivation zu einer »Vier«, obwohl Rudi natürlich auch in dem Jahr immer mal wieder für zusätzliche freie Tage sorgte.

Der Direx als Freund – es war natürlich eher eine einseitige »Freundschaft«. Denn Lehrer waren da noch Respektspersonen, die entgegen den sonst üblichen Gepflogenheiten auch im Boot mit »Sie« angesprochen wurden. Dennoch, Rudi ist für mich ein Direx und Ruderkamerad gewesen, den ich nie vergessen werde, nicht nur wegen der geretteten Prüfung. 1979 weilte ich auf einer ersten beruflichen Station im arabischen Ausland, und als ich dort in der mir nachgeschickten Ruderzeitung einen Nachruf auf Rudi las, verdrückte ich doch ein Tränchen. Kurz nach dem Eintritt in den Ruhestand war er zu Hause in einem Sessel sitzend friedlich eingeschlafen. Ich bin fast sicher, seine letzten Gedanken waren bei seinen vielen Schülern, die in ihm nicht nur den Direx sahen, sondern einen hoch geachteten und geschätzten Ruderfreund. Man lernt nicht für die Schule, sondern für das Leben. Selten habe ich Pädagogen erlebt, die wie Rudi genau dafür standen.

71. GRUND

Weil Rudern auch ohne Boot zum Gruppenerlebnis werden kann

Bleiben wir für einen Moment noch in der Schule, allerdings nicht in meiner eigenen, sondern in denen der nächsten Generation. Das Verhältnis zwischen Lehrern und Schüler ändert sich ja im Laufe der Zeit. Waren zu meiner Zeit noch Respekt und ein gewisses Maß an »gutem Benehmen« prägende Faktoren, hat sich das offenbar im Laufe der zurückliegenden Jahre irgendwie geändert. Manches – subjektiv gesehen – nicht immer zum Besseren. Manches aber wurde auch einfacher, etwa das Erhalten zusätzlicher schulfreier Tage, wenn es um außerschulisches Engagement von Schülerinnen und Schülern geht. Ein Beispiel dafür waren die Ruder-Weltmeisterschaften 1998 in Köln.

Das rheinische Verhältnis zwischen Köln und Düsseldorf ist ja sattsam bekannt. Aber wir Benrather, ganz im Süden der Landeshauptstadt gelegen, wurden auf Kölner Gebiet durchaus geduldet. Da der Fühlinger See im Kölner Norden zwischen 1977 und 1990 zu einer internationalen Regattastrecke ausgebaut wurde und die Ruder-Gesellschaft Benrath nur gut zehn Autominuten davon entfernt lag, wurde den jungen Benrathern erlaubt, Fühlingen als Trainingsstrecke zu nutzen. Basis dafür waren auch die guten Beziehungen, die man auf der Ebene der ehrenamtlichen Vereinsmitarbeiter unterhielt. Als dann der Kölner Regatta-Verband 1994 den Zuschlag für die Ausrichtung der Weltmeisterschaften 1998 in Fühlingen erhielt, wurde ich aufgrund meiner Erfahrungen in der Medienarbeit im Sport sogleich in das Organisationskomitee berufen, um den Bereich »Medien« zu leiten.

Schnell war klar, dass man für diesen Bereich eine Menge an ehrenamtlichen Helfern benötigen würde, die im extra errichteten Pressezentrum und auf der Pressetribüne sich um die gut 400 Medienvertreter aus aller Welt kümmern sollten. Und das nicht nur mal an einem Wochenende, sondern an insgesamt neun Tagen am Stück. Das musste also organisiert werden, und zum Glück konnte ich für diesen Helferstab die Jugendabteilung der Benrather gewinnen, in der meine eigenen Kinder inzwischen selber aktiv waren und die zum größten Teil quasi als »Familienbetrieb« aus den Sprösslingen meiner eigenen Ruderfreunde bestand. Die rund 40 Jugendlichen im Alter zwischen 12 und 18 Jahren waren natürlich sofort Feuer und Flamme, zumal die meisten von ihnen selber in Fühlingen trainierten. Und wann hat man mal so ein WM-Heimspiel?

Blieb nur noch die Frage der Schulbefreiung für die Wochentage. Und da lernte ich schnell kennen, was engagierte Rudergenerationen weitervererben. Es ging um vier Schulen, auf die sich die Benrather Ruderer verteilten. An alle vier Schulleitungen stellte ich einen Antrag auf Befreiung für die entsprechenden Schülerinnen und Schüler. Die hatten bereits vorher einen Plan ausgeklügelt, der vorsah, dass an jedem Wochentag immer mindestens ein Schüler aus der Rudergruppe und einer jeden betroffenen Klasse im Unterricht anwesend sein sollte, damit so der jeweils behandelte Schulstoff an alle weitergegeben werden konnte. Und das genau gab für alle vier Schulleitungen den Ausschlag, für den gesamten Zeitraum alle rund 40 Helfer freizustellen. Und nicht nur das. Alle vier Schulen bedankten sich sogar in ihren Antwortschreiben, dass das Organisationskomitee den Jugendlichen die Möglichkeit eröffnete, an verantwortlicher Stelle und quasi mit sozialem Engagement an der WM teilnehmen zu können.

Es wurde eine tolle Woche in Köln, der Plan mit der schulischen »Vertretung« klappte reibungslos, zwischendurch feierten wir noch gemeinsam in der Woche den jeweils 18. Geburtstag zweier Teammitglieder. Und als ich am Ende der WM vom Ruder-Weltverband FISA eine Ehrung stellvertretend für das Medienteam erhielt, war das Gruppenerlebnis perfekt. Wir hatten nicht nur unvergessliche Tage auf »unserer« Regattabahn in Fühligen erlebt, sondern auch durch neue Ideen und einen außergewöhnlichen Einsatz mit Freundlichkeit und Kompetenz einen Maßstab für zukünftige Weltmeisterschaften gesetzt.

In ein Ruderboot auf den Fühlinger See durften wir während der WM-Woche aus Sicherheitsgründen nur während der feierlichen Eröffnung. Aber was dann in den nächsten Tagen folgte, war Erlebnis pur, das noch heute für viele Freundschaften unter den damals beteiligten Jugendlichen sorgt.

72. GRUND

Weil man durch Rudern die Welt kennenlernen kann

Es gibt verschiedene Möglichkeiten, sich die Welt anzuschauen und den eigenen Horizont durch Reisen zu erweitern. Verfügt man über genügend Zeit und finanzielle Mittel, kann das durchaus zum Hobby werden. Ist man in einer entsprechenden beruflichen Position, kommt man vielleicht viel rum, hat aber meist weniger Zeit, sich neben dem Job auch um Kultur und Landschaften zu kümmern. Und trifft beides nicht zu – so wie bei mir –, dann bleibt eigentlich nur noch ein ehrenamtliches Engagement und der Besuch entsprechender Veranstaltungen, um den eigenen Reisepass auch zum Visa-Bilderbuch zu machen.

Aus einer eher kleinbürgerlichen Familie stammend, kam die Variante eins nicht infrage. Beruflich startete ich zwar mit einem mehrmonatigen Auslandsaufenthalt, aber mit Gründung einer eigenen Familie wurden die beruflichen Ambitionen dann doch eher bodenständig. Variante zwei zündete also auch nicht so richtig. Also blieb für mich das Ehrenamt. Meine »Karriere« auf diesem Gebiet begann im Düsseldorfer Vorstadtverein in Benrath, wo ich irgendwann als noch junger Mann das Amt des Pressewartes übernahm. Fast zeitgleich hatte ich auch Kontakt zur damaligen deutschen Fachzeitschrift des Deutschen Ruderverbandes aufgenommen und begonnen, für das Blatt Regattaberichte und Artikel über sonstige Aktivitäten im Rudern zu schreiben. Nordrhein-Westfalen war damit mein Aktionsgebiet, aber irgendwie schien Rolf Ziel, dem damaligen Chefredakteur der Zeitschrift, mein Schreibstil zu gefallen. Schon im zweiten Jahr der Mitarbeit setzte er mich bei internationalen Veranstaltungen ein, und dann folgten auch die Entsendungen zu Weltmeisterschaften und anderen Regatten im Ausland.

Der erste größere Höhepunkt sollte 1988 kommen. Rolf, der zu meinem journalistischen Ziehvater wurde – ich war Quereinsteiger und hatte keine der üblichen beruflichen Ausbildungen vorzuweisen –, war gesundheitlich angeschlagen und fragte mich im Januar, ob ich für ihn die Olympischen Spiele im September in Seoul besuchen könne, um von dort über die Ruderwettkämpfe zu berichten. Das kam etwas unerwartet, war ich doch gerade in meinem Hauptberuf in der Elektrotechnik durch den Wechsel zu einem Großkonzern in ein »abgesichertes« Fahrwasser gekommen. Aber das ließ sich schließlich alles durch Urlaub und Absprache mit meinem damaligen beruflichen Vorgesetzten regeln, und so wurden die Spiele von Seoul die ersten, die ich vor Ort als akkreditierter Journalist miterleben durfte. Es folgten alle Weltmeisterschaften und zahlreiche internationale Regatten sowie die Olympischen Spiele 1992 in Barcelona und 1996 in Atlanta. Nach der WM 1998 und meinem Wirken als Medien-Chef berief mich der Weltverband in seine Medienkommission, deren Leitung ich zwei Jahre später übernahm. Diese Tätigkeiten führten mich schließlich auf die restlichen Kontinente und in zahlreiche Länder, in denen Wettfahrten oder Olympische Spiele stattfanden. Bis Ende 2012 war ich so als Funktionär oder Journalist auf allen Kontinenten unterwegs, Höhepunkte dabei waren Reisen in die USA, nach Kanada, China, Korea, Südafrika, mehrfach nach Australien und Neuseeland und in fast alle europäischen Länder. Viele der in diesen Jahren entstandenen internationalen Ruderfreundschaften halten bis heute an. Und auch wenn ich mich heute etwas aus der internationalen Ruderszene zurückgezogen habe und »nur« noch als internationaler Wettkampfrichter hier und da im Einsatz bin, sind die in den zurückliegenden 30 Jahren gemachten Erfahrungen, die vielen Erlebnisse in fremden Ländern und mit anderen Kulturen sowie die unzähligen Begegnungen mit Menschen aus der ganzen Welt ein unersetzlicher Teil meines Lebens. Die Sportart Rudern hat mich somit nicht nur durch viele Gebiete dieser Welt geführt, sondern damit auch mein Leben auf besondere Weise geprägt. Aus den 15 m^2 meines Jugendzimmers in der elterlichen Wohnung, wo ich die ersten Presseartikel schrieb, auf alle fünf Kontinente – das ist ein Traum, den ich mir verwirklichen durfte.

An dieser Stelle sei es mir aber auch erlaubt, meiner Familie zu danken. Ohne das Verständnis meiner Frau, die erst ab und an mitreisen konnte, als die Kinder größer waren, hätte das alles nicht funktioniert. Manch ein Jahr ging der komplette Urlaub für das Engagement im Rudern drauf. Und nicht immer klappte es wie 1992, als die Familie am Strand im spanischen Mittelmeergebiet Urlaub machte, während ich 35 km entfernt auf der Pressetribüne der olympischen Ruderregatta als Pressesprecher des Deutschen

Ruderverbandes wirkte und wir uns dann am Abend im angemieteten Ferienhaus auf der Terrasse gemeinsam entspannen konnten.

Wenn heute leider durch einige Funktionäre in den populären Sportarten der Eindruck entsteht, die Mitgliedschaft im Vorstand eines internationalen Sportverbandes sei reines Vergnügen, für das auch noch viel Geld fließt – das war es im Rudern nie. Bei manchen Veranstaltungen hat man außer Regattastrecke, Hotel und Shuttlebus kaum etwas vom gastgebenden Land gesehen. Aber das macht dann auch wieder ein wenig stolz, sich eben im besten Sinne eines Ehrenamtes für seine Sportart engagiert zu haben. Ich möchte keine der so erlebten Stunden vermissen. Und ich weiß, dass viele meiner internationalen Ruderfreunde ähnliche Geschichten erzählen können und mit gleicher Einstellung dabei waren und auch noch sind.

73. GRUND

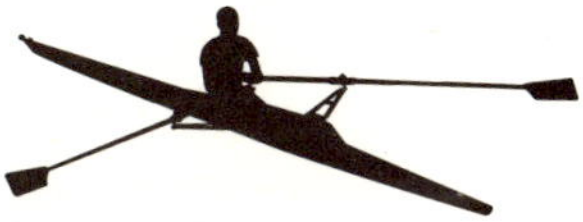

Weil Rudern zur Verständigung beitragen kann

Fremdsprachen waren in der Schule nie so ganz mein Ding. Mancher Lehrer in meiner Schulzeit meinte auch, dass bis auf Sport relativ wenige Fächer so richtig mein Ding waren. Aber das ist eine ganz andere Geschichte.

Bleiben wir bei den Sprachen, genauer gesagt beim Englisch. »Good morning, Mr. Fog!« war der erste Satz im ersten Englischbuch meiner Schulzeit. »Guten Morgen, Herr Nebel!« lautete die wörtliche Übersetzung, die natürlich nur bedingt korrekt war. Irgendwann reichte es dann nach ein paar Jahren, um sich irgendwie mit Englisch verständlich zu machen, freilich unter reichlicher Missachtung grammatikalischer Konventionen.

So richtig griff bei mir die Erkenntnis, dass man mit Englisch als Sprache wohl doch etwas weiter als nur bis zum nächsten Bootshaus kommen könnte, durch eine Partnerschaft meines Benrather Ruder-vereins mit einem Club in London. 1965 fand die Ruder-Europameisterschaft in Duisburg statt, und drei Ruderfreunde des »Civil Service Club« in London suchten im Umfeld der Ruhrstadt günstige Unterkünfte, möglichst privat. »Civil Service« ist vergleichbar mit dem »Öffentlichen Dienst« in Deutschland, also den Mitarbeitern in der Stadtverwaltung. Unsere Londoner Freunde tragen in ihrem Vereinswappen die Abbildung eines kleinen Schwans, der auf Englisch »Cygnet« genannt wird. Sie selber bezeichnen sich folglich auch als die »Cygnets«.

Drei von ihnen suchten also Anschluss in Deutschland für die EM. So ganz selbstverständlich war das 1965 noch nicht. Der Zweite Weltkrieg war gerade 20 Jahre vorbei, und gerade London wurde durch die Angriffe aus Deutschland sehr getroffen. Aber der Sport hatte da ganz persönliche Verbindungen geschaffen, und so entstand auch zwischen der Ruder-Gesellschaft Benrath und den Cygnets eine sehr intensive Partnerschaft mit regelmäßigen Besuchen. Besonders beliebt waren bei den Engländern dabei der Düsseldorfer Karneval und die auf der Insel damals noch recht unbekannten Wanderfahrten auf den Flüssen. Beides stand bei den Cygnets hoch im Kurs, und als dann 1972 – ich war gerade 16 geworden – wieder Gastfamilien für mehrere Cygnets gesucht wurden, konnte ich meine Eltern dafür gewinnen. Ich zog für drei Nächte aus meinem Jugendzimmer auf die Wohnzimmercouch, Gordon aus London bezog mein Zimmer, und da er kaum deutsch sprach, radebrechte ich mich als Gastgeber, Dolmetscher (meine Eltern sprachen kein Englisch) und eben Ruderpartner durch das lange Karnevalswochenende, das in Benrath immer sehr intensiv im Verein gefeiert wurde.

Schon 1970 hatten die Cygnets die Benrather Ruderer animieren können, am »Head of the River« auf der Themse teilzunehmen, also dem bis dahin größten Achterrennen der Welt für Vereinsmannschaften. Zwei Jahre zuvor hatte der Deutschlandachter Gold in Mexiko gewonnen, und so titelte die ehrwürdige *TIMES* in ihrem Rennvorbericht im Sportteil: »A German Team of unknown potential« – »Eine deutsche Mannschaft unbekannter Stärke«. Das Besondere daran war, dass die Benrather die erste Mannschaft vom Kontinent waren, die nach dem Krieg wieder an diesem Rennen teilnahm. Als sich dann herausstellte, dass es nicht der Deutschlandachter war, sondern nur eine mäßig trainierte Studenten- und Schülermannschaft, die den Platz 153 im Rennen belegte, war man auf der Insel beruhigt. Bis heute haben die Benrather damit aber ihren festen Platz in der Chronik des Rennens, denn nach ihrer ersten Teilnahme 1970 sprach sich die Attraktivität des Rennens in Deutschland und den Nachbarländern rum und in der Folge starteten bis heute zahlreiche Teams vom Kontinent.

Ich war dann 1972 erstmals dabei, konnte mit der Benrather Mannschaft einen Platz um die 150 unter den fast 400 startenden Booten halten und gehörte dann auch in den Folgejahren zum Team. Nicht nur das, im Laufe der Jahre übernahm ich auch immer mehr die Organisation unserer Reisen nach London, und damit wurde der Gebrauch der englischen Sprache für mich langsam, aber stetig zur Gewohnheit.

Als ich dann später beruflich im Ausland Englisch als Arbeitssprache nutzen musste und auch nach und nach als Funktionär in den internationalen Rudersport hineinwuchs, war ich meinen nicht rudernden Eltern irgendwie dankbar, dass sie mit der Bereitschaft, 1972 als Gastfamilie einzutreten, bei mir eine wichtige Grundlage fürs spätere Leben geschaffen hatten. Denn nach dem Ruder-Rennen 1972 erlaubten sie mir, noch zwei weitere Wochen ganz allein in London bleiben zu dürfen, wo mich Gordon und seine Eltern beheimateten. In der damaligen Zeit für einen 16-Jährigen fürwahr keine Selbstverständlichkeit, schon gar nicht allein im damals durch die aktuelle Pop- und Jugendkultur quirligen London.

Noch heute besteht die Partnerschaft zwischen Benrath und den Cygnets, und einige der Freunde aus den frühen Tagen sind auch heute noch im Club an der Themse aktiv. Wann immer sich die Gelegenheit ergibt, trifft man sich hier oder auch dort, selbst wenn der Besuch eigentlich keinen ruderischen Anlass hat. Mit der Verständigung geht es dann oft über das »Sprachliche« hinaus, »Völkerverständigung« wird so im Sport und besonders im Rudern auf besondere Weise gelebt.

74. GRUND

Weil beim Rudern Bierdeckel ein Zahlungsmittel sind

Gut 25 Jahre nach unserem ersten Start beim »Head« in London beschloss der Freundeskreis, dem ich angehörte, mal wieder selber in London an den Start zu gehen. Inzwischen hatte man neben dem Hauptrennen auch einen Wettkampf für die Masters ins Leben gerufen, also die Herren im fortgeschrittenen Alter. Wir hatten allerdings zunächst die Ambition, doch noch mal beim großen »Head« anzutreten. Da in Benrath zu diesem Zeitpunkt kein rennfähiger Achter als Boot zur Verfügung stand, liehen wir uns zum Training auf dem Baldeneysee ein modernes Boot vom dortigen Ruder-Klub aus. Das wurde allerdings für das Rennen in London von einer anderen, jüngeren Mannschaft beansprucht, die wesentlich bessere Chancen auf einen guten Platz hatte als wir »Oldies«. Dankbar für die Trainingsmöglichkeit war es natürlich keine Frage, dass wir das Boot den Essenern überließen und wie gewohnt bei den Cygnets um ein Leihboot baten. Das entpuppte sich vor Ort aber als recht betagtes Schiff mit einigen technischen Macken, die uns im Rennen dann doch den ein oder anderen Platz kosteten.

1998 stand nun das 90. Jubiläum unseres Benrather Vereins an, und wir beschlossen, unserem Verein aus diesem Anlass einen modernen Achter zu spenden. Natürlich nicht ohne den Hintergedanken, den dann fortan auch in London selber nutzen zu können. Wir alle standen im Beruf, hatten ein entsprechendes Einkommen, und als Gemeinschaftsleistung sollten die benötigten rund DM 25.000

für ein gebrauchtes Boot zu erzielen sein. Wir wollten allerdings das gesamte Projekt zunächst geheim halten und den Verein überraschen. So kam es bei einem Vereinsfest im Sommer 1998 zu einem bis dahin einmaligen Projekt: Wir standen auf dem Bootshof zusammen, jeder hatte einen Bierdeckel in der Hand und jeder sollte einen Betrag darauf schreiben, den er bereit war, für das Projekt zu spenden. Alles lief quasi als »Verschwörung« ab, und natürlich galt auch, dass jeder sich der Ehrensache verpflichtete und den genannten Betrag auch tatsächlich für die Anschaffung des Bootes zur gegebenen Zeit in den Topf tat. Als nach wenigen Minuten alle zwölf Bierdeckel der Spendenwilligen wieder eingesammelt wurden, waren wir selber ein wenig überrascht. Insgesamt waren DM 36.000 zugesagt, und wir konnten uns nach einem geeigneten Boot umschauen.

Da ich zu dieser Zeit in die WM-Vorbereitungen in Köln eingebunden war und dadurch viele Kontakte in die Ruderwelt und auch zu Werften hatte, ging ich über diese Kanäle auf die Suche. Und tatsächlich bot mir die Empacher-Werft eines ihrer Top-Boote an, das nur auf der kurz zuvor stattfindenden Junioren-WM durch die USA für ein paar Trainingsfahrten und die Rennen genutzt worden war. Die Werft-Chefs Helmut und Rainer Empacher kamen uns im Preis noch etwas entgegen und schließlich brachten sie das Boot Mitte September mit nach Köln zur WM. Noch immer wusste im Verein in Benrath nur der eingeweihte Kreis etwas davon, denn das Jubiläum sollte erst Ende Oktober gefeiert werden, und da wollten wir das Boot dann als große Überraschung präsentieren. Eines unserer Teammitglieder verfügte in Benrath über eine größere Halle in seinem Betrieb, dorthin wurde das Schiff dann von Köln aus direkt im Dunkeln verbracht, damit in Benrath nicht zufällig jemand den Vereinshänger mit dem neuen Boot drauf sehen konnte. Unser inzwischen eingeweihter Vereinstrainer wurde während der WM über den Regattaplatz geschickt und kaufte den Australiern noch zehn passende Ruderriemen zu einem günstigen Preis ab, denn die wollten die Aussies nicht im Flugzeug wieder mit nach Hause nehmen.

Alles lief also planmäßig, und erst wenige Tage vor der Jubiläumsfeier weihten wir den geschäftsführenden Vereinsvorstand ein. Den drei Herren stand zunächst angesichts der hohen Anschaffungskosten der Schreck in den Augen. Aber als wir ihnen versicherten, dass wir mit der Bierdeckel-Aktion sämtliche Kosten würden tragen können und der Verein keinerlei Verpflichtung aus der Anschaffung des teuren Bootes übernehmen bräuchte, kam die Begeisterung beim Vorstand.

Am Abend vor der Jubiläumsfeier im Bootshaus wurde das Boot dann von uns in die vereinseigene Kegelbahn gebracht und für die obligatorische Taufe am nächsten Tag vorbereitet. Beim Festakt im großen Saal des Bootshauses ahnte noch immer keiner der gut 100 Gäste, dass da am Ende des offiziellen Programms noch etwas Besonderes folgen sollte. Erst als man alle nach draußen auf den Hof bat, der von der Kegelbahn aus direkt zugänglich war, setzte Erstaunen ein, denn eine Bootstaufe war wie sonst üblich nicht angekündigt. Als dann alle auf dem Hof standen, erklang Ravels *Bolero*, zu den Klängen der sich bekanntlich langsam steigernden Melodie durfte ich als Moderator die Vorgeschichte erzählen, und als Höhepunkt öffneten sich dann die Türen der Kegelbahn, und meine Bootskameraden trugen den neuen Achter auf den Hof. Die Überraschung war gelungen, denn die Anschaffung eines solchen Bootes im Wert eines Mittelklasse-Pkw konnten und können sich auch heute noch Vereine nicht alle Tage leisten. Das Boot wurde getauft auf den Namen »Half Way to Heaven«, auch in Verbundenheit zu unseren Londoner Ruderfreunden, die mit einer kleinen Delegation beim Jubiläum dabei waren.

Es war ein beeindruckender Tag für unseren kleinen Vorstadtverein, und dass uns dieses Projekt mit seinen vielen geheim zuhaltenden Gegebenheiten schlussendlich dann doch gelungen war, machte uns auch ein wenig stolz.

Zu den abgegebenen Zahlen auf den Bierdeckeln standen dann übrigens auch alle, Ruderer-Ehrenworte gelten halt auch, wenn sie auf Pappestücken geschrieben werden. Und im Laufe der Jahre hatten auch alle die Gelegenheit, in diesem Boot auf der Themse beim »Head« an den Start zu gehen. Noch heute ist es im Besitz der Ruder-Gesellschaft in Benrath und tritt alljährlich die Reise auf die Insel an. Dann allerdings nicht auf Bierdeckeln, sondern in einer eigens gefertigten Schutzhülle auf dem festen Bootshänger gelagert.

75. GRUND

Weil Bootsnamen auch mal kurios entstehen

Die Anschaffung des Achters als »Geheimsache« war also gelungen. Im Vorfeld der Taufe musste natürlich ein würdiger Name her. Bisher trugen die Vereinsachter meist den Namen »Schloss Benrath«, womit die Verbundenheit zur Heimatgemeinde und ihrem bedeutenden Gebäude zum Ausdruck gebracht wurde. Das war uns dann aber für dieses Projekt etwas zu »traditionell«, und so kamen auch andere Vorschläge auf den Tisch. Einer stammte von meinem inzwischen leider verstorbenen Freund aus Schulzeiten Harald. Er war bei einem früheren Spaziergang durch London nahe dem bekannten Trafalgar Square an einem Pub mit dem Namen »Half Way to Heaven« vorbeigekommen. Der »Halbe Weg zum Himmel« – das erschien uns dann für das besondere Projekt und unsere Ambitionen, mit diesem Boot zukünftig in London an den Start zu gehen, angemessen. Das Boot erhielt also diesen Namen und wurde, wie im vorherigen Grund beschrieben, feierlich getauft.

Als meine Frau und ich dann im nächsten Jahr mit meinem Bootskameraden »Mucha« und seiner Frau am Tag vor dem Rennen durch London spazierten, kamen wir an ebenjenem Pub vorbei. Der Start war am nächsten Tag erst am späteren Nachmittag vorgesehen, und da wir ja ohnehin keine Hochleistungssportler waren, wollten wir dort noch ein Absackerbier für die gute Nachtruhe trinken.

Mucha und ich steuerten also den Eingang des Pubs an, gingen hinein und merkten erst ein paar Sekunden später, dass man unsere Frauen am Eingang anhielt. Zwei durchaus attraktive, aber auch sichtbar durchsetzungsfähige Security-Damen hielten unsere Ehefrauen auf. Mucha und ich gingen wieder zurück und fragten nach dem Grund dafür. Eine der beiden Damen lächelte etwas verlegen und antwortete dann auf meine Frage: »Sorry Sir, this is a Gay-Pub. No Ladies! – Entschuldigung, Sir. Das ist eine Schwulen-Kneipe. Frauen sind nicht zugelassen!« Es dauerte eine Sekunde, bis uns die Bedeutung dieser Worte aufging, aber dann brachen wir alle vier in das aus, was man wohl neudeutsch einen Lachflash nennt. Wir hatten also unseren neuen Achter nach einem Pub für Homosexuelle benannt. Und sofort waren Mucha und ich uns einig, das vor dem Rennen erst mal für uns zu behalten. Wir hatten keine Zweifel, dass alle unsere Bootskameraden aufgeschlossen genug waren, um in dieser Tatsache keinen Makel zu sehen. Aber irgendwie wollten wir doch in Ruhe ohne die Wettkampfanspannung in die Gesichter schauen, wenn wir dieses Geheimnis lüfteten. Und wir waren sicher, dass Harald selber nicht in dem Pub war, denn sonst hätte er wohl trotz aller ihm eigenen offenen Einstellung zu diesen gesellschaftlichen Fragen diesen Namensvorschlag nicht gemacht.

Das Rennen lief, erstmals mit Top-Material am Start gelang es uns, die selbst gesteckte Rennzeit zu unterbieten, und es machte allen Spaß, in diesem »heißen« Rennboot die 6,8 km Strecke sowie die Rückfahrt zum Bootshaus der Cygnets zu bewältigen. Das Schiff wurde danach wieder in die Gurtböcke an Land gelegt, um es für die Rückfahrt auf dem Hänger vorzubereiten. Und genau da fragten dann Mucha und ich, ob es denn unseren Ruderkameraden auf den Rollsitzen nicht besonders »heiß« geworden sei, was ja umgangssprachlich für die Szene der Schwulen so benutzt wurde. Wir ernteten fragende Blicke und ein gewisses Maß an Unverständnis und fragten noch mal, wie man sich denn im Rennen so gefühlt habe. (Wir wollten keineswegs die homosexuelle Welt damit beleidigen, aber der Moment gab es halt so her.) Und bevor man uns dann ob der unerklärlichen Fragen endgültig für durchgedreht erklärte, lüfteten wir das Geheimnis und erzählten von unserem etwas verunglückten Pub-Besuch am Vorabend. Alle Hände unserer Ruderfreunde und der inzwischen dazugekommenen Begleitungen klatschten vor die jeweilige Stirn und sofort brachen alle wie wir vier am Vorabend in ein lautes Lachen aus. Damit hatte nun niemand gerechnet, und die Namensfindung wäre wohl auch anders ausgefallen, falls das vorher bekannt gewesen wäre.

Aber keine Sekunde lang kam der Gedanke an eine Neutaufe mit einem anderen Namen auf. Und bis heute fast 20 Jahre danach trägt der Achter noch immer den Namen »Half Way to Heaven«, und irgendwie sind wir auch alle ein wenig stolz darauf, mit diesem Namen unbewusst der späteren gesellschaftlichen Entwicklung lange vor der »Ehe für alle« ein Zeichen gegeben zu haben. Ob es das Pub in London noch gibt, habe ich schon längere Zeit nicht mehr nachgeprüft. Aber wann immer ich an den Hallen in Köln-Fühlingen vorbeikomme, wo der Achter zu Trainingszwecken weiterhin gelagert ist, statte ich ihm einen Besuch ab und lege die Hand auf die äußere Bootshaut. Anschaffung und Taufe waren doch ganz besondere Momente in meinem Ruder- und Vereinsleben.

76. GRUND

Weil man durch das Rudern fast unmögliche Dinge erreichen kann

Die Hassliebe zwischen Köln und Düsseldorf ist bekannt, auch, dass diese weit über den Karneval hinausgeht. Siege der Derbys im Fußball oder Eishockey werden jeweils in der betreffenden Stadt ganz besonders gefeiert, Ruderer sehen das etwas entspannter. Will man aus dem Süden kommend bei einer Fahrt im Ruderboot bis ins rechtsrheinische Düsseldorf gelangen, muss man halt an der Stadt mit dem Dom auf der linken Rheinseite zwangsläufig vorbei. Ein wenig hilft dabei, dass man wegen der vielen Wellen und der Fahrgastschiffe entlang der linken Kölner Rheinfront diese Passage des Stroms aus Sicherheitsgründen besser am rechten Ufer bewältigt.

Nun wurde aber der Deutsche Ruderverband 1883 in der guten Stube der Stadt Köln, dem Gürzenich, gegründet. Und seitdem hat er alle seine großen Jubiläen auch genau dort gefeiert. Höhepunkt war die 100-Jahr-Feier mit vielen großen Programmpunkten, die sich auf vier Tage verteilten. Damals war ich noch als junger Journalist dabei, der über die Festakademie mit vielen namhaften Wissenschaftlern und Sportpersönlichkeiten dieser Tage und auch über die Plenumstagung des Verbandes im Fachmagazin berichten durfte.

25 Jahre später war ich dann eng eingebunden in die Organisation des 125. Jubiläums. Ausrichter war wie schon die Jahre zuvor der Kölner Regatta-Verband, dem ich durch die Zusammenarbeit anlässlich der Ruder-WM 1998 besonders verbunden war. Der bat mich dann auch, die große Jubiläumsgala am Samstagabend eben im Gürzenich zu moderieren. Der imposante Saal ist vielen sicher aus dem Fernsehen von den Übertragungen der großen Karnevalssitzung bekannt. Und genau diese Bühnendekoration hatte man 2008 stehen gelassen. Sie zeigte das Kölner Stadtbild und war entsprechend dekorativ, passte somit auch zum Jubiläum der Ruderer. Der Zufall wollte es, dass die Gala genau an meinem Geburtstag stattfand, also stand ich als Düsseldorfer an meinem eigenen Ehrentag auf der bekanntesten und traditionsreichsten Bühne der Stadt Köln, führte durch das mehrstündige Show- und Musikprogramm. Ein tolles Erlebnis mit besonders rheinischem Flair.

Im Vorfeld war mir die Gürzenich-Verwaltung besonders entgegengekommen. Dass die Gala bis in die frühen Morgenstunden dauern würde, war schon vorher klar. Am nächsten Morgen war dann der offizielle Festakt des Verbandes im selben Saal vorgesehen. Angesagt waren u.a. der damalige Bundesinnen- und Sportminister Wolfgang Schäuble und sein Finanzkollege Peer Steinbrück. Es war ja ein Olympiajahr, und beide wollten in der feierlichen Atmosphäre des Jubiläums an dieser prestigeträchtigen Stätte die aktuellen Olympia-Briefmarken vorstellen. Auf einer war auch der Deutschlandachter zu sehen. Und in die ganze Organisation dieser Dinge war ich mit eingebunden.

Für mich hieß das, moderieren bis ca. 2 Uhr und um 7 Uhr wieder im Saal bei den Vorbereitungen für den Festakt dabei sein. Für ca. drei Stunden Schlaf extra ins Hotel zu fahren, erschien wenig effektiv, also fragte ich die Gürzenich-Verwaltung, ob es nicht eine Übernachtungsmöglichkeit im Hause gäbe. Wohl ein bisschen naiv, denn der Gürzenich ist zwar ein ehrwürdiges Gemäuer, aber eben kein Hotel. Entsprechend fiel zunächst die Antwort der Gürzenich-Verwaltung aus, dann kam das aber: »Wenn Sie es nicht weitersagen, dann bringen Sie sich ein Kissen und eine Decke mit. Sie bekommen die große Künstlergarderobe, da ist ein Sofa drin und auch ein Duschbad angebaut. Solange Sie nicht rauchen oder sonst wie etwas machen, was uns Probleme mit der Feuerwehr bringen könnte, bleiben Sie halt in der Garderobe und sind morgens dann wieder im Saal.« Nach zehn Jahren dürfte diese großzügige Auslegung der Hausregeln sicher verjährt sein, weshalb ich ihn hier auch erwähnen darf. Übernachten im Gürzenich also unmöglich, Bleiben in der Künstlergarderobe aber von »Auftritt bis Auftritt« durchaus machbar. Und das für einen Düsseldorfer.

77. GRUND

Weil Rudern den Grenzübertritt beschleunigen kann

Jeder etwas ältere Ruderer kann Geschichten, Anekdoten und Erlebnisse auf und am Wasser erzählen, der Fundus dafür scheint unerschöpflich. Durch meine vielen Reisen in Sachen Rudern ist das auch bei mir so. Trotzdem soll sich hier das Kapitel mit persönlichen Anekdoten erst mal schließen.

Für viele junge Ruderer in Berlin mag es schwer vorzustellen sein, dass über vier Jahrzehnte die Bewegungsfreiheit auf den Gewässern der Stadt durch die Grenze zur DDR sehr eingeschränkt war. Heute sind viele Rund- und Querfahrten durch die Bundeshauptstadt möglich, an die von 1949 bis 1989 gar nicht zu denken war.

Und was für die Wasserwege galt, wurde auf Straßen und Plätzen in diesen Jahren noch viel restriktiver umgesetzt. Wollte man als Westdeutscher ohne lange vorherige Formalitäten Ost-Berlin besuchen, ging das zwar, aber nur mit einem jeweils für einen Tag gültigen Visum. Spätestens um Mitternacht musste man wieder ausgereist sein, und das über genau zugewiesene Grenzübertrittsstellen, an denen die Mauer zwar durchbrochen, aber durch viele Sperren, Schlagbäume und Beamte bewacht wurde.

1985 hatte ich bereits einige Besuche für das westdeutsche Ruderfachmagazin *RUDERSPORT* hinter mir. Ein »Ostblock-Einsatz« war allerdings noch nicht dabei. Doch gerade in den 70er- und 80er-Jahren blühte der DDR- und der UdSSR-Rudersport auf, auch Rumänien dominierte mit seinen Ruderinnen die Frauen-Klassen. Und in Berlin-Grünau, der im Osten gelegenen Olympia-Regattastrecke von 1936, veranstaltete der DDR-Ruder-Verband alljährlich eine große internationale Regatta, bei der sich die Elite des Rudersports traf. Auch der westdeutsche DRV hatte eine Einladung erhalten, war also 1985 mit dabei. Grund genug für den *RUDER-*

SPORT-Chefredakteur Rolf Ziel, eine Berichterstattung über die Regatta einzuplanen. Das Problem war aber, dass er selber 1959 die DDR nach deren Maßstäben »illegal« verlassen hatte, womit ihm also auch fast 30 Jahre später große Unannehmlichkeiten bei einer Einreise in die DDR drohten. Also sprach Rolf mich an, ob ich an einem solchen Einsatz Interesse hätte. Hatte ich und durch vorherige Besuche bei entfernten Verwandten meiner Frau nahe Leipzig auch schon ein wenig »DDR-Erfahrung«.

Um die zeitraubenden Kontrollen auf der Transit-Autobahn zu umgehen, flog ich nach Berlin, nahm dort einen Leihwagen und fuhr also am ersten Regattatag, dem Samstag, auf die Grenze zu. Die Warteschlange war nicht allzu lang, nach rund 15 Minuten kam ich in die erste Kontrolle. Pass abgeben, ein paar Fragen zum Besuchsgrund beantworten, dann der damals obligatorische Umtausch von DM 25/Tag in die DDR-Mark folgten. Wieder im Auto sitzend wurde ich zum nächsten Punkt dirigiert, wo das Fahrzeug und meine Tasche mit Reiseschreibmaschine und den zum Arbeiten notwendigen Unterlagen einer gründlichen Kontrolle unterzogen wurden. Inzwischen waren rund 45 Minuten vergangen. In der Tasche befanden sich auch ein paar *RUDERSPORT*-Ausgaben als Nachschlagewerke für die Abfassung des Berichtes. Nun war es aber streng untersagt, Zeitschriften jeglicher Art vom Westen aus mit in die DDR zu bringen. Meine Hefte wurden demnach mehrfach durchgeblättert, und ich musste ausführlich erklären, dass ich das Material für den Besuch der Regatta in Grünau benötigen würde. Schließlich fiel mir ein, dass der damalige DDR-Ruder-Präsident Wilfried Hofmann mich kannte und er selber hoher Beamter in Ostberlin war. Ich bat darum, ihn in Grünau anzurufen, um meine Tätigkeiten für den Sport zu verifizieren. Irgendwie merkte ich, dass der kontrollierende Beamte durchaus Sport- und Ruderinteressiert war und zwischen strenger und großzügiger Auslegung des Zeitschrifteninhalts schwankte. Mit den Heften ging er dann in seine Grenzbaracke. Nach einer guten Viertelstunde kam er wieder heraus, schaute noch mal gründlich in meinen Wagen, händigte mir die Hefte wieder aus und wünschte ohne weitere Erklärungen einen schönen Tag in Grünau auf der Ruderregatta. Ich war also durch, hatte rund eineinhalb Stunden für den Grenzübertritt gebraucht. Am zweiten Tag, dem Sonntag, wiederholte sich die Prozedur, aber da war ich dann schon als »der Ruderjournalist aus dem Westen« bekannt, es dauerte nur noch eine Stunde, und der Teil mit der Kontrolle der Zeitschriften entfiel.

Nun ist ja inzwischen bekannt, dass die Staatssicherheit der DDR über alle Vorgänge genau Buch führte und über entsprechende Personen Berichte anfertigte. Als ich dann in den folgenden Jahren jeweils an diesen Kontrollpunkt kam, ging es spürbar immer flotter mit der Abfertigung. 1988 standen die Olympischen Spiele auf dem Programm, an denen die DDR ja nach dem Boykott 1984 wieder teilnehmen wollte. Als ich an die Grenze kam, wurde ich gleich zum Geldwechsel geschickt, danach kontrollierte ein Beamter mein Fahrzeug, während ich mich mit einem anderen fast locker und ungezwungen über die Lage im Weltrudersport und die Chancen der DDR-Teams unterhielt. Ruder-Zeitschriften hatte ich auch dabei, aber das wurde gar nicht mehr registriert.

1989, lange bevor sich die späteren Ereignisse in Ungarn, Prag oder rund um den 9. November abzeichneten, kam ich wieder an den Kontrollpunkt. Der Zufall wollte es, dass ich dort genau von dem Beamten empfangen wurde, mit dem ich mich ein Jahr zuvor so angeregt über den Rudersport unterhalten hatte. Der erkannte mich auch sofort und meinte: »Ach, ist wieder Regatta in Grünau. Dann gehen Sie mal zum Geldwechsel und kommen direkt zurück.« Meinen Pass nahm er an sich, und als ich nach zehn Minuten zurückkam, hatte er ihn immer noch in der Hand. Aber entgegen den früheren Verfahren gab er ihn mir gleich wieder in die Hand, schaute kurz in das Auto und wünschte eine gute Weiterfahrt. Der Pass war bereits abgestempelt, alle übrigen Kontrollen entfielen, und nach rund 15 Minuten war ich schon auf dem Weg vorbei am Berliner Ostbahnhof Richtung Grünau.

Beim ersten Mal eineinhalb Stunden, nun plötzlich nur noch wenige Minuten – irgendwie war ich schon erstaunt, dass man die »Eiserne Grenze« durch den Rudersport fast vergessen konnte. Als dann wenige Monate später die Mauer fiel, sich diese Grenze gänzlich öffnete und dann auch bald verschwand, wurde mir irgendwie bewusst, dass ich ein wenig dieser Veränderung der Weltgeschichte ganz persönlich habe erleben dürfen.

9. KAPITEL

NICHT NUR AUF DEM WASSER

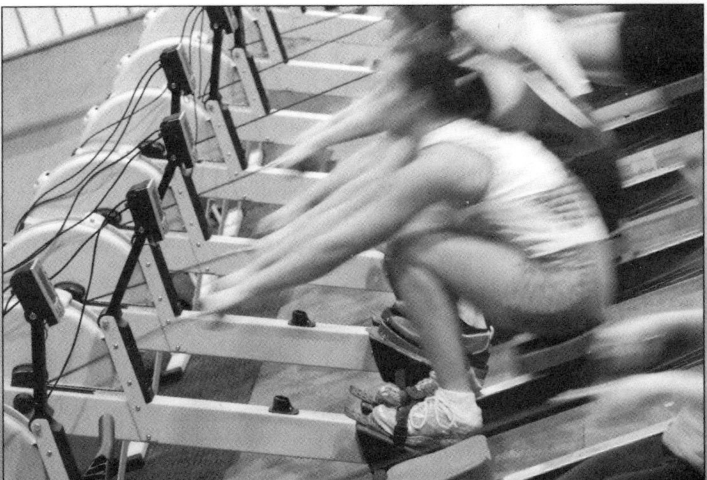

Weil man auch auf dem Trockenen rudern kann

Rudern ist von jeher ein Teamsport, der vor allem in der freien Natur ausgeübt wird. Für ein regelmäßiges Training setzt das natürlich voraus, dass immer genügend Aktive für die Besetzung eines Bootes zugegen sind und das Wetter mitspielt. Ist das nicht der Fall, muss man sich nach alternativen Möglichkeiten umsehen. Bis in die 1980er-Jahre war das zumindest für die Bewegungsform im Rudern relativ schwierig. Laufen, Radfahren oder Gewichte stemmen in der Halle kamen infrage, aber für die Körperkoordination und den Ablauf des Ruderschlages war das kaum hilfreich. Zwar gab es die Ruderbecken, in denen das Wasser in einen Kreislauf versetzt wurde, aber das richtige Bootsgefühl wollte da nicht aufkommen. Erste Ruderergometer mit Hebelmechanik und Stoßdämpfern als Widerstand kamen auf den Markt, aber für das technische Training waren die eher kontraproduktiv.

1976 planten Dick und Peter Dreissigacker die Teilnahme an den Olympischen Spielen von Montreal, schafften aber am Ende nicht die nationale Qualifikation für die USA. Doch neben dem Training widmeten sich die beiden auch der Technik des Materials. Sie entwickelten die ersten Ruderriemen aus Kohlefaser. Bisher waren Skulls und Riemen meist aus Holz gefertigt und entsprechend schwer. Der Zug durchs Wasser und das Zurückführen in der Luft forderten einiges an Kraft. Die Gewichtsersparnis durch die Verwendung von Kunststoff sollte sich fortan durchsetzen und ist heute der Standard im Rudersport.

Dick und Peter gründeten die Firma Concept2, nach und nach setzten sich ihre Ruderriemen und -skulls weltweit durch. Doch ein Problem lag den beiden noch vor dem Absatz, das Wintertraining. Ergometer auf der Basis von Fahrrädern gab es bereits, und so bastelte Peter Anfang 1981 aus seinem alten Fahrrad, dessen Sattel und

Lenker er auf den Hallenboden festnagelte, das erste Ruderergometer. Schon im Herbst war das A-Modell mit einer Fahrradfelge als Schwungrad marktreif, und bereits 1982 hatte sich das Gerät derart etabliert, dass man beim CRASH-B-Club in Boston an die Austragung von Wettkämpfen auf den Ergometern dachte. (Dazu dann in einem späteren Grund etwas mehr).

1986 hatte Concept2 zwölf Angestellte und lieferte in die ganze Welt. Das B-Modell des »Ergo« wurde vorgestellt. Mit diesem völlig überarbeiteten Gerät gelang endgültig der Durchbruch in diesem Marktsegment. Das Schwungrad war aus einem leichten Metall, hatte zwei Zahnräder für unterschiedliche Belastungen und die Zirkulation der Luft als Widerstand für das Schwungrad konnte zusätzlich für den nötigen Krafteinsatz mit einem Schieber am umgebenden Käfig reguliert werden. Und dazu hatte das Gerät einen kleinen Monitor, der die Radumdrehungen in Meter oder Watt umrechnete, dazu die Schlagzahl anzeigte und auch jeweils eine 500-Meter-Zeit als Referenz bot. In den kommenden Jahren gab es kaum noch einen Ruderclub in der Welt, der nicht über mindestens eines der Geräte verfügte.

Peter und Dick Dreissigacker ruhten sich aber nicht auf dem Erfolg aus. 1991 entwickeln sie für ihre Riemen und Skulls das asymmetrische Ruderblatt, »Big Blade« genannt. Schon bei den Spielen 1992 wird es von fast allen Top-Teams gefahren. Und auch das Ruderergo wurde immer weiterentwickelt. Es folgten das C-, D- und E-Modell, das laute Geräusch des B-Modells durch die Luftbewegung wird inzwischen durch einen Käfig gedämpft. Das einfache Display als Anzeige wich einem Kleincomputer mit erheblich erweiterter Funktion. Und dazu wurde auch ein Schienensystem entwickelt, auf dem zwei oder mehr Ergometer gekoppelt werden können, um die Synchronität einer Mannschaft zu trainieren.

»Auf dem Trockenen rudern«, das hat die Erfindung der Gebrüder Dreissigacker nicht nur möglich gemacht, sondern die Welt des Ruderns ein Stück weit revolutioniert. In Rudervereinen entstanden eigene Räume mit einer ganzen Reihe von Ruderergometern. Im Zuge der Fitnesswelle zogen die Concept2-Geräte auch weltweit in viele Studios und Fitnessräume in Hotels oder anderen Einrichtungen ein. Freunde hat das »Trockenrudern« auch bei Sportlerinnen und Sportlern gefunden, die noch nie in einem Ruderboot auf dem Wasser waren.

Das Gefühl eines durch das Wasser gleitenden Bootes kann das Ergo nicht simulieren, aber für die Fitness und das Training ist es selbst in den kleinsten Vereinen heute unersetzlich.

79. GRUND

Weil Ruder-Ergometer individuelle Leistungen vergleichbar machen

Nach welchen Kriterien man eine starke Mannschaft für einen Vierer oder Achter zusammenstellt, war Jahrzehnte das große Geheimnis der Erfolgstrainer. Sie schauten in zahllosen Trainingseinheiten auf den Lauf des Bootes, die Harmonie der Bewegung im Mannschaftsgefüge und stoppten mit der Hand immer wieder die Zeiten über eine festgelegte Strecke, um Vergleichswerte zu erhalten. Immer wieder wurden Mannschaften umbesetzt, um die schnellste Formation zu finden, die dann am Ende um die WM- oder Olympia-Medaillen kämpfen sollte.

Als im Laufe der 1960er- und 70er-Jahre der Konkurrenzkampf international immer größer wurde, wollte und konnte man die personellen Entscheidungen auf einer besseren Grundlage setzen, denn Sport als medizinische Wissenschaft etablierte sich immer mehr. Für die Ruderer hieß das zunächst, neben dem bisherigen Training im Boot, beim Laufen, in der Sporthalle und dem Hantelkeller auch auf die Fahrradergometer zu steigen. Mit einer Klammer auf der Nase, einem Atemmundstück wie ein Taucher ausgerüstet und per Elektroden an einem EKG-Gerät angeschlossen, wurde gestrampelt, wurden Belastungskurven rauf und runter gefahren und so objektive Messwerte ermittelt, die eine Selektion für die Trainer unterstützen sollte. Das war natürlich aufwendig und erforderte ein umfassend ausgerüstetes medizinisches Labor für die Leistungsdiagnostik. Heute ist diese Disziplin der Medizin aus dem Sport nicht mehr wegzudenken. In den Leistungszentren für die Kaderathletinnen und -athleten stehen permanent Ärzte und wissenschaftliche Mitarbeiter zur Verfügung, die sich ausschließlich mit dieser Fakultät beschäftigen. Inzwischen haben sich angepasste Formen dieser sportlichen Messungen auch in der Rehabilitation für Herz- und Krebspatienten bewährt. Nicht selten kommen dabei auch die Ruder-Ergometer zum Einsatz.

Mit ihm zog quasi diese Form der Mannschaftsfindung auch in die Vereine ein. Über die vom angeschlossenen Display angezeigten Werte lassen sich über eine festgelegte Strecke oder eine eingestellte Zeit die Leistungskurven der Aktiven unbestechlich ermitteln. Die Referenzzeiten über die 500 Meter geben erste Aufschlüsse über die Leistungsfähigkeit, die angezeigten Watt als Einheit für die Leistung trennen die starken von den schwächeren Athleten. Das aber ist längst nicht mehr das einzige Kriterium, denn die modernen Geräte zeigen inzwischen auch den Kraftverlauf innerhalb eines Ruderdurchzugs an und schaffen über eine Reihe von weiteren Daten für jeden Trainer weitreichende Erkenntnisse über seine einzelnen Athletinnen und Athleten. Sie ermöglichen schon im Wintertraining, wenn das Rudern auf dem Wasser durch die kalte Witterung nur eingeschränkt möglich ist, die Bewegung und den Krafteinsatz im Ruderschlag innerhalb einer Mannschaft zu harmonisieren. Und manchmal zeigt sich dabei auch, dass nicht unbedingt die Stärksten den schnellen Lauf eines Boots ausmachen. Längst gehören Vorgaben bei den Leistungsparametern auf dem Ergo zum Trainingsalltag, sind nicht selten auch Schwelle für den Einstieg in eine ambitionierte Trainingsgruppe oder den Kader für die Nationalmannschaften.

Aber nicht nur im Hochleistungssport, sondern auch schon in der Ausbildung von Ruderanfängern hilft der Ruder-Ergo beim individuellen Training. Hier können die Ruderlehrer in den Vereinen schon im Winter mit den Neulingen die ersten Abläufe eines Ruderschlages und die Koordination des Körpers einüben. Lange bevor es zum ersten Mal ins Boot geht, ist ein gewisses Gefühl für die Sportart vorhanden, und die Ausbildung auf dem Wasser kann dann meist schneller und gezielter ablaufen. Umso schneller stellt sich dann bei den Anfängern die Begeisterung fürs Rudern ein.

80. GRUND

Weil man Rudern auch im eigenen Haus betreiben kann

In jedem Rudererleben kommt der Punkt, da hat man einfach nicht mehr die Zeit für das regelmäßige Training vom Bootshaus aus. Familie, Beruf oder der nicht rudernde Freundeskreis stehen im Vordergrund, und die drei bis vier Stunden, die eine Ausfahrt mit An- und Abreise zum Bootshaus sowie der Fahrt selber meist kostet, sind einfach nicht mehr im Terminkalender unterzubringen.

Doch das ist längst kein Grund mehr, auf die ganzkörperliche Übungseinheit zu verzichten. Dem Ergo sei Dank, denn was in Vereinen und Fitnesscentern zum Angebot gehört, ist auch für den privaten Haushalt erschwinglich. Mancher hat dafür einen eigenen Fitnessraum im hauseigenen Keller installiert, es reicht aber auch eine etwa ein mal zwei Meter große Ecke in der Junggesellenbude. Da passt ein Ruder-Ergo bequem hin, und die modernen Geräte können zwischendurch auch platzsparend zusammengeklappt und hochkant gelagert werden, wenn es die eigene Wohnungseinrichtung erfordert.

Geräte von verschiedenen Herstellern gibt es bereits ab etwa 1.000 Euro. Sie verfügen über ein Display mit allen notwendigen

Anzeigen. Und die etwas teureren Geräte mit dem installierten Kleincomputer bieten zusätzlich die Möglichkeit, gegen virtuelle Gegner anzutreten oder spielerisch Fischen hinterherzujagen. Wie bei den Geräten, die auch im Hochleistungstraining zum Einsatz kommen, kann man hier ganz individuell trainieren, seine Übungseinheit auf z.B. einer Chipkarte oder einem USB-Stick aufzeichnen und so selber den Trainingsfortschritt kontrollieren.

Marktführer Concept2 bietet auf seinen Internetseiten komplette Trainingskonzepte an, egal, ob man nur ein paar Kilo abnehmen, dauerhaft seine Fitness verbessern oder sich gar auf einen Wettkampf vorbereiten möchte. Angepasst für jedes Alter und jeden Trainingszustand gibt es hier die entsprechenden Empfehlungen für die ganz individuellen Trainingsformen. Und natürlich finden sich hier auch viele Abbildungen für die richtige Technik, um Rücken und Gelenke zu schonen und sich nicht durch falsche Belastung unangenehme Verspannungen oder Überbelastungen einzuhandeln.

Rudern als eine der besten Sportarten für ein ganzkörperliches Training wurde schon in einem frühen Grund in diesem Buch vorgestellt. Wer aber keinen Ruderverein in seiner Nähe hat oder aus anderen Gründen sein Workout lieber in heimischen Räumen absolvieren möchte, findet mit einem Ruder-Ergo alles, was dafür notwendig ist.

81. GRUND

Weil man sich von zu Hause aus mit der ganzen Welt messen kann

Manchmal ist es ja ganz schön, so ganz alleine einen Spaziergang zu machen, eine Runde durch den Wald zu joggen oder eben auch auf dem Ruder-Ergo seine Trainingseinheit im eigenen Heim zu absolvieren. Das macht nach einem stressigen Tag im Job den Kopf frei, ordnet die Gedanken und motiviert für kommende Aufgaben.

Aber eine der Grundlagen des Sports ist nun mal der Wettkampf und der Vergleich mit anderen. Dabei muss es ja nicht gleich um Medaillen und Titel gehen. Auch der kleine Spurt am Ende der Joggingrunde, mit dem man den Laufpartnern dann doch noch ein paar Meter abnimmt, kann zum Erfolgserlebnis oder zum Ansporn für das eigene Sportempfinden werden. Natürlich alles sportlich freundschaftlich fair und so, dass jeder Partner nicht die Lust am gemeinsamen Training verliert.

Wer nun auf die Herausforderung auf dem Ruder-Ergo vom heimischen Trainingsraum aus nicht verzichten möchte, kann sich mit Aktiven aus der ganzen Welt messen. Notwendig dafür ist eine Anmeldung auf der weltweiten Concept2-Internetseite. Hier kann man per Hand oder bei den neueren Geräten über den benutzten USB-Stick die eigenen Trainingsdaten in eine Datenbank eingeben. Die Auswertungen dieser Daten sind vielfältig. Neben der Kontrolle des eigenen Trainingsfortschrittes werden auch Rankings über die verschiedenen Altersklassen erstellt, getrennt nach Leichtgewichts- und offener Klasse. Die elektronische Aufzeichnung der Daten ermöglicht die Erstellung ganz individueller Leistungskurven und Auswertungen, mit denen man Stärken und Schwächen erkennen kann. Selbstverständlich ist dabei heute auch die Messung der Herzfrequenz über entsprechende Brustgurte. Die Signale werden vom Monitor auf dem Ergometer erkannt und direkt auf dem Display angezeigt und für die weitere Auswertung aufgezeichnet.

Neben den Leistungsdaten werden zudem die virtuell zurückgelegten Kilometer festgehalten, und je nach Anzahl kann man u.a. in einen »1-Million-Meter-Club« aufgenommen werden, was einer Leistung von immerhin 1.000 Kilometern entspricht. Und das ist keine Hürde für Hochleistungsathleten, sondern eine Distanz, die man mit etwas Engagement in ein bis zwei Jahren auch als Hobbyruderer problemlos schaffen kann.

Längst gehören die sozialen Netzwerke zum Ergo-Rudern dazu. Wer den Katzenbildern oder den Abbildungen der zuletzt eingenommenen Mahlzeit nicht viel abgewinnt, der kann jederzeit z.B. über Facebook die ganze Welt an seinem täglichen oder wöchentlichen Workout teilhaben lassen.

Kann, wohlgemerkt, nicht muss! Denn Wettkampf und Vergleiche mit anderen Gleichgesinnten mag das Ziel für viele sein. Mancher ist aber auch schon zufrieden, wenn er die Wirkung des regelmäßigen Trainings ganz individuell vor dem eigenen Spiegel in Augenschein nehmen kann.

82. GRUND

Weil Ergo-Rudern in der Gruppe noch mehr Spaß macht

Für manchen älteren Ruderrecken mag es ungewohnt sein, wenn aus dem Trainingsraum im Bootshaus laute, fetzige Musik schallt. Doch was spätestens mit der Aerobic-Welle nach Europa schwappte, hat längst nicht vor den Kraft- und Ergometer-Räumen der heimischen Bootshäuser haltgemacht. Eine(r) macht vor und eine ganze Gruppe von Sportlerinnen und Sportlern tut es ihm oder ihr gleich. Work-out wird es neudeutsch genannt, und das Gruppenerlebnis erleichtert so manche Trainingsstunde.

Acht, zehn oder mehr Ergometer stehen im Halbkreis um ein einzelnes Ergometer herum. Auf dem sitzt ein Trainer oder eine Trainerin, ausgestattet mit Mikrofon für die Kommandos. Im Rhythmus der Musik wird gemeinsam gestartet, zunächst meist langsam mit niedriger Schlagfrequenz zum Aufwärmen. Gute Übungsleiter haben zur Vorbereitung der Trainingseinheit verschiedene Musikstücke gemixt, und je nach Intensität der Belastung wechseln die Beats von ruhig auf schnell und fetzig. Gerade am Anfang soll eine Überbelastung des Herz-Kreislauf-Systems vermieden werden.

Deshalb kann jeder die Schlagfrequenz einhalten, die eingesetzte Kraft aber über den Zug am Griff und ggfs. auch über die Länge des Schlages dosieren. Die Kommandos für den Rhythmuswechsel kommen vom Trainer über das Mikrofon, und schnell fühlt man sich wie im Boot von einem Steuermann über die Ruderstrecke dirigiert.

Je länger die Trainingseinheit dauert, umso intensiver wird der Körper beansprucht. Gute Trainer haben dabei einen Blick für ihre Gruppe, sehen und korrigieren etwaige Haltungsfehler, animieren zu etwas mehr Einsatz und bringen auch immer wieder Ruhe- und Erholungsphasen ein. Schließlich soll neben der Fitnessarbeit auch der Spaß nicht zu kurz kommen.

Am Anfang für eine noch untrainierte Gruppe reichen schon 10 bis 15 Minuten im zurückhaltendem Tempo mit mäßigem Krafteinsatz, um den Schweiß im Strömen fließen zu lassen. Doch je öfter man zusammenkommt, umso mehr stellt sich ein Trainingseffekt ein, und schon bald reicht die Kondition für 20 oder 30 Minuten aus. Am Display kann man schnell sehen, dass sich die Anzeigen für die eigene Leistung und die während der Trainingszeit zurückgelegten virtuellen Kilometer immer mehr steigern. Genügend Gesprächsstoff für das Après-Rudern wird also gleich mitgeliefert.

Gerade in den kalten Wintermonaten bieten viele Vereine diese Form des gemeinsamen Trainings an. Wenn es dann im Frühjahr wieder in die Boote geht, übertragen sich Fitness und Gruppendynamik problemlos auf die gemeinsame Ausfahrt mit Skulls und Riemen. Vielleicht fehlt dann etwas die laute Musik, aber der nächste Winter kommt bestimmt.

Weil Rudern in der Halle ein großer Event sein kann

Kommen wir vom individuellen Fitnesstraining zu Hause oder im Verein noch mal zurück auf den Ergometer-Wettkampf im größeren Stil. Eine Regatta auf dem Wasser und wie sie abläuft war schon lange den Athletinnen und Athleten in Fleisch und Blut übergegangen. Dass man sich aber auch auf einer Maschine nach ähnlichen Maßstäben im Wettkampf auseinandersetzen kann, war Anfang der 1980er-Jahre zunächst völlig neu.

Kaum hatten die Gebrüder Dreissigacker ihre ersten Ruderergometer vorgestellt, kam aus Boston vom dortigen CRASH-B-Club die Anfrage, ob man mehrere Maschinen für einen Wettkampf erhalten könne. 1982 fand die erste Indoor-Regatta statt, und der Siegeszug des Ergometer-Ruderns begann. Im Laufe der Jahre etablierte sich der Event im Nordosten der USA immer mehr, Boston wurde zum Mekka der Ergoaktiven. Die Teilnehmerzahlen wuchsen, und schon bald reisten alljährlich im Februar rund 2000 Aktive aus aller Welt an, um in den verschiedenen Leistungs- und Altersklassen um den inoffiziellen Weltmeistertitel zu kämpfen. Als Siegerpreis gab es jeweils den CRASH-B-Hammer, eine Trophäe, die sich manche Ruderin oder Ruderer mit Stolz gleich neben den errungenen Medaillen in den Schrank legte. Es stellte sich aber auch schnell heraus, dass die Weltmeister und Olympiasieger der Wassersaison meist das Nachsehen hatten. Krafteinsatz und Taktik spielten eine große Rolle, und viele Mannschaftsathleten kamen da ganz allein auf sich gestellt an ihre Grenzen. Das ist auch bis heute so geblieben. Es gibt auf der ganzen Welt Spezialisten, die sich nie für ein Nationalmannschaftsboot haben qualifizieren können, beim Ergometer-Rudern aber stets die Preise abräumen.

Nach dem Vorbild der Veranstaltung in Boston entwickelten sich überall auf der Welt solche Indoor-Regatten. Je mehr Nachfrage herrschte, umso weiter wurde auch die Technik der Ergometer-Displays verfeinert. War am Anfang noch jedes Ergometer autark »unterwegs«, wurden schon bald die Geräte miteinander gekoppelt. So wurde für jeden Teilnehmer sichtbar, wo er in dem virtuellen Rennen gerade lag. Das interessierte aber auch die Zuschauer auf den Tribünen der Hallen. Und so wurde eine Software programmiert, die über einen handelsüblichen PC eine Regattastrecke visualisiert, auf der sich die einzelnen Teilnehmer mit bewegenden Booten wiederfinden. So kam ein richtiges Regattagefühl bei den Fans auf, und aufgepeppt mit Showelementen wie lauter Musik und greller Beleuchtung sind heute die Indoor-Events eine Art Kult in der Ruderszene geworden.

National gibt es inzwischen auf dieser Basis zahlreiche Veranstaltungen mit Pokalrunden bis hin zu offiziellen Meisterschaften. Aber es geht auch deutlich kleiner, zahlreiche Vereine in Deutschland veranstalten für ihre Mitglieder oder die Nachbarvereine ihrer Region Ergometer-Events, die im Laufe der Jahre einen festen Teilnehmerkreis gefunden haben. International werden unter der Leitung des Weltverbandes ganz offiziell Kontinentale und Weltmeisterschaften ausgetragen. Nach 36 jährlichen Events in Boston um die Welttitel wurde die Veranstaltung erstmals 2018 nach Alexandria in Virginia verlegt. Aber auch hier schickten genau wie der Deutsche Ruderverband viele nationale Organisationen ihre Besten in die Wettbewerbe.

Am Anfang war das Rad, draus geworden ist im Rudern eine ganz eigene Szene mit einer Dynamik, die Fans und Zuschauer von ganz alleine mitreißt. Das Indoor-Rudern hat inzwischen auch Einzug in den internationalen Weltsport der Behinderten gefunden, und das Ende der Entwicklung scheint damit noch nicht erreicht. Das Rudern auf dem Wasser wird es sicher nie ersetzen, aber für viele Aktive ist es ein attraktiver Teil ihres sportlichen Lebens geworden.

10. KAPITEL

NATUR UND GEWÄSSER OHNE GRENZEN

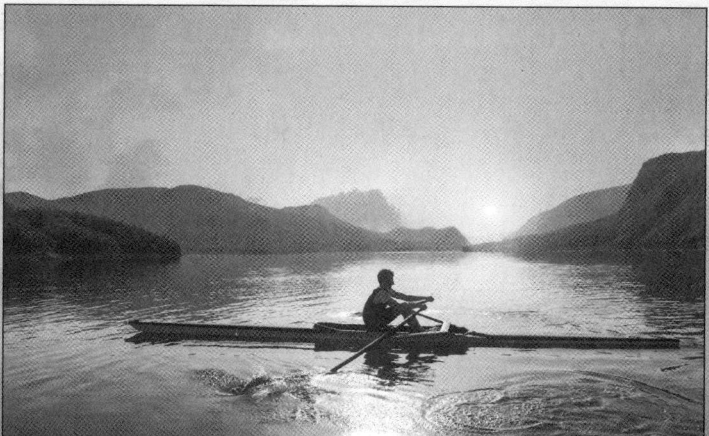

84. GRUND

Weil Rudern ein Ganzjahressport ist

»Und was machst du im Winter so?« Diese Frage mussten sich Ruderinnen und Ruderer in früheren Jahren öfter anhören. Da waren die Winter in unseren Gefilden allerdings auch noch wesentlich kälter, schneereicher und länger, als wir es im Zeitalter des Klimawandels heute feststellen müssen. Da blieb dann meist nur die Sporthalle, der Hantelkeller oder das Ruderbecken, wenn man sich sportlich fit halten wollte. Und wenn es dann so langsam im Frühjahr wieder etwas wärmer wurde und das Tageslicht auch nach 18 Uhr noch ausreichend für Waldläufe war, dann ging es auch wieder nach draußen in die Natur. Die Folge war, dass die jährliche Rudersaison mit Regatten auf dem Wasser spätestens Mitte Oktober endete und erst Mitte April wieder begann. Als Vorbereitung auf die neue Saison konnte man an einigen Laufveranstaltungen der Ruderer teilnehmen und sich so erstmals der Konkurrenz zeigen. Hoch im Kurs standen im Deutschen Ruderverband bundesweit ausgeschriebene Turniere im Volleyball, Hallenfußball oder Tischtennis, mit denen man sich in der kalten Jahreszeit sportlich die Zeit vertrieben hatte. Und nach ein paar Trainingseinheiten auf dem Wasser startete man meist mit Kurzstreckenrennen über 500 Meter in die Saison. Erst im Mai tastete man sich dann so langsam an die »Normalstrecke« von 1000, 1500 oder 2000 Metern ran, je nach Altersklasse. Alternativ ging es auch auf die ein oder andere Langstreckenregatta, denn Kondition und Kraft waren ja im Winter in der Halle zu trainieren. An der Technik musste dann halt im Frühjahr noch gefeilt werden, um effektiv über die üblichen Renndistanzen zu kommen.

Schaut man sich heute in der Ruderszene um, dann kann man klar feststellen, dass Rudern im Freien auf dem Wasser ein Ganzjahressport geworden ist. Wenn es dann tatsächlich mal wegen einer längeren Kälteperiode Eisgang auf den Seen und den

Trainingsgewässern gibt, dann steigt man halt heute auf das Ruder-Ergometer. Ein paar Ballspiele gehören natürlich im Winter auch noch zum Ausgleichsprogramm in der Halle, aber mehr des Spaßes wegen als in einem ernsthaften Wettbewerb.

Doch wann immer es geht, steigt man ins Boot und rudert alleine oder mit einer Mannschaft die Kilometer auf dem Wasser. Gerade auf Flüssen und Strömen, die in Deutschland ja schon seit Jahrzehnten aus den unterschiedlichsten Gründen nicht mehr zufrieren, sieht man die Boote auch im Dezember, Januar oder Februar ihre Bahnen oder Strecken ziehen. Wenn das Thermometer nicht ein paar Grad unter dem Gefrierpunkt liegt und das Wasser gleich auf Auslegern, Skulls oder Riemen gefrieren lässt, ist das auch kein Problem. Das Unangenehmste ist dabei noch das Einsteigen ins Boot. Dann sind Hände und vielleicht auch Füße noch etwas kalt. Ein kleines Aufwärmprogramm vor der Ausfahrt an Land hilft dagegen. Macht man dann die ersten Schläge, kommt der Körper schnell auf Betriebstemperatur und der Kreislauf sorgt für eine Versorgung von Muskeln und Organen mit Wärme und Energie.

Einen wesentlichen Anteil an dieser Entwicklung hat auch der Fortschritt bei der Sportbekleidung. Bei den früheren Materialien wie Wolle oder Baumwolle sog sich die Kleidung schnell mit dem Körperschweiß voll und der Verdunstungseffekt sorgte für eine unangenehme Auskühlung. Die heute genutzten Fasern sorgen für einen Transport des Schweißes von der Haut weg auf die Kleidungsoberfläche. Deshalb braucht man auch heute nicht mehr unbedingt mehrere Kleidungsschichten, um sich gegen die Kälte zu schützen, was gleichzeitig die Bewegungsfreiheit spürbar einschränkt. Hautfreundliche Kunstfasern ermöglichen einen engen, aber bequemen Schnitt für die funktionelle Ruderbekleidung. In Deutschland hat sich da vor allem das Berliner Unternehmen New Wave einen Namen gemacht. Inzwischen werden die für Clubs und Nationalmannschaften speziell designten Produkte, die neben körperbedeckenden Einteilern auch Hosen, Jacken und sogar spezielle Ruderhandschuhe umfassen, in der ganzen Welt getragen. Auch andere Unternehmen wie JL Sport oder Godfrey sorgen hier für eine funktionelle und ganzjährig einsetzbare Ruderkleidung.

In einigen Trendsportarten ist heute ausgefallene oder körperbetonte Kleidung zur Mode geworden. Das Auge turnt halt gerne mit. Im Rudern steht die Funktionalität der Kleidung im Vordergrund. Und die hat wesentlich dazu beigetragen, dass man die Eingangsfrage heute meist so beantwortet: »Rudern natürlich, was sonst?!«

85. GRUND

Weil Ruderer die Natur schützen

Klimaerwärmung, industrielle Einleitung in Gewässer, Verschmutzung von Ufern – das sind nur einige der Themen, die vor dem Hintergrund des Umweltschutzes eine große Rolle in der Gesellschaft spielen. Klar, dass da den Wassersportlern der Schutz ihrer Reviere und die Qualität der Gewässer besonders am Herzen liegen. Sperrung von Wasserflächen und Flüssen, wie von mancher Umweltinitiative gefordert, kann da nicht die Lösung sein. Denn gerade die Wassersportler haben in ihren Vereinen und Verbänden in den letzten Jahrzehnten eine Menge unternommen, um das Bewusstsein ihrer Mitglieder für einen schonenden Umgang mit der Natur zu stärken.

Alljährlich finden im ganzen Land Müllsammeltage statt. Dabei beteiligen sich Bürgerinnen und Bürger an den verschiedenen Aktionen vor allem in den öffentlichen Flächen. Für die Ruderer stehen dabei die Uferflächen der Gewässer rund um ihre Bootshäuser im Fokus. Da treffen sich Jung und Alt, »bewaffnet« mit Müllsäcken, Greifzangen und Gummihandschuhen wird alles eingesammelt, was nicht in die Natur gehört. Je nach Areal oder auch Gewässergröße stehen so am Ende des Tages eine Menge gefüllter

Abfallsäcke zur Abholung durch die Entsorgungsunternehmen bereit. Besonders viel ist es an den Ufern der größeren Flüsse, denn die transportieren den Müll aus den Städten und Industriearealen mit ihrer Strömung über weite Strecken. Wo die Ufer durch Betonwände oder Hafenbecken bebaut sind, kann dieser Unrat nicht anlanden. Erst wenn die Ufer außerhalb der befestigten Bereiche wieder flacher werden und dann meist durch Sand- oder Kiesflächen sich natürlich bilden, werden durch die Wellen oder den Wind die Hinterlassenschaften unserer Zivilisation angeschwemmt. Und meist befinden sich genau dort die Wassersportreviere, für deren Reinhaltung sich die jeweils örtlichen Wassersportler einsetzen.

Aber das ist nicht alles, was Ruderer für den Naturschutz unternehmen. Längst gehören Information über Müllvermeidung auf den Ausfahrten zu den Ausbildungsprogrammen der Steuerleute und Bootsführer. Auf den Fahrten über längere Distanzen oder mehrere Tage wird immer ein Müllsack oder eine -box mitgeführt. Verpackungen von Verpflegung, Getränkeflaschen oder leere Tuben von Sonnenschutzmitteln landen darin und werden am Ende der Fahrt an Land entsprechend entsorgt. Und viele Aktive verfügen über eigene Getränkeflaschen aus Kunststoff oder leichtem Metall, die vor jeder Ausfahrt wieder befüllt werden. Schon Ende der 1980er-Jahre haben die Wassersportler die »10 Goldenen Regeln« für den Gewässerschutz aufgestellt und deren Befolgung durch Vereine und Aktiven quasi zur »freiwilligen« Pflicht gemacht. So ist es Ehrensache, dass nach einer Rast am Ufer der Müll eingesammelt und nicht einfach liegen gelassen wird.

Dass diese Maßnahmen allein nicht ausreichen, um des gerade aktuellen Problems des Plastikmülls in unseren Meeren, der durch die Flüsse darin eingeleitet wird, Herr zu werden, kann nicht übersehen werden. Und dass generell die großen Gewässer auch durch Maßnahmen der Industrie im Laufe der Jahre sauberer geworden sind, ist ein weiterer positiver Fakt. Früher galt der Spruch »Wenn du einem Film entwickeln möchtest, wirf ihn einfach kurz hinter dem Bayerwerk in Leverkusen in den Rhein!« Das ist sicher nicht mehr so, der Strom hat heute eine deutlich bessere Wasserqualität, als noch vor 30, 40 Jahren. Aber Umweltschutz beginnt im Kleinen und ist ein ganz persönliches Anliegen. Die Ruderer weltweit setzen sich dafür ein. Der Weltverband FISA arbeitet heute eng mit den internationalen Umweltorganisationen zusammen, um seinen Mitgliedern den verantwortungsbewussten Umgang mit den Gewässern zu vermitteln. Vielleicht nur ein kleiner Schritt in Richtung zur Lösung der Umweltprobleme, aber immerhin ein aktiver Schritt.

86. GRUND

Weil Regattastrecken die Landschaft positiv verändern können

Rudern – das heißt für viele Aktive Natur pur, saubere Gewässer in schützenswerter Landschaft, funktionelle Bebauung statt Hochhäuser und Betonwüsten. Betrachtet man die Ruderreviere der Vereine in Deutschland, trifft das für den weitaus größten Teil zu. Natürlich gibt es auch Bootshäuser an Kanälen mit senkrecht ins Wasser geschlagenen Spundwänden aus Stahl. Das gilt sogar für das Bundesleistungszentrum in Dortmund, wo nunmehr seit über 30 Jahren der Deutschland-Achter auf dem Dortmund-Ems-Kanal sein heimatliches Trainingsrevier hat. Aber auch hier hat das Umfeld im Laufe der Jahre doch sichtbar seinen Charakter verändert. Aus Industrie- und Bergbauflächen wurden nach und nach renaturierte Areale, die auch durchaus zu einem Spaziergang entlang des Kanals einladen.

Einige der traditionellen Regattastrecken in Deutschland befinden sich auch heute noch in Hafengebieten, etwa in Mannheim oder auch noch hier und da im Ruhrgebiet. Aber das sind längst die Ausnahmen. Die im Laufe der letzten rund 50 Jahre neu angelegten Regattabahnen befinden sich meist in grünen Zonen der Städte, dort, wo auch die Bevölkerung ihre Freizeit im Naherholungsgebiet verbringt.

Eines der größten Projekte war seinerzeit der Bau der Strecke für die Olympischen Spiele 1972 in München. Die bayerische Metropole verfügte nicht über einen nahe gelegenen See, auf dem man die Rennen hätte stattfinden lassen können. Also wählte man ein Gelände im Norden zwischen den Gemeinden Oberschleißheim und Feldmoching aus, um dort im Kiesgelände vor den Stadttoren einen gut 2.200 Meter langen und rund 90 Meter breiten Kanal anzulegen. Es war der Stil der Zeit, der dann eine gigantische Tribüne als Betonkonstruktion mit weiteren Funktionsgebäuden entstehen ließ. Doch es wurde auch sehr viel Holz verbaut, etwa im gesamten Zielturm mit seinen vier Etagen und den kleineren Türmen für die Zwischenzeitnahmen. Auch in den zahlreichen Räumen über den Bootshallen, die bis vor einigen Jahren u.a. als Landschulheim und natürlich auch von den Sportverbänden für Trainingslager und große Veranstaltungen wie Weltcup und Weltmeisterschaften genutzt wurden, ist sehr viel Holz verbaut. Heute ist die gesamte Anlage leider ein Problemfall für die Region geworden, denn bröckelnder Beton wie an so vielen Gebäuden dieser Zeit und ein kaum zu installierender Brandschutz schränken die Nutzung ein. Aber die Sportler kämpfen da für den Erhalt der ansonsten mitten im Grünen gelegenen Bahn mit ihrem weltweit bekannten grünlichen Wasser. Das wird aus den kleinen Bächen und Flüsschen rund um das Areal natürlich gespeist, ein ständiger Zu- und Ablauf garantieren hier beste Wasserqualität. Und anscheinend haben inzwischen auch die zuständigen Behörden eingesehen, dass die Olympia-Regattabahn für den Sport und die vielen Erholungssuchenden der Region weiterhin Bestand haben muss.

Positive Beispiele für eine sehr naturverbundene Entstehung von großen Regattabahnen mit internationalem Format findet man u.a. in Hamburg, Köln und Krefeld. In der Hansestadt hat man seit dem

Ende der 1980er-Jahre die Dove-Elbe kontinuierlich ausgebaut. Sie ist ein natürliches Gewässer mit viel Grünfläche rundherum und somit vor allem an den Wochenenden von zahlreichen Spaziergängern und Badegästen genutzt. Der Fühlinger See im Norden der Domstadt Köln hat schon viele Verwendungen in den letzten 100 Jahren gefunden. Darunter befanden sich u.a. eine Teststrecke für eine Magnetschwebebahn oder das Übungsgelände für das nach dem Zweiten Weltkrieg dort stationierte belgische Militär. Mitte der 1970er-Jahre entwickelte sich das ehemalige Kiesabbaugebiet immer mehr zu einem Geflecht von kleineren Seen mit dem lang gestreckten Hauptsee als Zentrum. Im Zusammenwirken zwischen dem Kölner Regatta-Verband als Ausrichter von Ruderregatten und der Stadt wurde daraus nach und nach eine Regattabahn von internationalem Format, die mit den Weltmeisterschaften 1998 ihren bisherigen Höhepunkt erlebte. Und gleichzeitig wurden auch Grill- und Badeplätze für die Bevölkerung angelegt, was aus dem ehemals militärisch und industriell genutzten Gelände inzwischen ein unverzichtbares Naherholungsgebiet für die Kölner gemacht hat. Ähnlich verlief der Ausbau des Elfrather Sees bei Krefeld. Auch der war ursprünglich ein Kiesabbaugebiet für die Baustoffindustrie. Inzwischen ist daraus nicht nur eine renommierte Strecke für die Austragung von Ruderrennen geworden, sondern auch das Heimatrevier eines sehr aktiven Segelvereins sowie das Trainingsgewässer für den Crefelder Ruder-Club, einem der aktuell erfolgreichsten Vereine im deutschen Rudern.

Die Liste der Regattastrecken in Deutschland kann an dieser Stelle nur unvollständig sein. Die Duisburger Wedau, der Essener Baldeneysee, der Beetzsee in Brandenburg an der Havel und viele weitere kleinere Seen haben sich im Laufe der Jahre ähnlich entwickelt. Sie alle sind neben der Nutzung für den Wassersport vor allem Freizeit- und Erholungsgebiet für die umliegenden Städte. Und das ist nicht zuletzt auch ein Verdienst der Ruderer, die nicht nur auf funktionelle Gebäude für die Organisation ihrer Wettkämpfe, sondern auch auf naturverbundene Gestaltung der Anlagen großen Wert legen.

87. GRUND

Weil eine viel befahrene Seefahrtstraße zur Regattastrecke wird

Es ist der Traum eines jeden Ruderers: ein spiegelglatter See, kein Wind und keine durch Motorboote oder Schiffe verursachten Wellen! Hier zu rudern, das Boot vielleicht noch bei Sonnenschein und angenehmen Temperaturen durch das Wasser gleiten zu lassen, das Ruderblatt ohne Welle und Spritzer eintauchen und wieder aus dem Wasser herausheben, das erlebt man nicht alle Tage.

Es geht aber auch ganz anders. Ruderer auf dem Rhein mit seinen Nebenflüssen, der Elbe, der Weser oder der Donau, mögen ihr Revier genauso. Denn keine Ausfahrt ist wie die andere, immer wieder bieten aktueller Wasserstand oder wechselnder Schiffsverkehr neue Herausforderungen. Gut, für ein Training im schmalen Rennboot ist das weniger geeignet, aber das wird auch eher von einer Minderheit der Vereinsmitglieder in Deutschland betrieben. Freizeit und Breitensport stehen da an erster Stelle, und dafür ist nahezu jedes Gewässer recht.

Aber eine Regatta auf der meistbefahrenen Schifffahrtsstraße der Welt, dem Nord-Ostsee-Kanal? Geht das überhaupt, so zwischen den Hochseefrachtern, Containergiganten und Kreuzfahrtschiffen mit den daneben fast verschwindenden Ruderbooten unbeschadet zu überleben? Klare Antwort: Ja!

2001 hatten drei Rendsburger die Idee, auf dem lang gestreckten Kanal im Norden Deutschlands ein Langstreckenrennen für Achter stattfinden zu lassen. Dabei hatten sie aber nicht etwa ein paar Vereine aus dem regionalen Umfeld im Visier, sondern gleich die Crème de la Crème des Achterruderns: Der Deutschlandachter sollte gegen seine härtesten Konkurrenten aus den USA und Europa antreten. Wenn schon, denn schon!

Zunächst belächelt, gingen sie ganz gezielt ans Werk. Es folgten Monate mit viel Arbeit für die Kanalstädter, doch am Ende hatten sie alles zusammen. Das größte Hotel am Platz sorgte für Unterkunft und Catering, eine erfahrene Event-Agentur schaffte das Umfeld mit Bühne, Festplatz und Showprogramm, die Verwaltung des Kanals hatte ein System ausgeklügelt, wie man die Schiffe auf der Wasserstraße so dirigieren konnte, damit es auf der gut 12 km langen Rennstrecke keine Begegnungen zwischen Frachtern, deren Wellen und den Ruderbooten kommen konnte. Und man hatte tatsächlich den aktuellen Achter aus dem Leistungszentrum in Dortmund sowie den USA-Achter für eine Teilnahme gewinnen können. Das alles stand, als Termin für das Spektakel war das erste Oktoberwochenende vorgesehen.

Und dann kam der 11. September 2001 mit den Ereignissen in New York. Es hatten zwar auch noch die Niederlande zugesagt, aber ohne den US-Achter wäre die Qualität doch merklich gesunken. Alle Hebel wurden in Bewegung gesetzt, und schließlich gestatteten die US-Behörden dem Achter-Team als erstem nach den Anschlägen die Teilnahme an einem Rennen außerhalb der USA.

Es wurde das erhoffte große Volksfest. Mehr als 100.000 Besucher kamen über das Wochenende in den Rendsburger Hafen und verfolgten am Kanalufer dann live das Rennen. Und es klappte alles wie am Schnürchen, die Seeschifffahrtsstraße erwies sich als spannende und attraktive Rennstrecke. Und mit dem Sieg des Deutschland-Achters wurde dann auch aus regionaler Sicht das Sahnehäubchen aufgesetzt.

Im Laufe der Jahre kamen nicht nur andere Teams u.a. aus Großbritannien und Polen dazu, das Programm wurde auch durch Ergometer-Rennen örtlicher Schulen und Vereine sowie der Top-Teams ergänzt, durch Sprint- und Drachenboot-Rennen und viele weitere Attraktionen auf dem Veranstaltungsgelände abgerundet. Und auch die Medien entdeckten das Besondere an diesem Rennen, das inzwischen bundesweit live und mit einem umfassenden Beiprogramm im Fernsehen ausgestrahlt wird.

Den ein oder anderen kleinen Zwischenfall hat es seit 2001 schon gegeben, aber das waren ausschließlich Berührungen der Ruderriemen bei den Überholmanövern auf der langen Strecke. Abgesoffen ist noch nie ein Boot.

Olympia und Weltmeisterschaften sind das Salz in der Suppe für die Athleten in ihrer Sportlerkarriere. Aber das Bad in der Menge rund um den Nord-Ostsee-Kanal, wenn Tausende von Zuschauern beim An- und Ablegen der Boote Spalier stehen und die Autogrammwünsche bei den Auftritten der Athleten zwischen den Wettbewerben kein Ende nehmen wollen – spätestens dann weiß jeder der Achterrecken, warum er sich im Training so für seinen Sport schindet.

88. GRUND

Weil es auch beim Rudern den »Marathon« gibt

Gute zwölf Kilometer am Stück im Renntempo zurückzulegen, machen auch Weltmeister und Olympiasieger nicht jeden Tag. Da werden im Training sicher auch schon mal 20–30 Kilometer in einer Einheit zurückgelegt, aber die sind doch immer mal wieder unterbrochen durch Pausen, in denen Anweisungen vom Trainer kommen oder eben auch durch Wendemanöver, weil die Trainingsstrecke auf einer Regattabahn eben nur gut zwei Kilometer lang ist. Und das ist für die Top-Athletinnen und -Athleten die gewohnte Renndistanz. Deshalb gehen sie auch mit Respekt an eine Langstrecke heran, wie sie als Test und zur Selektion regelmäßig im Jahreskalender der Kandidatinnen und Kandidaten für die Nationalmannschaften steht.

Wer in seiner Freizeit zur eigenen Fitness seine Runden joggt, der kennt ein ganz ähnliches Gefühl. Da hat man seine feste Distanz, und die reicht auch vollkommen. Im Hinterkopf schwirrt da sicher auch mal der Gedanke, sich an einen Marathon zu wagen. Aber das ist eine besondere Herausforderung, und nicht jeder schafft eine solche Leistung wenigstens einmal in seinem Leben.

Darüber können ambitionierte Freizeitruderer nur lächeln, denn zweistellige Kilometerleistungen sind auf vielen Ausfahrten der Standard. Und einen Marathon, den kann man mit ein wenig Training im Team bewältigen. Breitensport-Wettbewerbe, die solch längere Distanzen alljährlich anbieten, gibt es inzwischen zahlreiche in deutschen Ruderlanden. Einer der bekanntesten ist das Marathonrudern auf dem Rhein.

1972 war Sport-Deutschland nach den Olympischen Spielen von München im Aufbruch, mit frischer Motivation und vielen Ideen wurde die Sportszene angekurbelt. In Düsseldorf hatte Detlef Schlüter, Mitglied beim Ruder-Club Germania, die Idee, auf dem viel befahrenen Rhein ein Rennen für Breitensportler ins Leben zu rufen. Stromab sollte es gehen, und da das Bootshaus des RTHC Bayer Leverkusen genau 42,8 km vom Gelände des Vereins in Düsseldorf entfernt ist, war der Name »Marathonrudern« schnell erfunden. Etwas mehr als 30 Viererteams mit Stm. gaben ihre Meldungen ab. Gerudert werden sollte in breiten Gig-Vierern. Und damit das Ganze nicht zu anstrengend wurde, war nach gut 26 Kilometern beim Rennen gegen die Uhr eine einstündige Pause für alle Teams Pflicht. Und noch eine besondere Wertung sollte den Breitensport-Charakter unterstreichen: Das langsamste Boot innerhalb einer vorgegebenen Zeit wurde mit einem Kasten Bier prämiert, ersatzweise bei Jugendlichen natürlich mit alkoholfreien Getränken.

Seit dem Start 1972 hat die Regatta in jedem Jahr stattgefunden, und es gibt Aktive, die nur ein- oder zweimal wegen Erkrankungen oder Verletzungen passen mussten. Das Meldeergebnis hat sich im Laufe der Jahre verfünffacht, und regelmäßig starten Vereine aus

Frankreich, England, Irland oder Schweden, die mit den am Rhein liegenden Vereinen eine Partnerschaft unterhalten. Nach und nach setzte sich dann auch der Ehrgeiz durch, und heute versuchen fast alle möglichst schnell über die Strecke zu kommen. Mit rund zwei Stunden und einer Minute steht der Streckenrekord seit über 20 Jahren, wobei natürlich auch die äußeren Bedingungen wie Strömung, Gegenwind, Wasserstand des Rheins und das Wetter eine wichtige Rolle spielen. So um die 2 Std. 45 Min. liegt im Durchschnitt die Zeit der Teams, und das entspricht damit auch in etwa der körperlichen Leistung wie bei einem gelaufenen Marathon. Der Vorteil ist halt, dass man durch das Sitzen im Boot die Gelenke schont und damit konstanter seine Geschwindigkeit im Team halten kann.

Trotzdem, schon manch einer hat sich besonders nach einer Fahrt über die 42,8 km mit Gegenwind und Regen geschworen: »Nie mehr wieder!« Und doch, wenn es nach den Sommerferien so langsam wieder losgeht in den Vereinen mit den Vorbereitungen für den Rhein-Marathon, trifft man immer wieder die gleichen Ruderverrückten, die es einfach nicht lassen können.

89. GRUND

Weil ein Rudertag nach 100 km noch nicht enden muss

Langstrecken, Marathondistanz – das ist noch lange nicht das Ende der Fahnenstange. Das Angebot an noch viel längeren Strecken ist alljährlich umfangreich. Dabei spielen natürlich immer die Verhältnisse des Gewässers eine große Rolle, wobei die Flüsse besonders bevorzugt werden.

Der Rhein-Marathon ist schon genannt, auf dem Strom gibt es aber auch weitere Fahrten. Sehr bekannt und ebenfalls alljährlich ausgefahren wird die EUREGA. Diese Abkürzung steht für die

»Europäische Rhein-Regatta«. Gestartet wird am Loreley-Hafen genau am Kilometer 555. Das Ziel liegt 100 km stromab am Bootshaus des Bonner Ruder-Vereins von 1882. Damit passiert man im Verlauf der Strecke sowohl das romantische Mittelrheintal, das Mündungsgebiet von Lahn und Mosel mit dem »Deutschen Eck« bei Koblenz und am Ende vor der Bundesstadt Bonn das sagenumwobene Siebengebirge. Wer sich nicht gleich über die dreistellige Distanz traut, kann auch die kürzere Strecke mit 45 km zwischen Neuwied und Bonn wählen. Gerudert wird wie beim Marathon in Gig-Vierern. Auch die geruderten Zeiten sind vergleichbar. Die Rekorde stehen bei 2 Std. 8 Min. für die kurze und 4 Std. 49 Min. für die lange Strecke.

100 km sind nicht genug? Kein Problem, denn auf der Weser startet alljährlich Anfang Mai der Weser-Marathon. Auch der ist aufgeteilt in drei Distanzen. Wer nach dem Start in Hannoversch-Münden 50 km zurücklegt, erhält eine Bronzemedaille, für 80 km gibt es Silber, und für Gold muss man 135 km an einem Tag bewältigen. Hier geht es allerdings nicht um die Zeit, sondern um das Ankommen. Ausgerichtet wird die Veranstaltung übrigens von den örtlichen Kanu-Vereinen, aber Ruderer sind auch hier willkommen und meist zahlreich am Start.

Wer es etwas extremer liebt, der fährt für solche Strapazen dann auch gerne mal ins benachbarte Ausland. Einen legendären Ruf hat die Marathon-Regatta auf der Maas im belgischen Lüttich. Auch hier können verschiedene Streckenlängen zwischen 34 und 60 km zurückgelegt werden, wobei die lange Distanz der Klassiker der seit 60 Jahren ausgetragenen Wettfahrt ist. Gerudert wird auf einem Rundkurs, und je nach Wind- und Wetterlage kann das zu einer selbstkasteienden Strapaze werden. Es gibt aber durchaus Ruderfreaks, die schwören auf die tolle Atmosphäre rund um diese Regatta.

Wer nach 60 km gerade so richtig warm ist, der kann ohne Weiteres noch mal 100 km drauflegen, bis er im Ziel ankommt. Das aber nicht in Belgien, sondern in der Schweiz. Seit 1972 gibt es dort die Regatta »Rund um den Genfer See«, was einer Strecke von 160 km entspricht. Damit ist die »Tour du Lac Léman à Aviron« die wohl längste 1-Tages-Regatta der Welt. Sie stellt an die Vierer-Teams höchste Ansprüche, und nicht selten entscheidet auch, in welchem Rhythmus sich die Aktiven mit dem Steuern abwechseln, bei dem man sich auf dem Steuersitz etwas ausruhen kann. Nicht in jedem Jahr kann die volle Distanz zurückgelegt werden, denn der von den französischen Alpen umgebene See ist eine »Launige Diva«, was das Wetter angeht. Schon mehrfach musste die Strecke verkürzt werden. Und als zusätzlicher Aspekt für die Sicherheit der Aktiven wird jede Mannschaft von einem Motorboot begleitet. Deutsche Teams sind bei dieser Tour allerdings besonders erfolgreich und landen immer wieder auf den vorderen Plätzen. Mit 11 Std. 43 Min. hält eine deutsche Renngemeinschaft aus Hamm/Karlsruhe/Mainz/Stuttgart den Rekord über die vollen 160 km. Insgesamt 33 Mal hat Matthias Decker aus Ludwigshafen teilgenommen, und Christian Klandt aus Bonn schaffte 2012 die 160 km sogar ganz alleine im Einer in knapp vierzehneinhalb Stunden.

Auch hier kann an dieser Stelle die Aufzählung nur unvollständig sein, der internationale Kalender im Rudern sieht noch einige weitere Möglichkeiten vor, um sein Durchhaltevermögen auf dem Rudersitz zu testen. Das Gute dabei ist: Wer da mitmacht, tut es freiwillig. Niemand wird dazu gezwungen. Aber das Gefühl, es nach einer solch langen Rennstrecke geschafft zu haben und sich dann ermattet in ein weiches Bett fallen zu lassen, ist für einige einfach überwältigend. Wer will, kann es ja mal selber ausprobieren.

90. GRUND

Weil hohe Wellen keine Gefahr, sondern Herausforderung sind

Interessieren Sie sich für Australien? Dann haben Sie sicher auch schon mal Bilder von den dortigen Rettungsschwimmern an den berühmten Stränden rund um den fünften Kontinent gesehen. Wie sie sich fast tollkühn mit ihren Booten in die Brandungswellen wagen, dort so hochgeschleudert werden, dass es manch einen vom Sitz hebt. Weil Motorboote gar nicht durch eine solche Brandung kämen, werden die breiten Gigs meist von vier Männern oder Frauen gerudert. Das hat nichts mit *Baywatch* zu tun, die Protagonisten dieser zum Kult gewordenen TV-Serie stünden da völlig auf verlorenem Posten.

Aus dieser Form des Ruderns hat sich mittlerweile das Küstenrudern entwickelt. Zunächst etwas belächelt und nach den europäischen Maßstäben des Wettkampfruderns kaum für Regatten geeignet, hat sich diese Variante des Ruderns inzwischen längst etabliert. Und lächeln tut keiner mehr, denn der Weltverband FISA veranstaltet mittlerweile offizielle Weltmeisterschaften mit Austragungsorten auf dem ganzen Erdball.

Antrieb für die FISA war dabei auch eine gewisse Stagnation des Ruderns in den 1980er-Jahren. Die Infrastruktur für den Rennrudersport schien ausgereizt, nur selten erhöhte sich die um die 80 liegende Anzahl der Mitgliedsnationen im Rudern. Der Bau von Regattastrecken und Gebäuden, die Anschaffung von Booten und der Aufbau einer entsprechenden Organisation mit Vereinen, Aktiven und Trainern war gerade in den sogenannten Entwicklungsländern aus wirtschaftlichen und gesellschaftlichen Gründen kaum machbar. Doch in vielen dieser Staaten gab es Küsten, von denen aus mit Booten u.a. zum Fischen auf die See hinausgefahren wurde. Einfach war es trotzdem nicht, hieraus eine anerkannte Sportart zu machen. Aber im Laufe der Jahre bildeten sich immer mehr Initiativen, um das Rudern an der Küste in sportlichen Formen zu fördern.

Für vergleichbare Wettbewerbe bedurfte es allerdings Regeln und festgelegten Bootsformen, die im Rennen genutzt werden konnten. Dessen nahm sich der Weltverband Anfang der 2000er-Jahre mit Nachdruck an. In Europa waren es vor allem Clubs der Mittelmeer-Küstenregionen in Frankreich und Italien, die das »Coastal Rowing« mit Initiativen und Ideen voranbrachten. So stellten sich der Zweier und der Vierer mit Steuermann als gute Bootsklassen heraus, wobei die speziell geformten Boote am Heck offen waren, um das überschwappende Wasser gleich wieder hinauslaufen zu lassen. Zwar sind die Wellen in den für die Meisterschaften ausgesuchten Regionen nicht so hoch wie in Australien. Aber je nach Wind und Wetterlage kommt es auch hier zu spektakulären Szenen besonders an den Wendemarken der Dreieckkurse. Und um das Ganze noch spannender zu machen, gibt es keine imaginäre und schwer zu kontrollierende Ziellinie auf dem Wasser, sondern eine Zielglocke am Strand. Da müssen die teilnehmenden Mannschaften dann anlanden, ein Mannschaftmitglied springt heraus, rennt zum Zielpunkt und stoppt die Zeit mit dem Glockenschlag.

In Südeuropa gibt es inzwischen einige Vereine, die sich auf das so ausgeübte Küstenrudern spezialisiert haben und auch Boote für Gäste zur Verfügung stellen. In Deutschland hat man diesen Trend ebenfalls erkannt, und nachdem sich in den letzten Jahren immer wieder deutsche Teams bei den Meisterschaften vorne platzierten, werden nun auch in den deutschen Küstenregionen Boote dieser speziellen Bauart stationiert. Wer also die Herausforderung mit der Natur sucht, hat hier eine ganz spezielle Möglichkeit, sich zu testen.

11. KAPITEL

MEDIEN UND SOZIALES

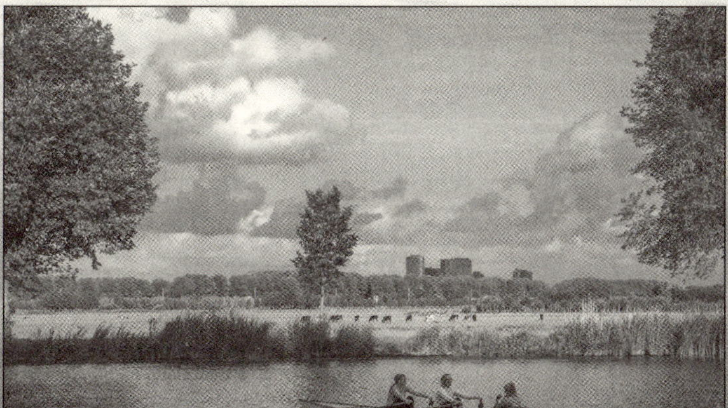

91. GRUND

Weil Rudern mitreißende Fernsehkommentare beschert

»Aus! – Aus! – Das Spiel ist aus! – Deutschland ist Weltmeister!« Kaum ein Livekommentar ist im deutschen Sport so bekannt wie dieser legendäre Ausruf von Herbert Zimmermann aus dem Berner Wankdorf-Stadion. Damit teilte er Millionen von Radiohörern in Deutschland den Gewinn der Fußballweltmeisterschaft durch die Herberger-Elf von 1954 mit und trug zum »Wunder von Bern« auf seine Weise bei.

Der in Alsdorf geborene Hörfunkreporter widmete sich in seiner Karriere zwar kaum dem Rudern, dennoch hatte er seinen Anteil daran, dass einer seiner Nachfolger am Mikrofon durch seine mitreißenden Kommentare und seine markante Stimme in die erste Liga seiner Zunft aufstieg. Günter Maletzko sattelte nach einer Banklehre um, ging 1958 zum NDR nach Hamburg und begleitete Zimmermann als Nachwuchsreporter zu den Olympischen Spielen von Rom. Dort erlebte er live den Gewinn vieler Goldmedaillen durch die deutschen Ruderer, darunter auch die im Achter. Die Begeisterung für diesen Sport war bei Maletzko entfacht, und in den folgenden Jahrzehnten war er in aller Welt am Mikrofon für die ARD-Radiosender, wenn Einer, Zweier, Vierer und Achter bei Weltmeisterschaften und Olympischen Spielen am Start lagen. Radio war das Medium für die Massen, und auf diesem Wege verfolgten auch hier Millionen von Zuhörern die Übertragungen.

Ich durfte Günter im Laufe der 1980er-Jahre kennenlernen und von da an meist neben ihm auf der Reportertribüne sitzen. So auch 1988 in Seoul bei den Olympischen Spielen. Und hier erlebte ich den Höhepunkt mit dem Sieg des Deutschland-Achters an seiner Seite und wurde Zeuge, wie er sich Schlag um Schlag in die Reportage hineinsteigerte, ohne dabei die Sachlichkeit, Kompetenz und Fairness gegenüber den übrigen Mannschaften zu verlieren.

Am Ende standen wir beide und jubelten über das Olympiagold. Günter war fix und fertig, aber der Glanz in seinen Augen verriet, dass er sich des besonderen Anlasses bewusst war. Nach den Spielen zeichnete das Nationale Olympische Komitee für Deutschland seine Radioreportage als beste Live-Übertragung dieser Spiele aus. In diesem Stil machte er noch viele Jahre weiter. Immer etwas aufgeregt bis chaotisch vor der Sendung, aber klar, informativ, mitreißend in Stimme und Diktion, wenn die Leitung aufging. 1994 zeichnete ihn der Verband der Deutschen Sportjournalisten (VDS) mit dem inzwischen geschaffenen Herbert-Zimmermann-Preis aus. Günter Maletzko, der 2015 nach längerer Krankheit verstarb, gab es quasi »nur im Doppelpack«. Denn wo er für das Radio war, da saß ab 1970 meist gleich nebendran Jochen Sprentzel aus Berlin für das ARD-Fernsehen. Auch er konnte die Ruderrennen den Zuschauern so nahebringen, als ob sie selber mit im Boot säßen. Auch mit Jochen saß ich oft auf der Tribüne bei den großen Regatten zusammen, und in meiner Zeit als Pressesprecher bezog er mich auch ab und an mit einem O-Ton in seine Reportagen ein. Jochen wurde 2002 vom VDS für seine Kommentierung des Männer-Einers bei der WM in Sevilla mit dem großen Fernsehpreis geehrt. Das Rennen gewann der Deutsche Marcel Hacker. Schon 1995 erhielten Maletzko und Sprentzel jeweils die Auszeichnung für besondere Verdienste um den deutschen Rudersport.

Ein anderer Kommentar der Spiele von Seoul wurde in Fachkreisen zum Kult. Das Achterrennen übertrug damals durch den täglichen Wechsel der beiden Anstalten das ZDF. Und das hatte mit Wolfram Esser ebenfalls einen Ruderexperten mit unverwechselbarem Charakter bei seinen Reportagen. Im Achterfinale 1988 begann er zunächst noch relativ ruhig. Als dann aber die Mannschaft mit dem roten Brustring sich nach der Streckenhälfte langsam vom Feld absetzte, steigerte sich auch bei dem sonst so ruhig und besonnen wirkenden ZDF-Mann das Adrenalin. Als der Achter kurz vor der Ziellinie kaum noch einzuholen war, rief er begeistert ins Mikrofon: »Es läuft im Boot, es läuft. Deutschland wird Olympiasieger!« Leider wurde nur wenige Wochen nach den Spielen von 1992 in Barcelona bei Wolfram eine Krebserkrankung festgestellt. Der deutsche Achter hatte dort nach einer eher durchwachsenen Saison immerhin noch die Bronzemedaille geholt, und dem ZDF-Reporter gelang es mit einem einfühlsamen Interview, den arg enttäuschten Bundestrainer Ralf Holtmeyer wieder etwas aufzubauen. Es war seine letzte Live-Übertragung vom Rudern, Mitte 1993 erlag er seinem Krebsleiden.

Die Popularität des Fußballs hat Rudern in Radio und Fernsehen natürlich nie erreicht, aber die Reportagen der Kollegen an den Mikrofonen gehörten immer zu den Highlights eines Sportjahres. Ein letztes Beispiel sei mit Norbert Galeske genannt, der den Deutschlandachter bei seinem Olympiasieg von London 2012 genauso mitreißend ins Ziel kommentierte wie seine Kollegen zuvor. In der Reportage schuf er da den Begriff des »menschlichen Achtzylinders«, und auch er wurde für diese Leistung vom VDS ausgezeichnet.

Die Aktion beim Rudern hält sich ja bekanntlich in Grenzen. Der Schlag ist rhythmisch, und selten passiert etwas, was die Abfolge spektakulär unterbricht. Und dennoch haben es inzwischen Generationen von Sportkommentatoren immer wieder geschafft, den Rennen mit ihrer Begeisterung einen besonderen Stempel aufzudrücken. Es gibt dazu in der Sportwelt wohl nur wenig Vergleichbares.

92. GRUND

Weil Rudern Konkurrenzdenken abbauen kann

In unserer heutigen schnelllebigen Medienzeit ist es kaum noch denkbar, dass man der Konkurrenz bei seiner Arbeit hilft. Da zählt jede Sekunde, und wer mit einer Top-Nachricht als Erster auf dem Sender oder in den sonstigen Mediendiensten erscheint, der darf sich als Gewinner fühlen.

Im Sport ist das allerdings hier und da doch etwas entspannter, und im Rudern gehört es fast schon zur kollegialen Tradition, dass man sich oftmals unterstützt. Natürlich ist auch da jeder für sein Medium vor Ort, und wenn es darum geht, Ergebnisse oder Aktuelles an die Öffentlichkeit zu bringen, zählt die Geschwindigkeit, mit der man seine Redaktionen bedienen kann.

Aber immer wieder konnte ich es in den rund 30 Jahren, die ich nun ebenfalls als Medienschaffender in der Szene unterwegs sein darf, erleben, wie vermeintliche Konkurrenten Seite an Seite auf der Pressetribüne saßen und gewonnene Informationen austauschten. Regattaplätze sind ja bekanntlich recht groß und auch unübersichtlich. Hier mal einen Athleten, Trainer oder Offiziellen zeitgerecht zu treffen, um von ihm oder ihr aktuelle Informationen zu erhalten, ist nicht immer einfach. Wenn dann noch gleich zwei deutsche Presseagenturen vor Ort sind, die jeweils ihre Redaktionen für die laufenden Pressedienste versorgen, können Dinge auch schon mal auseinanderlaufen. Da wurde es im Laufe der Jahre fast selbstverständlich, dass die Mitarbeiter dieser Agenturen sich gegenseitig unterstützen. Mal geht der eine zu einer Pressekonferenz und teilt anschließend die dort aufgenommenen O-Töne mit dem Kollegen. Mal sorgt der andere für die Beschaffung von Ergebnissen und Statistiken nach den Rennen, die dann gemeinsam ausgewertet werden. Und immer wieder ist danach festzustellen, dass doch jede Agentur ihre ganz eigenen Berichte und Kommentare liefert, dass nie etwas einfach nur »gleichgemacht« oder gar abgeschrieben wird. Aber die Zusammenarbeit sorgt erkennbar für eine hohe fachliche Qualität in der Berichterstattung. Wenn man so will, sind diese schon lange praktizierten Kooperationen auf den Ruderplätzen ein Vorläufer der heute immer aktiver werdenden Recherche-Netzwerke, bei denen auch mehrere Redaktionen aus Print und Elektronik gemeinsam an einem Thema arbeiten, um sie dann getrennt, aber mit identischen Inhalten zu veröffentlichen.

Medien und ihre Mitarbeiter stehen heute in einigen Teilen unserer Gesellschaft nicht unbedingt im besten Ruf. Wer aber selber erlebt hat, wie intensiv, engagiert, kompetent und kollegial viele Journalistinnen und Journalisten auf den Regattaplätzen dieser Welt ihrem Job nachgehen, der zollt ihnen größten Respekt.

93. GRUND

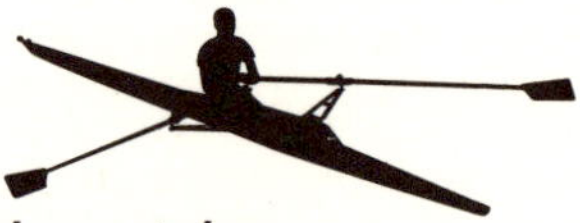

Weil Rudern und Snooker sich verstehen

Wie wird man eigentlich Kommentator beim Fernsehen? Nun, es gibt wohl verschiedene Wege. Der übliche ist ein journalistisches Studium oder eine Ausbildung in einem Volontariat. Und wenn man sich dann lange genug als Assistenz für die versierten Kollegen bewährt hat, darf man auch selber ans Mikro. Je nach Talent ist diese Zeit kürzer oder länger. Und für viele Sportbegeisterte ist dieser Job auch heute noch ein »Traumberuf«, den auszuüben aber vergleichsweise nicht sehr vielen vergönnt ist.

Neben der klassischen Ausbildung gibt es aber auch noch die Quereinsteiger, die sich über den Sport und entsprechendes Engagement in der Öffentlichkeitsarbeit qualifizieren. Dazu gehöre auch ich, wie in einem früheren Grund nachzulesen war. Und wenn man es auf das Rudern bezieht, gilt das auch für meinen langjährigen Freund und Kollegen Rolf Kalb, der sich vor allem als Kommentator der Snooker-Übertragungen auf EUROSPORT den Ruf eines Kultkommentators erworben hat.

Zum Rudern kam Rolf Anfang 1995, denn er wollte bei EUROSPORT auch eine olympische Sportart betreuen, was damals als erstrebenswertes Ziel für ambitionierte Kommentatoren galt. Da Billard, mit dem Rolf mehr als vertraut war, nicht dazugehörte und Rudern von keinem anderen Kollegen belegt war, trafen wir uns erstmals im Laufe der vorolympischen Saison auf den Regattaplätzen und entwickelten eine enge Zusammenarbeit während der WM im finnischen Tampere. Rolf war quasi »Einsteiger« in die Ruderszene und dankbar für jede Hilfe und Information, die ich ihm als damaliger Pressesprecher zukommen lassen konnte. Und wir merkten schnell, dass da auch »die Chemie zwischen uns« stimmte.

Ein Jahr später trafen wir uns am Lake Lanier, der Regattastrecke der Olympischen Spiele von 1996 vor den Toren Atlantas. Für jeden Fernsehkommentator stand eine Box mit zwei Plätzen zur Verfügung, und Rolf lud mich ein, neben ihm die Rennen auf den installierten Monitoren zu verfolgen. Ich hatte eine Akkreditierung für die schreibende Zunft, mit einer vom Organisationskomitee ausgestellten Zusatzkarte ließ man mich aber auch auf die TV-Tribüne. Da in der Box ein zweites »Besteck« lag, also ein Kopfhörer mit Mikrofon, fragte Rolf spontan, ob ich ihn nicht bei der Kommentierung unterstützen könne. Alle Rennen wurden damals auf EUROSPORT in voller Länge live übertragen, und das ging gerade an den Vor- und Zwischenlauftagen über mehrere Stunden. Da war man bei der über dem Gelände liegenden US-Südstaatenhitze für jede Hilfe dankbar.

Ich ging auf Rolfs Angebot ein, er meldete die zweite Leitung in der EUROSPORT-Zentrale in Paris an, und gleich mit dem ersten Rennen der Regatta stiegen wir als Kommentatoren-Duo ein. Irgendwann meldete sich dann die Regie aus Paris und fragte an, ob wir das nicht in dem Stil die ganze Woche machen könnten. Wir konnten, und am Ende waren wir sogar für die Live-Reportage des Männer-Einer-Finals in der Endrunde für den Preis des Nationalen Olympischen Komitees. Ein Mikrofon-Profi und ein Greenhorn – irgendwie war es eine glückliche Konstellation, die mich in dieses Metier einsteigen ließ.

Es folgten viele Live-Sendungen mit dem Duo Kalb/Boes von den Regattaplätzen in den folgenden 20 Jahren. Und auch für das

Boat Race zwischen Oxford und Cambridge war immer ein Platz für mich neben dem Hauptkommentator frei. Nach der WM 2015 strich EUROSPORT durch Wechsel des geldgebenden Besitzers leider den Wassersport aus seinem Sendeplan. Aber vielleicht haben wir ja irgendwann doch noch mal die Gelegenheit der Zusammenarbeit. Ein Snooker- und ein Ruder-Experte, aus denen nicht nur kompetente und sich ergänzende Kollegen, sondern auch gute Freunde wurden. Manchmal stimmt es doch: »Augen auf bei der Berufswahl und einfach auch mal mitnehmen, wie es gerade kommt.«

94. GRUND

Weil es auch beim Rudern das »Tor von Madrid« gab

Im Nachhinein mutete es an wie ein Aprilscherz. Aber was am 1. April 1998 im Fußballstadion in Madrid geschah, war zunächst wenig zum Lachen. Kurz vor Anpfiff des Champions-League-Spiels zwischen Madrid und Dortmund war ein Tor umgefallen, und Kommentator Marcel Reif begann, die offensichtliche Verzögerung mit Kommentaren zu überbrücken. Als immer klarer wurde, dass die ganze Aktion nicht innerhalb von ein paar Minuten zu Ende sein wird, wurde ihm aus dem Studio Moderator Günther Jauch zugeschaltet. Was sich dann im Laufe der nächsten gut 70 Minuten an Dialog und Kommentar entwickelte, gehört heute zur deutschen Fernsehgeschichte. Aus einem eigentlichen Super-GAU für einen Fernsehkommentator machten die beiden prominenten TV-Profis eine später mit Preisen ausgezeichnete Glanzleistung.

Ich bin weit davon entfernt, mich mit diesen Fernsehlegenden zu vergleichen, aber so ein wenig hatten auch Rolf Kalb und ich bei der Übertragung des Boat Race Oxford – Cambridge 2012 unser »Tor von Madrid«. Das Rennen lief reibungslos über die Strecke und war zudem äußerst spannend. Zwischen beiden Teams lagen nur ein paar Meter, und nach rund 2/3 der 6,8 km hatten beide noch gleiche Chancen, die 158. Austragung des wohl berühmtesten sportlichen Wettstreits der Welt für sich zu entscheiden. Zahlreiche Kameras an Land, auf den mitfahrenden Katamaranen und auch in Hubschraubern aus der Luft fingen die Szenen rund um die beiden Achter ein. Nach einem Bildschnitt-Wechsel vom Katamaran zum Hubschrauber waren beide Mannschaften von oben zu erkennen. Wenige Sekunden später ging die Bildregie auf eine Landkamera, und genau in diesem Moment sah man beide Teams, wie sie mit einem entsprechenden Manöver das Rennen stoppten. Für einen kurzen Moment waren Rolf und ich etwas perplex, denn so etwas hatte es außer bei Kollisionen der Ruderriemen beider Teams bisher noch nie gegeben. Doch der nächste Kameraschwenk vom Katamaran aus zeigte die Ursache: Ein Schwimmer war zwischen den beiden Achtern zu erkennen, ein politischer Aktivist wollte mit der Aktion seine Meinung zu Dingen kundtun, die mit dem Wasser oder dem Wettkampf nun gar nichts zu tun hatten.

Das Rennen war gestoppt, und die große Frage war nun, wie es denn weitergehen sollte. Unsere Regie, mit der wir über die Kopfhörer verbunden waren, wusste es auch nicht so genau und gab immer wieder das Kommando »Go on, continue with commenary – Macht weiter mit eurer Kommentierung!«. Wir bekamen Bilder geliefert von ratlosen Zuschauern an Land, von geschäftiger Hektik auf dem großen Schiedsrichterkatamaran, wo man über Handy mit dem Rennkomitee an Land offenbar diskutierte, was denn nun zu tun sei. Auch aus den beiden Teams heraus beteiligte man sich an einer Lösungsfindung, aber es dauerte und dauerte ohne erkennbare Fortschritte. Rolf und ich packten unsere Archive aus, gingen die ganze Historie des Rennens durch und versuchten irgendwie, mit passenden Kommentaren zu den Bildern und mit Vergleichen ähnlicher Situationen im Sport die EUROSPORT-Zuschauer zu informieren. Die Stelle, an der das Rennen gestoppt worden war, lag nahe dem Bootshaus, von dem ich selber oft zum Rudern auf die

Themse gegangen war. Das lieferte dann auch noch ein wenig Gesprächsstoff mit Fakten rund um den Londoner Stadtteil Hammersmith mit seiner großen Brauerei und den vielen Pubs am Ufer.

Die ganze Zeit wussten wir nicht, ob EUROSPORT überhaupt noch live aus London sendete, aber wir bekamen immer wieder die Information, dass die Aufzeichnungsbänder mitliefen und wir deshalb einfach weiter etwas rund um das Rennen und die aktuelle Situation erzählen sollten. In die sprachlich legendären Höhen der beiden Kollegen Reif und Jauch kamen wir nicht, aber beide hatten wir im Hinterkopf genau diese Situation aus Madrid.

Es dauerte nicht ganz so lange wie 1998 in der spanischen Hauptstadt. Nach gut 30 Minuten hatte man sich entschieden, das Rennen etwa einen halben Kilometer vor dem Punkt des Abbruchs noch einmal neu zu starten. Dass es dann kurz danach noch zu einer Kollision der beiden Boote kam, bei der ausgerechnet der Ruderriemen des einzigen im Rennen mitfahrenden Deutschen brach, war dann die Krone dieser Boat-Race-Übertragung. Von einem Preis für diese Kommentatoren-Leistung waren Rolf und ich weit entfernt, aber dieses Rennen 2012 gehört bis heute zu den Höhepunkten unserer Zusammenarbeit am Mikrofon.

95. GRUND

Weil Rudern auch zu Romanen und Filmen animiert

Der Sport spielt in fiktiven Romanen, Filmen und Fernsehproduktionen eher selten eine größere Rolle. Dennoch findet sich das ein oder andere Werk, bei dem die Sportart Rudern wesentlich zur Handlung beiträgt.

Im Fernsehen spielte eine Folge aus der erfolgreichen *Tatort*-Reihe rund um ein Bootshaus in Leipzig. In der 465. Ausgabe der Krimiserie ging es 2001 um eine Erpressung, und viele der Szenen wurden im Boot auf dem Wasser, am Steg oder im Bootshaus gedreht. Auch die Kult-Band Die Prinzen, da noch am Anfang ihrer bundesweiten Karriere, spielte in der Geschichte rund um eine Männerfreundschaft mit.

In der Anfang der 1970er-Jahre entstandenen populären britischen Krimiserie *Die 2* mit den Weltstars Roger Moore und Toni Curtis sind im Vorspann einige Ruderszenen zu sehen, die das sportlich aristokratische Leben des von Moore verkörperten Lord Sinclair veranschaulichen sollen.

Mit dem Boat Race und einer fiktiven Geschichte rundherum befasst sich der 1996 gedrehte Spielfilm *True Blue*. Das Buch dazu schrieb Daniel Topolski, selber ein mehrfacher Gewinner des Rennens sowohl als Aktiver wie vor allem später als Trainer der Oxford-Mannschaften. Nach dem Rückzug aus dem beruflichen Trainerleben war er bis zu seinem Tode 2015 ein gefragter Ruder-Kommentator für die BBC.

In dem 2008 entstandenen deutschen Film *Zweier-ohne* geht es um die Freundschaft zweier 17-jähriger Schüler, die eher zufällig gemeinsam in einen Ruder-Zweier steigen und schnell Erfolg um Erfolg auf Regatten feiern. Doch die beiden Charaktere sind sehr unterschiedlich, und im Laufe des Films wird dies immer deutlicher. Die Geschichte nimmt ein tragisch dramatisches Ende. Viele der Ruder-Sequenzen wurden auf der Regattabahn in Köln-Fühlingen gedreht.

Fachbücher über die Sportart Rudern und Biografien über Ruder-Persönlichkeiten findet man einige. Doch auch in der Belletristik begegnet man immer mal wieder dem Rudern. 1998 erschien ein Band vom US-Journalisten Craig Lambert, der sich zunächst der soziologischen Forschung an der renommierten Harvard-Universität widmete. Doch mit Mitte 30 entdeckte er in Boston das Rudern als Sportart für sich, und daraus entwickelte Craig eine journalistische Tätigkeit als zweite berufliche Karriere. In seinem Buch *Mind over Water* (deutscher Titel: *Über den Wassern*) beschreibt er mit

Humor, unterhaltsam und mit Hintersinn, wie Rudern einen ganz anderen Blick auf das Leben öffnen kann.

Auf einer wahren Begebenheit, die ich selber ganz nah miterleben konnte, beruht das Buch *Schlagmann* von Evi Simeoni. Die Journalistin schreibt schon viele Jahre für die *Frankfurter Allgemeine Zeitung (FAZ)* und ist dabei Expertin für den Reit- und den Rudersport. In ihrem Buch erzählt sie die Geschichte eines Olympiasiegers, der als Schlagmann eines Teams höchste sportliche Leistungen vollbringt, dann aber nach der Sportkarriere in ein tiefes psychisches Loch fällt, aus dem ihn weder seine Familie noch die Freunde aus seinem Team herausholen können. Er verfällt der Magersucht, die ihn bis in den Tod treibt. Genau so hat sich die Geschichte rund um den Schlagmann des Deutschland-Achters 1988 zugetragen. Bahne Rabe war ihr Schlagmann, gewann die Goldmedaille und vier Jahre später noch mal Olympia-Bronze. Danach wurde es still um ihn, der immer schon als sehr introvertiert galt. Genau an dem Tag, als auf der Regattabahn in Duisburg-Wedau die Junioren-Weltmeisterschaften 2001 eröffnet wurden, erreichte uns die Nachricht, dass er aufgrund seiner fortgeschrittenen Magersucht verstorben war. Fiktiv, aber doch in vielen Dingen nah an der Realität, zugleich aber auch einfühlsam hat Evi Simeoni diesem Ausnahmeruderer mit ihrem Buch ein Denkmal gesetzt.

Stöbert man im Internet, findet man noch einige Beispiele, bei denen Rudern in der Literatur und im Kino eine Rolle gespielt hat. Auch wenn die Sportart in den Tagesmedien eher zu den Randerscheinungen zu zählen ist, liefert sie doch immer wieder aufgrund ihrer langen Tradition und der Intensität von Natur, Training und Teamgeist Stoff für Autoren und Filmemacher.

96. GRUND

Weil Rudern in der Kunst eine große Rolle spielt

Die lange Tradition im Rudern, die Anfänge mit venezianischen Regatten im 17. Jahrhundert und die immerwährende Motivsuche der Maler in den jeweiligen Epochen rückten den Sport oft in den Fokus der Kunst. Aus Anlass des 100. Jubiläums des Deutschen Ruderverbandes 1983 gab es auf Initiative des damaligen Vorsitzenden des Kölner Regatta-Verbandes Hans-Georg Röhrig erstmals in Deutschland eine größere Ausstellung entsprechender Darstellungen von Ruderern und Mannschaften. Freilich nicht die teuren Originale, aber sehr sorgfältig hergestellte Drucke und Fotografien.

Schon bei den Vorbereitungen zeigte sich schnell, dass die Fülle der Werke doch größer war, als man gemeinhin annahm. Vom großen Wandgemälde bis hin zur Gestaltung von Briefmarken reichte das Repertoire, das Rudern und Kunst zusammenbrachte.

Gut 300 Jahre alt sind großflächige Darstellungen von Canaletto. Dahinter verbargen sich mit Giovanni Antonio Canal und Bernardo Belletto zwei Künstler aus dem 18. Jahrhundert, die als Onkel und Neffe miteinander verwandt waren. Die Bilder der beiden Künstler zeigten vor allem große Auffahrten der Ruderboote auf dem Canal Grande in Venedig.

Viele Gemälde, die dann auch in der Kunstwelt Beachtung und Bedeutung gewannen, entstanden gegen Ende des 19. Jahrhunderts. Großen Anteil daran hatte Pierre-Auguste Renoir (1841–1919), einer der wichtigsten Impressionisten Frankreichs. In den Jahren 1880/81 entstand sein wohl bekanntestes Werk, das *Frühstück der Ruderer*. Es zeigt eine illustre Gesellschaft von Damen und Herren, einige unverkennbar in der Kleidung der Ruderer dieser Zeit. Sie sitzen um einen Tisch mit Speisen und vielen Weinflaschen, plaudern offenbar genau wie die ebenfalls zu sehenden Herren im feineren Zwirn mit Zylindern angeregt mit den anwesenden Damen.

Wie sich rund 100 Jahre nach der Entstehung des Gemäldes als Ergebnis vieler Recherchen und Forschungen bei den Nachkommen Renoirs ergab, handelt es sich offenbar bei den dargestellten Personen im Bild um viele tatsächliche Zeitgenossen und Freunde des Künstlers. Schon ein Jahr zuvor hatte sich Renoir mit dem Rudern befasst. Sein Gemälde *Ruderer bei Chatou* zeigt ebenfalls einige Einer mit Steuersitzen in einer Flussmündung. Beide Gemälde von Renoir befinden sich inzwischen im Besitz einer Sammlung in Washington D.C.

Mit Alfred Sisley (1839–1899) lebte ein weiterer Impressionist dieser Epoche in England. 1874 entstanden in Hampton Court im Rahmen einer dortigen Regatta mehrere Bilder mit Szenen aus den Rennen und an den Ufern.

Als dritter Maler, der sich mit Bildern von Ruderern zum Ende des 19. Jahrhunderts befasste, sei hier Thomas Eakins (1844–1916) genannt. Er stammte aus Philadelphia (USA) und zugleich aus einer Familie, in der der Sport, besonders aber das Rudern sehr intensiv betrieben wurde. Befreundet war Thomas u.a. mit dem Deutschen Max Schmitt. Von ihm lernte er die deutsche Sprache, und ein Porträt von Max im Einer war eines der ersten Gemälde, das Eakins um 1871 anfertigte. Die Brüder Biglin, ebenfalls Freunde des Malers, waren weitere Motive einer Reihe von Bildern mit Ruderszenen. Bis etwa 1875 malte Eakins etwa 30 Rudermotive, danach aber griff er dieses Thema nie mehr in seinem künstlerischen Schaffen auf.

Bis heute findet man immer mal wieder Ruderer auf den Bildern zeitgenössischer Maler und auch in anderen künstlerischen Formen. Und wenn man in die große Welt der Philatelie schaut, zieren bis in die heutige Zeit immer wieder Einer, Zweier, Vierer und Achter zahlreiche Briefmarken, von denen die meisten in Olympiajahren in der ganzen Welt ausgegeben werden.

97. GRUND

Weil Ruderer auch in Notlagen Solidarität beweisen

Kommen wir im nächsten Grund von den Medien und Künsten hin zu einer anderen Eigenschaft, die die Sportart Rudern auszeichnet, dem sozialen Miteinander. Auch hier gibt es viele Beispiele, die zeigen, dass Rudern doch viel mehr ist als ehrgeiziger Wettkampf und körperliche Ertüchtigung.

Ein ganz großes Szenario spielte sich im Jahre 2002 ab. Tagelang hatte es in Mitteleuropa im Spätsommer an einem Stück geregnet. Besonders betroffen waren die Regionen, aus denen die Elbe ihre Zuflüsse hat. Es kam das Unvermeidliche, der Strom trat über die Ufer, und nicht nur das. Er ergoss sich über die Städte entlang des Elbverlaufes. Vielen mögen noch die Bilder in Erinnerung sein, wie der Hauptbahnhof von Dresden innerhalb weniger Stunden förmlich durchflutet wurde und die Wassermassen gewaltige Schäden in der gesamten Region in Sachsen und Sachsen-Anhalt anrichteten. Es war auch die Zeit des Wahlkampfes für einen neu zu wählenden Bundestag und für die daran beteiligten Politiker eine große Bühne zur Selbstdarstellung.

Währenddessen aber wurde im Lager der Ruderer gehandelt. Gemeinsam mit dem Deutschen Ruderverband rief die damalige Ruder-Fachzeitschrift zu einer Spendenaktion für die zahlreichen betroffenen Rudervereine entlang der hochwasserführenden Flüsse auf. In vielen von ihnen war den Mitgliedern kaum die Zeit geblieben, Material, Boote und Inventar der Bootshäuser vor den schnell auflaufenden Fluten in Sicherheit zu bringen. Zahlreiche Clubs mussten nach dem Hochwasser einen großen Teil ihres Bootsbestandes als schrottreif entsorgen. Der Druck der Wassermassen hatte viele Boote aus ihren Lagerungen mit ungeheurer Kraft gegen die Decken der überfluteten Bootshallen gedrückt, Holz und Kunststoffe konnten dem nicht standhalten.

Das Echo nach dem Spendenaufruf war überwältigend. Insgesamt kamen durch nicht betroffene Vereine, durch Privatpersonen aus dem gesamten Bundesgebiet, durch Unternehmen und andere Organisationen mehr als 200.000 Euro zusammen, die dann im Herbst 2002 den Elbvereinen zur Behebung der gröbsten Schäden und zur Anschaffung von Material zur Verfügung gestellt wurden. Darüber hinaus konnten zahlreiche Sachspenden vermittelt werden, so dass schon wenige Wochen nach der Flutkatastrophe in vielen Regionen der Ruderbetrieb wieder aufgenommen werden konnte. Die Schäden an den Häusern waren noch einige Jahre später zu erkennen, aber auch hier halfen die Solidarität unter den Wassersportlern und die große Hilfsbereitschaft, dass viele der Gebäude überwiegend in Eigenleistung der Vereinsmitglieder ebenfalls gerettet wurden.

Im Rennen gegeneinander um den Erfolg kämpfen – in der Not aber helfen und gemeinsam zusehen, dass der Gesamtschaden für die Sportart so gering wie möglich bleibt, das zeigte sich eindrucksvoll in den Herbsttagen 2002, als an anderer Stelle vor allem um Positionen und Macht gekämpft wurde.

98. GRUND

Weil Ruderer sich gegenseitig helfen, auch als Konkurrenten

Als Ruderer sitzt man ja mit dem Rücken zum Ziel, sieht also nicht, wohin man genau fährt. Nun stellen Sie sich mal vor, in dieser Situation ist man dazu auch noch taub, hört also nicht oder kaum, was einem zugerufen wird, oder die Geräusche anderer Boote und Schiffe auf einem Gewässer.

In genau dieser Situation stand der Este Jüri Jaanson, geboren 1965 in Tatu. Mit zwei Jahren verlor er in Folge von Antibiotika nach einer Lungenentzündung fast komplett sein Gehör, konnte nur noch ganz schwach seine Umwelt wahrnehmen. Zunächst besuchte er eine Schule für Gehörlose, bevor er mit zwölf Jahren eine erste, sehr einfache Hörhilfe erhielt. Mit der konnte er eine normale Schule besuchen und schaffte den Abschluss für die Universität. Dort kam er erstmals mit dem Rudern in Kontakt, und schnell stellte sich sein besonderes Talent für diesen Sport heraus. Aber ohne Hörhilfe war er nie, sowohl im Training wie auch dann in den Rennen sah man ihn mit den Geräten im Boot.

1988 startete er bei den Olympischen Spielen von Seoul im Einer, wurde Achter. 1990 gewann er in Tasmanien seinen ersten Weltmeistertitel, ebenfalls im Einer. Estland hatte keine annähernd guten Ruderer für eine größere Mannschaft, sodass Jüri bis 2005 ausschließlich in der kleinsten Bootsklasse antrat. 2004 gewann er in Athen die olympische Silbermedaille, vier Jahre später kam mit seinem Partner Tõnu Endrekson dann eine weitere im Doppelzweier hinzu.

Ein Ausnahmeskuller also, der trotz seiner Behinderung sportliche Höchstleistungen ablieferte. Als er seine internationale Karriere begann, war das auch die große Zeit des Deutschland-Achters mit dem Essener Ansgar Wessling an Bord. So lernten sich der estnische Skuller und der deutsche Riemenruderer kennen, und Ansgar erkannte schnell das Handicap, das Jüri durch sein Leben begleitete. Denn der Essener hatte den Beruf des Hörgeräte-Akustikers gelernt und war natürlich mit dieser Materie mehr als vertraut. Er konnte die Qualität der Hilfen, die Jüri in seiner estnischen Heimat zur Verfügung standen, beurteilen. Die waren verglichen mit dem Stand der Gerätetechnik, der in Deutschland erhältlich war und der neben einem wesentlich besseren Tragekomfort auch bessere Nutzbarkeit gerade für Sportler bot, doch eher rückständig. Für Ansgar Wessling Grund genug, eine Initiative zu starten und seine Achter-Kameraden zur Mithilfe zu bewegen. Sie legten zusammen, Ansgar konnte moderne Hörhilfen für Jüri Jaanson anfertigen und anpassen, und fortan konnte der so sympathische und zurückhaltende Sportler aus Estland die Welt mit einer ganz anderen Hörqualität erleben. Sicher war auch das ein Grund, dass er seine Karriere noch bis 2010 fortsetzen konnte und als einer der wenigen Sportler in der Welt insgesamt sechsmal bei Olympia an den Start ging. 2011 ehrte ihn der Weltverband FISA mit der Thomas-Keller-Medaille, der höchsten Auszeichnung für erfolgreiche Athletinnen und Athleten im Rudern. Längst zur Sportlegende in seinem Land geworden, ist er heute Abgeordneter im Estnischen Nationalparlament.

Gegeneinander im Wettkampf sind Ansgar Wessling und Jüri Jaanson nie angetreten, denn als Riemenruderer und Skuller saßen sie ja in völlig unterschiedlichen Bootsklassen. Aber diese Geste der Hilfe für einen Sportkameraden aus einem ganz anderen Land verbindet die beiden Athleten noch heute.

99. GRUND

Weil Rudern sich für Menschen mit Krebserkrankung einsetzt

Rudern und Hilfe für erkrankte Menschen spielen auch in diesem Grund eine Rolle. Auch wenn die medizinische Wissenschaft heute weit fortgeschritten ist, greift eine Krebsdiagnose doch sehr heftig in den Lebensrhythmus eines Betroffenen ein. Das konnte Prof. Dr. Elke Jäger aus Mainz fast täglich in ihrer Arbeit mit diesen Patienten erleben.

2005 kam ihr die Idee, für diese Patienten etwas ins Leben zu rufen, was sie neben der medizinischen Behandlung auch psychisch unterstützen sollte. Der Sport erschien der passionierten Ruderin dafür als geeignet, und Versuche zeigten, dass die Krebspatienten durch Bewegung und regelmäßige körperliche Belastung besser durch die Zeit der pharmakologischen Behandlung kamen und vor allem in der Nachsorge wesentlich schneller in einen geordneten

Alltag zurückkehren konnten. Rudern war da freilich zu anstrengend und aufwendig, Gymnastik mit handlichen Geräten, den üblichen Bodenmatten oder den großen Bällen passte da viel besser, war auch im Umfeld einer Klinik einzurichten. Was fehlte, war allerdings das Geld für die Anschaffung des Materials und die Ausbildung von Medizinern und Trainern für den Umgang mit dem Sport bzw. mit den Patienten. Also gründete Elke Jäger die Initiative »Rudern gegen Krebs« und initiierte im Sommer 2005 die erste Regatta vor dem Mainzer Rheinufer. In den Booten saßen inzwischen von der guten Idee angesteckte Kolleginnen und Kollegen der Medizinerin, dazu Pflegerinnen und Pfleger aus den Kliniken rund um das Rhein-Main-Gebiet und noch einigen weiteren Initiativen, die sich für diese Benefizaktion hatten gewinnen lassen. Sie alle zahlten ein Antrittsgeld, von dem ein großer Teil als Spende an die Stiftung »Leben mit Krebs« ging zu dem Zweck, davon Sportgeräte und entsprechende Ausbildung des Personals zu finanzieren. Ein kleiner Anfang war gemacht, und noch ahnte niemand, was daraus mal werden sollte.

2017 ging die Aktion »Rudern gegen Krebs« inzwischen in ihre 13. Saison. Aus der einen eher kleinen Regatta sind inzwischen 10 bis 12 Veranstaltungen pro Jahr verteilt über das ganze Bundesgebiet geworden. Mit einem kleinen in Mainz beheimateten Team der Krebs-Stiftung werden die jeweils 1-Tages-Regatten vorbereitet, vor Ort bilden dann ein Ruderverein und eine medizinische Einrichtung gemeinsam mit dem Stiftungsteam das Organisationskomitee. Die Teilnehmerzahlen sind dabei überwältigend, denn an manchen Standorten gehen weit über 100 Mannschaften im Vierer an den Start der Rennen, die in mehreren Klassen ausgetragen werden. Und dabei kommen die Besatzungen der Boote nicht aus der Ruderszene, sondern sind überwiegend Ruderanfänger, die erst wenige Wochen vor der Regatta durch den örtlichen Ruderverein an den Sport herangeführt wurden. Dadurch ist das Niveau der Teilnehmer sehr ausgeglichen, und oftmals spielen der Spaß und der Einsatz für die gute Sache die wesentlich größere Rolle als Ergebnisse und Medaillen.

Im Laufe der Jahre wurden auf dieser Basis mehr als 90 Regatten durchgeführt, der dabei gespendete und durch Startgelder zusammengekommene Gesamtbetrag hat die Millionengrenze längst überschritten, und der Sport gehört unverzichtbar zum Therapiekonzept für einen Großteil der Krebspatienten. Aus den bescheidenen Anfängen 2005 ist somit eine der größten und am längsten bestehenden Benefiz-Sportinitiativen in Deutschland geworden.

12. KAPITEL

RUDERN, MEHR ALS NUR MEDAILLEN-SAMMELN

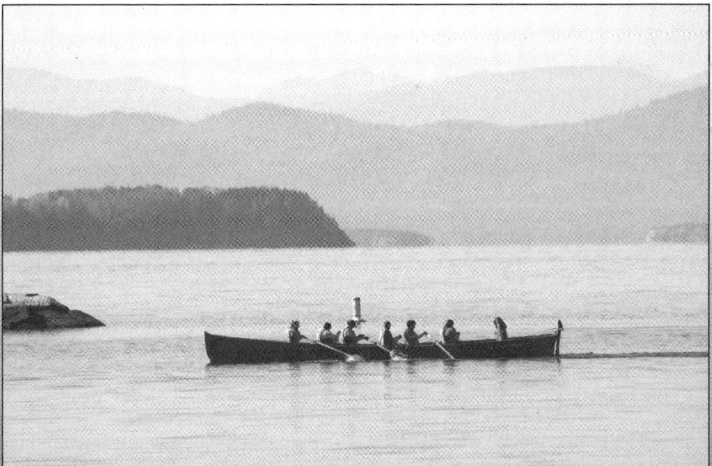

100. GRUND

Weil Rudern vor allem Breitensport ist

Rudern als Leistungssport hat in den bisherigen 99 Gründen überwiegend im Vordergrund gestanden. Die großen Regatten, Olympiamedaillen und Weltmeistertitel sind halt die Dinge, über die diese Sportart in der breiten Öffentlichkeit identifiziert wird. Aber da gibt es noch eine ganz andere, für die rudernden Aktiven viel umfangreichere Seite des Ruderns – den Breitensport.

Im Rudern hat diese Form der sportlichen Betätigung unterschiedliche Ausprägungen. Alleine schon quantitativ spielt sie sogar die wesentlich größere Rolle als der Leistungs- oder gar Hochleistungssport. Mehr als 80 % der gut 80.000 Mitglieder im Deutschen Ruderverband widmen sich ausschließlich dem Breitensport. Dabei geht es in erster Linie um die eigene Fitness und um das gemeinschaftliche Sporttreiben mit seinen Bootskameraden. Man trifft sich zu festgelegten Zeiten am Bootshaus oder verabredet sich spontan für eine Ausfahrt nach Feierabend. Wie auch immer sich die Termine ergeben, Bootshaus, Boote und das heimatliche Gewässer sind die festen Faktoren. Und wer die nötige Erfahrung und die körperliche Fitness hat, seinen Einer selber ans Wasser zu bringen, kann sich einfach mal so zwischendurch allein zu einer Ausfahrt aufmachen.

Die ist dann kein Training als Vorbereitung auf ein Rennen, sondern einfach eine Ruderstunde (oder auch mehr, je nach Gewässer und gewählter Distanz) zum eigenen Vergnügen. Da gibt es kein angestrengtes Konzentrieren auf den Ruderschlag, kein verkniffenes Schweigen bei vollem Krafteinsatz und auch keinen starren Blick ins Boot, der eine Ablenkung durch ein Geschehen rundherum vermeiden soll. Natürlich sind die Grundvoraussetzungen für einen guten Lauf des Bootes durch das Wasser auch hier Ehrensache. Eine gemeinsame Schlagfrequenz im Team, ein Mitmachen und nicht nur Mitziehenlassen, ein pfleglicher Umgang mit dem Bootsmaterial – das gehört als Selbstverständlichkeit mit dazu. Aber es etwas ruhiger angehen lassen, nicht mit 40, sondern 15–20 Schläge pro Minute, dosierter Krafteinsatz, der auch ein Schwätzchen mit den Mitfahrern erlaubt und hier und da mal eine kleine Pause, um die Ruhe und die Natur auf dem Wasser zu genießen – das alles bietet Rudern als Freizeitvergnügen in hohem Maße. Entspannung in der freien Natur, dabei eine gewisse Unabhängigkeit auf dem Wasser empfinden und gleichzeitig etwas für den eigenen Körper tun sind die wesentlichen Merkmale des Ruderns als Breitensport.

Das muss auch nicht nur auf einen Tag alleine beschränkt bleiben. In fast allen Vereinen stehen pro Jahr mehrfach Wochenend- und Wanderfahrten auf dem Programm. Da ist man dann zwei oder auch mehrere Tage hintereinander mit dem Boot unterwegs und kann den Alltag eine Weile hinter sich lassen. Wie heißt es immer: »Der Weg ist das Ziel!« Für Rudern als Freizeitsport gilt das in besonderem Maße.

101. GRUND

Weil man beim Wanderrudern eine andere Perspektive kennenlernt

Was nun!? Wandern oder Rudern? Wer noch nie Berührung mit der Sportart Rudern hatte, dem mag diese Wortkreation paradox vorkommen. Und doch nimmt das Wandern im Ruderboot einen breiten Platz in der Ruderszene ein. Von Ort zu Ort reisen, Etappe um Etappe zurücklegen – da aber eben nicht auf Schusters Rappen, sondern in einem Ruderboot – das ist Wanderrudern.

Der Ursprung des Ruderns als Sportart liegt in den Wettrennen der englischen Fährleute, wie ja ausführlich in den früheren Gründen in diesem Buch geschildert worden ist. Als dann der Sport nach

Deutschland kam, standen die Rennen nicht mehr allein im Vordergrund. Denn gerade die weitläufigen Wasserflächen rund um die Großstädte Hamburg, Berlin oder Frankfurt luden dazu ein, sich auch mit Muße und einfach als Freizeitvergnügen diesem Sport zu widmen. Dazu nutzte man nicht die immer schmaler und schnittiger werdenden Boote des Rennsports, sondern die vorhandenen Kähne und Schaluppen der Fischer und Fährleute. Hier konnte man Gepäck und Verpflegung mitnehmen und schnell wurde dann nach dem Picknick am Nachmittag auch in mitgeführten Zelten übernachtet und die Fahrt am nächsten Tag fortgesetzt.

Aus diesen Anfängen entwickelte sich die Wanderruderbewegung. Anfänglich von den rennsportlich ambitionierten Vereinen und Verbänden noch kritisch beäugt, nahmen die Mitgliederzahlen doch schnell zu. Anfang des 20. Jahrhunderts hatte sich das Fahrten- bzw. Wanderrudern endgültig etabliert.

Heute sind die weiterentwickelten Ruderboote mit einer Breite von 75–100 cm die Grundlage dafür. Mit ihnen gehen die Wanderruderer auf Tour und sehen viele Städte, Landschaften und die an den Ufern stehenden Gebäude vom Wasser aus. Für viele aktive Ruderinnen und Ruderer ist das eine willkommene Form, mit vergleichsweise kleinem Reisebudget Land und Leute kennenzulernen. Nicht zuletzt deshalb bieten viele Vereine solche Fahrten gerade für ihre Jugendlichen an. Oft endet die jährliche Ausbildung der Anfänger mit einer solchen Wanderfahrt.

Dann geht es einen Fluss hinunter. Am Anfang erst mal über drei, vier Tage, um das Sitzfleisch an die längere Zeit auf dem harten Rollsitz zu gewöhnen. Später dann je nach verfügbarer Zeit auch von der Quelle bis zur Mündung ggfs. über mehrere Wochen. Übernachtet wird gerne in den Bootshäusern der Vereine entlang der Gewässer. Und wenn die Strecken dazwischen zu lang sind, um am Ende eines Tages das nächste Bootshaus erreichen zu können, geht es mit dem Zelt auf einen direkt am Wasser gelegenen Campingplatz. Viele davon haben extra Anlegestege installiert oder bieten in der Nähe Buchten und Einrichtungen, an denen die Boote über Nacht festgemacht werden können.

Egal, ob es nur die zwei Tage eines Wochenendes sind oder es gleich über mehrere Wochen einen ganzen Fluss hinabgeht – vom Wasser aus sehen selbst aus anderen Reisen vertraute Städte und Regionen doch ganz anders aus. Wer einmal diese Perspektive erlebt hat, wird schnell auf den Geschmack nach mehr kommen.

102. GRUND

Weil es auch beim Wanderrudern Preise gibt

Medaillen und Titel gibt es beim Wanderrudern nicht. Dennoch müssen die Freizeitsportler nicht auf Ehrungen verzichten. Das ermöglicht der jährlich ausgeschriebene Wanderruder-Wettbewerb des Deutschen Ruderverbandes.

Dabei zählen die Kilometer, die eine Ruderin oder ein Ruderer im Laufe eines Kalenderjahres im Boot zurücklegt. Jede Ausfahrt, egal ob nur an einem Tag oder als Tour über mehrere Tage, wird im Verein in ein offizielles Fahrtenbuch eingetragen. Das ist behördlich vorgeschrieben, um im Falle von Verkehrsverstößen oder gar Unfällen auf dem Wasser die beteiligten Sportlerinnen und Sportler ermitteln zu können. Neben der befahrenen Strecke werden hier auch die insgesamt zurückgelegten Kilometer der Fahrt eingetragen.

Diese Kilometer werden addiert, sodass für jeden Aktiven am Ende des Jahres eine Gesamtzahl feststeht. Liegt die über einem je nach Altersklasse vom Verband festgesetzten Wert, kann der Verein für diese Ruderin oder diesen Ruderer das Fahrtenabzeichen für das abgeschlossene Jahr beim Deutschen Ruderverband abrufen. Das ist ein persönliches Ansteckzeichen, das bei jeweils fünfmaligem Erreichen dann mit den Jahreszahlen 5, 10, 15 und so weiter versehen ist. Zusätzliche Bedingung ist allerdings, dass innerhalb der

Gesamtkilometerzahl ein Anteil von auf Wanderfahrten zurückgelegten Distanzen enthalten ist. Als Nachweis tragen die Aktiven ihre jeweiligen Fahrten in ein entsprechendes vorgedrucktes Heft ein, das der Verein dann bestätigt beim Verband einreicht. Viele Wanderruderer erfüllen die Bedingungen schon seit Jahrzehnten und sind bei der Anzahl der Abzeichen schon weit jenseits der 50.

Als besonderen Anreiz hält der Deutsche Ruderverband noch einen ungewöhnlichen Preis bereit: Wer in seinem Ruderleben mindestens 40.077 km zurückgelegt hat und dies durch die Nachweise über das Fahrtenabzeichen belegen kann, erhält eine in Bronze gegossene kleine Erdkugel, denn diese Distanz entspricht genau der Länge des Äquators. Wer das sogar zweimal in seinem Ruderleben schafft, erhält als weitere Ehrung eine Nadel in Silber, für die dreimalige Erfüllung gibt es die Goldnadel.

Und auch für die Vereine lohnt sich die jährliche Meldung. Die gesamte Kilometerleistung aller Aktiver und die Anzahl der erworbenen Fahrtenabzeichen werden durch Faktoren abhängig von der genauen Mitgliederanzahl der Clubs in ein Ranking aufgenommen. Dabei werden die teilnehmenden Vereine gemäß ihrer Mitgliederzahl in vier Gruppen aufgeteilt, die jeweils drei besten Vereine einer solchen Gruppe erhalten jährlich den Wanderruderpreis des Verbandes, womit das breitensportliche Engagement von Club und Mitgliedern besonders gewürdigt wird.

So ganz ohne Wettbewerb geht es also nicht im Breitensport Rudern, aber die dabei abzuliefernden Leistungen werden von einigen Hundert Aktiven pro Jahr erbracht. WM- und Olympiaerfolge sind da doch wesentlich seltener.

103. GRUND

Weil große Ströme einen besonderen Reiz haben

Wenn Trainingsruderer mal eine richtig lange Einheit fahren, dann kommen auch schon mal 20–30 km zusammen. Darüber können Wanderruderer eher lächeln, denn bei ihnen beträgt eine Tagesetappe doch oft deutlich mehr, je nach Gewässer sogar 80–90 km pro Tag.

Solche Distanzen erfordern auf einem stehenden Gewässer schon eine gewisse Kondition und Sitzfestigkeit. Da ist man mal gerne von früh bis spät auf dem Wasser und spürt dann auch am Etappenziel, was man hinter sich gebracht hat.

Deshalb werden solche Kilometerleistungen gerne auf Flüssen und Strömen zurückgelegt, die durch ihre Fließgeschwindigkeit unterstützend auf das Boot wirken. Da kommt man auch in den kleinen Pausen zwischendurch ein Stück voran, ohne einen Ruderschlag tun zu müssen.

In Deutschland finden deshalb viele Fahrten gerne auf dem Rhein, der Weser, der Donau oder der Elbe statt. Die »schieben« zusätzlich zum Antrieb durch die Ruderblätter zusätzlich so mit 4–6 km/h. Diese vier Ströme werden in ihrem Hauptlauf nicht durch Staustufen reguliert, und deshalb entwickeln sie den von den Ruderern gerne mitgenommenen Schub. Wer als Wanderruderer sich hohe Ziele setzt, sprich richtig große Kilometerleistungen vollbringen will, kommt an den Strömen auf Dauer nicht vorbei. Denn neben ihrer Strömung liefern sie ja auch durch ihre Länge sehr abwechslungsreiche Regionen an den Ufern, dazu zahlreiche Städte und viele Sehenswürdigkeiten.

104. GRUND

Weil Menükarte und Hotelkomfort manche Tour prägen

»Rudern sollte nicht in Sport ausarten, schon gar nicht auf einer Wanderfahrt.« Das ist ein nicht ganz ernst gemeinter, aber doch öfter gehörter Spruch im Breitensport. Trainingspläne, Schlagzahlmessung, Zeittabellen – das überlassen die Breitensportler lieber den Regattafahrern.

Trotzdem will eine Wanderfahrt gut vorbereitet sein, denn man möchte ja die vorgesehene Strecke innerhalb der verfügbaren Tage schaffen, ohne sich zu sehr ins Zeug legen zu müssen. Und die Logistik muss ja auch stimmen, vor allem, wenn das persönliche Gepäck an Land mit einem Begleitfahrzeug und nicht im Boot transportiert wird. Also obliegt es meist dem Fahrtenleiter, sich rechtzeitig um Quartiere, Verpflegung und Etappeneinteilung zu kümmern.

Bei Fahrten der Jugendlichen geht es da eher rustikal zu, denn da sollten alle notwendigen Kosten so gering wie möglich gehalten werden, um den Geldbeutel der Eltern nicht zu sehr zu belasten. Da geht es dann meist mit Luftmatratze und Schlafsack zum Übernachten in die Räume oder auch Bootshallen der am Wege liegenden Vereine oder es werden geeignete Campingplätze angefahren und sich dort im ebenfalls mitgeführten Zelt ausgestreckt. Frische Brötchen zum Frühstück gehören hier und da schon zum Luxus, eine Brotschnitte aus der Tüte tut es auch. Tagsüber gibt es Obst oder es geht auch mal die Gummibärchentüte durch Boot. Für den Abend wechseln sich gerne mal die berühmten Ravioli aus der Dose mit den Spaghetti, übergossen mit Tomatensoße, ab. Und wenn eine Ortschaft in der Nähe liegt, dann gehört auch der Gang zur Döner- oder Pommesbude zur Abendgestaltung. Aber keine Angst, liebe Eltern, die Ernährung entspricht vielleicht nicht ganz den neuesten Empfehlungen der Ernährungsmediziner, aber die tägliche sportliche Betätigung im Boot gleicht das doch ziemlich aus.

Bei den Touren der Erwachsenen kann das dann schon ganz anders aussehen. Kann, wohlgemerkt, denn es gibt auch viele ältere Ruderinnen und Ruderer, die lieben die etwas abenteuerliche puristische Form mit Zelt und Campingkocher.

Aber bessere finanzielle Möglichkeiten werden gerne für mehr Bequemlichkeit und Qualität genutzt. Da baut man nicht an jedem Abend sein Zelt auf, sondern kehrt in die Pension oder ein Hotel ein. In den Zielorten der Etappen werden schon vorher dank Internet die gastronomischen Möglichkeiten ausgelotet und, je nach Größe der Fahrtengruppe, Plätze oder auch schon ein gemeinsames Menü vorbestellt. Bei mancher im Winter vorgenommenen Fahrtenplanung für die nächste Saison geben solche Fragen und Möglichkeiten auch schon mal den Ausschlag für die Wahl des zu befahrenden Gewässers. Da stehen u.a. die Nebenflüsse des Rheins mit ihren zahlreichen Weinlagen und der damit einhergehenden landestypischen Gastronomie hoch im Kurs. Dazu bieten auch die größeren Städte wie Stuttgart, Heilbronn und Heidelberg am Necker oder Bamberg, Würzburg und Frankfurt am Main interessante Möglichkeiten, auf längeren Touren auch mal einen kulturellen Ruhetag einzulegen. Natürlich haben auch andere Gewässer Ähnliches zu bieten. Eine Fahrt entlang den Ufern des Bodensees, durch das Elbsandsteingebirge bei Dresden und dann weiter bis Magdeburg oder auch auf den vielen miteinander verbundenen Seen in Berlin und Brandenburg seien hier ergänzend als Beispiele von noch vielen weiteren genannt.

Sehr beliebt ist unter den Aspekten von Landschaft, Quartieren und kulinarischen Genüssen eine Fahrt in Frankreich. In nicht wenigen Vereinen gibt es größere Freundeskreise, die dort in jedem Jahr unterwegs sind, dabei ganz besondere Erfahrungen machen und Wanderfahrten mit besonderem Ambiente unternehmen.

Egal, wo, wie und wann – eine gute Vorplanung ist der Schlüssel für den Erfolg einer Wanderfahrt. Dabei gibt nicht immer der Geldbeutel den Ausschlag. Einfallsreichtum der Organisatoren, gute Etappenplanung mit genügend Zeit für die Aktivitäten an

Land und eine gelungene Auswahl der Übernachtungsmöglichkeiten sind das Salz in der Suppe. Bei der muss es aber ernährungstechnisch nicht bleiben.

105. GRUND

Weil die Lahn einer der schönsten Flüsse ist

Natürlich ist es auch im Wanderrudern eine Geschmacksache und jeder hat da so seine Vorlieben. Aber für mich ist die Lahn nach wie vor einer der schönsten Flüsse für unsere Sportart. Ein paar Kilometer vor Gießen wird der Fluss so breit, dass man ihn mit Ruderboot problemlos befahren kann. Die beiden Rudervereine dort sind alljährlich am Pfingstwochenende Gastgeber einer Regatta mit über 100-jähriger Tradition. Nächste Station nach rund 15 Kilometern ist Wetzlar, wo die dortige Ruder-Gesellschaft ebenfalls viele Erfolge im Rennsport bis hin zum Olympiasieg feiern konnte.

Aber das kommt für die Wanderfahrer erst an zweiter Stelle, sie genießen die bis an den Fluss heranreichende Natur und auch die immer wieder unterschiedlichen Bedingungen auf dem Wasser. Da die Lahn hier nicht voll ausgebaut ist, müssen Untiefen und kleinere Wehre überwunden werden. Weiter geht es nach Weilburg, wo es eine Besonderheit gibt, die jeder Wanderfahrer einmal befahren haben sollte. Hier macht die Lahn eine kleine Schleife, in deren Verlauf zwei Wehre mit ihren Untiefen liegen. Um diesen aus dem Weg zu gehen, wurde Mitte des 19. Jahrhunderts ein etwa 200 m langer Tunnel durch einen Bergzug am Ufer gebaut, der in zwei Schleusen mündet. Der Tunnel ist gerade so breit, dass man mit Ruderbooten durchfahren kann, allerdings nicht rudernd, sondern mit extra mitgeführten Paddeln.

Hinter diesem Highlight einer jeden Lahn-Tour beginnt das enge, aber malerische Tal mit seinen kleinen Ortschaften, vielen

Brücken und Schleusen. Da schon vor einigen Jahrzehnten die Lahn als Wasserweg für die beruflich gefahrenen Frachter aufgegeben wurde, sind diese teilweise in nicht optimalem Zustand. Ab und an muss man dann auch mal das Boot umtragen, d.h. vor der Schleuse am Ufer aus dem Wasser nehmen, es auf dem Land um den Schleusenbau herumtragen, was schon mal ein paar Hundert Meter sein kann, und dann das Boot hinter der Schleuse wieder ins Wasser bringen. Immer mal wieder werden die Schleusenanlagen restauriert, sodass sie weiterhin für die Wassersportler per Selbstbedienung nutzbar sind. Trotzdem muss man im Zeitplan bei einer Lahnfahrt die längeren Unterbrechungen einplanen.

Besondere Vorsicht muss man in Runkel walten lassen. Hier ist die Schleuse immer nutzbar, aber im Auslauf, dem sog. Unterwasser, kommt von der Seite eine starke Strömung in das Fahrwasser, und hier gilt es besonders für die Steuerleute im Vierer, die Mannschaft mit klaren Kommandos in der Spur zu halten. Eine kleine Pause in Runkel an Land einzulegen, lohnt sich immer, vor allem in der warmen Jahreszeit. Es gibt dort eine Eisdiele, die in Kreisen der Ruderer Kultstatus genießt.

Schon von Weitem sieht man den Dom von Limburg, einem der nächsten lohnenden Etappenziele, da es dort sowohl einen großen Ruderverein wie auch gute Campingmöglichkeiten gibt. Ein Stück hinter Limburg beginnt der Naturpark Nassau, durch den sich der Fluss in vielen kleinen Biegungen windet. Historische Bedeutung hat die Stadt Bad Ems, über viele Jahre im 19. Jahrhundert bevorzugte Kurstadt der Regenten aus Europa. Von dort aus sind es noch rund 15 Kilometer bis nach Lahnstein, wo der Fluss in den auslaufenden Mittelrhein bei Koblenz mündet.

Wenn man nicht gerade nur an den langen Wochenenden die Zeit findet für eine Lahnfahrt, dann ist der Fluss durch Hessen und Rheinland-Pfalz wirklich ein Traum für Wassersportler. Etwas eng wird es allerdings an Pfingsten und den drumherum liegenden Wochen, denn nicht nur die Ruderer wissen die Lahn zu schätzen.

Wie eingangs gesagt, es ist Geschmackssache. Aber einmal im Rudererleben sollte die Lahn auf dem Fahrtenplan stehen. Es lohnt sich!

106. GRUND

Weil die Mosel besonders im Herbst Ruderer anzieht

Sport und Alkohol, das ist ja immer mal wieder ein Thema. Gerade die Ruderer gelten als trinkfest und verstehen es ja auch, zünftig zu feiern. Längst aber ist auch hier Bewusstsein für einen maßvollen Umgang mit den promillehaltigen Getränken gewachsen. Auf den Vorbildcharakter für die Jugend wird da besonderer Wert gelegt.

Dennoch, so einen guten Schluck Wein lassen die Ruderer nicht lange stehen, und deshalb stehen gerade die Flüsse mit den Rebenhängen an den Ufern bei Wanderfahrten im Spätsommer und Herbst besonders hoch im Kurs.

Zweifelsohne ist da die Mosel ganz vorne, denn ähnlich wie die Lahn gilt auch dieses Gewässer als landschaftlich und von der Infrastruktur her als gutes Wandergewässer. Aus Frankreich und Luxemburg kommend ist der erste markante Punkt in Deutschland die Mündung der Saar in die Mosel bei Konz. Kurz danach liegt mit Trier eine der ältesten Städte Deutschlands an beiden Seiten des Ufers. Von hier aus sind es knapp 200 Flusskilometer bis zur Mündung der Mosel in den Rhein bei Koblenz. Und diese Strecke beheimatet links und rechts unzählige kleine Orte, Gemeinden und Städtchen, in denen sich die meisten Einwohner ihre wirtschaftliche Grundlage durch den Weinbau und den Tourismus schaffen.

Dass der Beruf des Winzers nicht zu den körperlich bequemen gehört, wird spätestens beim Blick auf die an den steilen Berghängen stehenden Weinstöcke klar. Und vielleicht verdanken gerade diesem Umstand die im Spätsommer und Herbst anstehenden Weinfeste in fast jedem der Moselorte ihren Ursprung. Nach der Lese und dem Einbringen der jährlichen Ernte in die Lagerung zur Reifung haben es sich die Winzer und ihre Mitarbeiterinnen und Mitarbeiter redlich verdient, über ein Wochenende oder auch den ein oder anderen Tag länger sowohl die Früchte ihrer Arbeit aus den Vorjahren zu genießen, als auch es sich dabei mit den Produkten der heimischen Bäcker, Metzger und Landwirte gut gehen zu lassen. Dabei ist das ganze Dorf auf den Beinen, jeder packt mit an, und keiner kommt beim Feiern zu kurz. Für die Gastronomie und den Tourismus sind diese Gelegenheiten natürlich Höhepunkte im Geschäftsbetrieb geworden, denn an den Feiern wollen auch gerne die Gäste und Besucher teilhaben.

Einige davon kommen dann halt auch über den Wasserweg, und auch darauf hat sich die Region eingerichtet. Da gibt es nicht nur einige Rudervereine, die gerade in dieser Zeit eine Menge an Übernachtungsanfragen zu verzeichnen haben, sondern auch viele Möglichkeiten zum Anlanden der Boote mit kurzen Wegen zu Pensionen und Hotels. Gerade in den letzten zehn Jahren haben sich hier die Tourismusvereine durch den Bau von Steganlagen hervorgetan. Viele Gasthäuser haben über die Jahre schon ihre Stammgäste aus der Ruderszene, sind u.a. mit Räumen zum Trocknen von Kleidung bei Regenwetter eingerichtet oder mit Möglichkeiten zur Lagerung von Bootsmaterial versehen. Einige Winzer haben im Laufe der Jahre persönliche Beziehungen und Freundschaften zu den regelmäßig vorbeikommenden Ruderern entwickelt. Nicht selten kommen die Sportler auch über das Jahr dann mal mit dem Pkw zu Besuch, um persönliche Weinvorräte im heimischen Keller aufzufüllen.

Natürlich geht auch die eine oder andere Flasche Wein für den nächsten Rudertag mit an Bord, allerdings gelten auch auf dem Wasser die strengen Regeln des Straßenverkehrs für den Alkoholkonsum, und die Beamten der Wasserschutzpolizei haben da gerade in den Zeiten der Weinfeste ein besonderes Auge drauf.

Der Ausbau der Mosel ist auf die Befahrung mit größeren Frachtern und auch mit den langen Schiffen der Flusskreuzfahrten eingerichtet. Da es aber einige Schleusen im Verlauf der rund 200 Kilometer gibt, bei denen die Abfertigung dieser Schiffe doch einige Zeit in Anspruch nimmt, zieht sich die Berufsschifffahrt doch recht weit auseinander, was den Fluss eben als Fahrtengewässer für die Ruderer sehr attraktiv macht.

Rudern und Genießen – für viele Wanderruderinnen und -ruderer gehört das mindestens einmal im Jahr zum festen Ritual. Dafür bieten die Fahrtengebiete in Deutschland eine Menge an Regionen an, die Mosel nimmt dabei im Ranking der Gewässer einen der vorderen Plätze ein.

107. GRUND

Weil Wanderrudern international ist

Die touristische Form des Ruderns war bis in die zweite Hälfte des 20. Jahrhunderts hinein eine Domäne in Deutschland. Schon früh widmeten sich die Vereine dem Fahrtenrudern, und die Bootswerften lieferten das entsprechend breite und robuste Bootsmaterial. Hier und da gab es auch im benachbarten Ausland breitensportliche Aktivitäten, aber gerade in den angelsächsischen Ländern und in Übersee definierte sich die Sportart sehr ausgeprägt durch den Rennsport für alle Alters- und Leistungsklassen.

Je mehr aber die Vereine untereinander internationale Partnerschaften pflegten, umso mehr lernten die ausländischen Gäste der deutschen Clubs das Wanderrudern kennen. Und natürlich wuchs das Interesse, selber mal mit den ihnen bis dahin eher unbekannten breiten und schweren Booten aufs Wasser zu gehen.

Die ersten Touren wurden unternommen, zunächst als Tagesfahrt oder über ein Wochenende. Zwei Dinge waren dabei für die Gäste ungewohnt: Erstens das lange Sitzen auf dem Rollsitz über mehrere Stunden. Bisher war man es gewohnt, so ein oder vielleicht zwei Stunden mal eine Trainingsfahrt im flotten Tempo zu absolvieren. Aber gleich einen ganzen Tag und sich dann im eher gemächlichen Tempo, teilweise auch flussabwärts treiben lassend, auf dem Wasser zu bewegen, daran musste sich so mancher verlängerte Rücken doch erst gewöhnen. Zweitens war es für die Wanderruderanfänger ungewöhnlich, nach einer Ausfahrt nicht am eigenen Bootshaus wieder anzulegen, sondern irgendwo in einem Gasthaus oder auf einem Campingplatz zu übernachten. Die Gewöhnung daran vollzog sich meistens flott, denn die Abende in geselliger Runde bei gutem Essen und einem gepflegten Glas Wein wogen die körperlichen Wehwehchen schnell auf.

Nach und nach transportierte sich so das Wanderrudern rund um den Erdball, und inzwischen hat es im internationalen Ruderverband FISA ein eigenes Referat. Das organisiert in jedem Jahr eine offene Fahrt jeweils in einem anderen Mitgliedsland. Melden dazu können Ruderinnen und Ruderer aus aller Welt, und es haben sich dadurch internationale Freundeskreise gebildet, die immer wieder auf den Fahrten anzutreffen sind. Touren haben im Laufe der Jahre auf allen Kontinenten stattgefunden, und viele nationale Verbände haben inzwischen eigene Regeln für die Ausrüstung der Boote und Teilnehmer sowie für das Verhalten auf ihren Gewässern erarbeitet. Die Sicherheit steht dabei besonders im Vordergrund, gerade, weil es sich für die meisten der Teilnehmer um unbekanntes Terrain handelt. Begleitet werden sie selbstverständlich durch erfahrene Obleute aus dem jeweils gastgebenden Verband. Manche befahrene Strecke fordert den Mitfahrern einige Erfahrung im Rudern und eine gewisse körperliche Fitness ab, für die die FISA eigens in ihrem Reglement einige Grundforderungen aufgestellt hat.

Eine internationale Tour darf an dieser Stelle nicht vergessen werden, die Tour Internationale Danubien, kurz TID genannt. Sie findet alljährlich statt mit Start in Ingolstadt Ende Juni. Ziel ist das Schwarze Meer, das Mitte September erreicht wird. Aufgeteilt ist die lange Strecke in mehrere Teilstücke, auf denen die Aktiven mitfahren können. Wer über die nötige Zeit verfügt, kann natürlich auch vom Start bis ins Ziel komplett teilnehmen, was einer Gesamtstrecke von rund 2.500 Kilometern entspricht.

Wanderrudern heißt also, sich Land und Leuten aus einer anderen Perspektive vom Wasser aus zu nähern. Man kann das natürlich auch durch die inzwischen immer populärer werdenden Kreuzfahrten mit riesigen Luxuslinern über alle Weltmeere erleben. Abgesehen von Umweltfragen schwören viele Aktive im Rudersport auf ihre Variante mit dem Wanderrudern. Intensiver, näher an der Natur und oft ursprünglicher und abenteuerlich ist es auf diese Art in jedem Fall.

13. KAPITEL

UND SONST NOCH

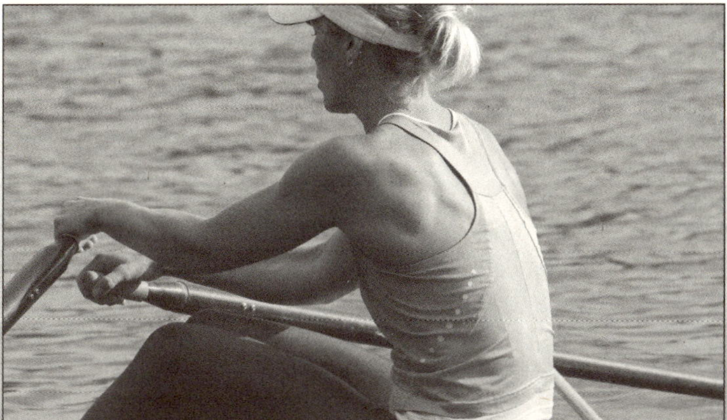

108. GRUND

Weil Rudern einen Beitrag zur Wissenschaft leistet

Zum Abschluss dieses Buches nun noch ein paar Gründe, die alle vorherigen Betrachtungen und Gründe ein wenig abrunden sollen und die für uns Ruderer genauso wichtig sind wie Medaillen, Titel und Fahrtenleistungen.

Den Anfang macht die akademische Wissenschaft rund ums Rudern. Sie spielt vor allem im Leistungssport eine inzwischen unverzichtbare Rolle. In der Ära Karl Adam hielten erstmals auf breiter Basis medizinische und physiologische Untersuchung der Sportler Einzug in die Trainingskonzepte. Der Aufschwung der damaligen Ostblock-Verbände war einer der Auslöser dafür, hier stellten die Trainer unter der Anleitung der an den dortigen Sporthochschulen tätigen Wissenschaftler großformatig Trainingsdaten und Vergleichswerte zusammen, aus denen dann entsprechende Schlüsse für bessere Ergebnisse gezogen werden konnten. Es dauerte nicht lange, bis sich die Sportfakultäten in anderen Nationen ebenfalls um diese Faktoren kümmerten. Und auch wenn nach heutigen Erkenntnissen das Thema Doping in diesem Umfeld vor allem in der Öffentlichkeit immer wieder hochkocht, war dieser Bereich nur einer von vielen unter einer Fülle von seriösen Arbeiten in den Sportwissenschaften.

Ein viel diskutiertes und in zahlreichen Veröffentlichungen der späten 1970er- und 80er-Jahre im bundesdeutschen Rudersport behandeltes Thema war die Biomechanik. Hier wurde jede einzelne Phase des Ruderschlages und der damit zusammenhängenden Körperbewegung bis in den letzten Millimeter analysiert. Die optimale Übertragung der aufgewendeten Körperkraft auf das Ruderblatt und damit auf den Vortrieb des Bootes hieß hier das Ziel. Als Auswirkung sah man immer mal wieder Aktive oder Mannschaften, die in manchmal ungewohnter Haltung im Boot saßen, sich besonders weit nach vorne beugten oder übertrieben auffällig nach hinten in die Rücklage begaben.

In den 1980er-Jahren kam es zu den ersten größeren Veranstaltungen, bei denen Sportwissenschaftler und Mediziner ihre Arbeiten vorstellten und auch offen zur Diskussion freigaben. Für die Trainer waren diese Informationen eine wichtige Basis für ihre Aus- und Weiterbildung. Über viele Jahre gehörten ab 1991 die Ruder-Symposien an der Universität in Konstanz zum Pflichttermin sowohl für Trainer, aber auch für viele andere in den Vereinen und Verbänden haupt- und ehrenamtliche Mitarbeiterinnen und Mitarbeiter. Das Themenspektrum erweiterte sich von der reinen Leistungssportwissenschaft aus auf Aspekte der Verbands- und Vereinsorganisation, der Technik von Booten und Material, der Verbesserung der Sicherheit auf dem Wasser bis hin zur effektiven Öffentlichkeitsarbeit. Protagonist der insgesamt fünf jeweils dreitägigen Symposien war Dr. Wolfgang Fritsch, selber erfolgreicher Leichtgewichtsruderer des Deutschen Ruderverbandes (DRV), dann Trainer u.a. in Deutschland und der Schweiz sowie Vorstandsmitglied im DRV für den Bereich Bildung und Wissenschaft. Er war als Dozent an der Sportfakultät der am Bodensee gelegenen Hochschule tätig und konnte so mit seinem Mitarbeiterteam über viele Jahre die organisatorischen Voraussetzungen für die mehreren Hundert Teilnehmerinnen und Teilnehmer auf die Beine stellen. Wolfgang Fritsch ist auch der Autor vieler Ruder-Fach- und Lehrbücher. Bis heute findet er gemeinsam mit Wegbegleitern immer wieder Themen aus der Ruder-Wissenschaft, die er dann allgemein verständlich in Artikeln und Büchern zu Papier bringt.

Die Form der Symposien wird weiterhin in unregelmäßigen Abständen vom DRV aufgegriffen, um aktuelle Fragen des Ruderns zu beleuchten. International bietet die FISA jährlich ihre Trainer-Konferenzen an mit Veranstaltungsorten in der ganzen Welt. Sie sind für die Coaches nicht nur eine willkommene Gelegenheit, sich abseits der Regattahektik mit Kolleginnen und Kollegen auszutauschen, sondern auch um erworbene Lizenzen und Zertifikate zu verlängern. So ist sichergestellt, dass die Aktiven möglichst nach den aktuellen Erfordernissen betreut werden, um körperliche und organisatorische Belastungen auf einem medizinisch und gesellschaftlich vertretbaren Niveau zu halten.

Die Sportwissenschaft ist heute in vielen anderen Disziplinen ein wesentlicher Bestandteil für Training und Wettkampf. Aber wohl zu Recht kann man heute behaupten, dass der Rudersport hier in vielen Dingen ein Wegbereiter war und mit seiner Offenheit in der Kommunikation dieser Themen ein Vorbild für viele andere Sportorganisationen ist.

109. GRUND

Weil Rudern ein attraktiver Sport für Frauen ist

Wenn ich mir beim Schreiben der letzten Beiträge für dieses Buch die bisher genannten Gründe noch mal anschaue, muss ich zugeben, dass der weibliche Aspekt des Ruderns vielleicht doch etwas zu kurz kommt. Ich bitte deshalb alle Leserinnen und die zahlreichen Ruderpartnerinnen, mit denen ich im Laufe der jetzt zurückliegenden rund 50 Jahre im Boot sitzen durfte, um Nachsicht. Die Anfänge unserer Sportart sind nun mal durch die »Watermen« in England männlich geprägt. Und auch wenn die Damen vor allem im 20. Jahrhundert immer zahlreicher Zugang zu den Rudervereinen fanden, so war das nicht immer selbstverständlich. Noch heute gibt es einige wenige Traditions-Rudervereine, in denen als Aktive nur Männer aufgenommen werden. Doch meist waren die Damen in diesen Städten und Regionen nicht untätig, sondern bildeten eigene Vereine, die teilweise heute auf eine deutlich über hundertjährige Geschichte zurückblicken können.

Die Teilnahme an Wettkämpfen war den Frauen aber lange verwehrt. Sie übten sich im Stilrudern, was im Deutschen Ruderverband (DRV) bis zur Mitte der 1960er-Jahre als eigene Disziplin mit Deutschen Meisterschaften gepflegt wurde. Dabei wurden Punkte vergeben für eine nach damaligen Maßstäben möglichst korrekte und ästhetische Körperhaltung, die Ausführung des Ruderschlages und den Lauf des Bootes.

Doch längst drängten die Frauen in den Rennsport, nahmen regelmäßiges Training in Rennbooten auf und fuhren wie die Männer in Wettkämpfen und dann Regatten gegeneinander. In den bis dahin ausschließlich von Männern besetzten Vorstand des DRV fanden die Frauen ebenfalls mit einer Vertreterin für ihre Belange Aufnahme, und der Ausschuss »Frauenrudern« wurde zu einem sehr aktiven Gremium, das sich um viele Fragen im Rudern kümmerte.

Bis sich das Frauenrudern dann auch international bei Meisterschaften und Regatten als Rennklassen etablierte, vergingen noch einige Jahre. Erst 1976 bei den Olympischen Spielen von Montreal fuhren die Damen erstmals um Edelmetall, zuvor war ihnen das nur bei Europa- oder Weltmeisterschaften vergönnt. Heute sind Frauenrennen im Rudersport die Normalität, und gerade hat der Internationale Verband FISA eine quantitative Angleichung der Frauen- und Männerbootsklassen für seine Spitzenwettkämpfe verabschiedet.

In der Organisation des Sports sind die Frauen allerdings nach wie vor in der Minderheit, was immer wieder zu Diskussionen und Forderungen nach Quoten führt. Das beschränkt sich nicht nur auf die Vorstände großer Wirtschaftsunternehmen, sondern ist – und wird es wohl auch noch länger bleiben – ein Dauerthema vieler Kongresse und Tagungen. Immerhin hat die FISA gerade in den letzten Jahren hier eine Vorreiterrolle gespielt, im 23-köpfigen erweiterten Vorstandsgremium, dem Council, sind acht Frauen in leitenden Positionen dabei. Das ist gemessen an anderen Verbänden und Organisationen schon eine überproportionale Quote. Grob geschätzt sind etwa 25–30 Prozent der Mitglieder in den deutschen Rudervereinen Frauen, von denen inzwischen auch viele ihre Clubs als Vorsitzende erfolgreich führen.

Ob es nun die anspruchsvolle sportliche Betätigung im Ruderboot ist oder das vielfältige weit über den Sport hinausgehende Angebot der Rudervereine die Damen anlockt, sei dahingestellt. Vermutlich spielt beides eine Rolle. Eines aber ist klar: Ohne die Frauen im Rudern wäre unsere Sportart um vieles ärmer.

110. GRUND

Weil beim Rudern Familien gegründet werden

Es sollen hier keine philosophischen Betrachtungen angestellt werden, aber es dürfte seine Gründe haben, warum in Rudervereinen immer wieder Paare zueinander finden und dann auch irgendwann im Bootshaus große Hochzeitsfeste gefeiert werden. Im Kreise meiner Ruderfreunde gibt es zahlreiche Beispiele dafür, was natürlich nicht unbedingt repräsentativ ist. Aber auch wenn keine Statistiken darüber geführt werden, ist dieser Umstand nicht von der Hand zu weisen.

Faktoren dafür mögen sich aus der Besonderheit der Sportart und deren Infrastruktur ergeben. Sieht man mal vom Hochleistungssport ab, dann sind Mixed-Mannschaften heute bereits bei vielen Regatten zu finden. Eigens für sie sind Rennklassen ausgeschrieben, sogar bei den Deutschen Sprintmeisterschaften sind diese zu finden. In anderen Sportarten gibt es solche Teams oder Staffeln natürlich auch, aber oft starten da die Geschlechter getrennt voneinander. Im Rudern sitzen alle im selben Boot, rudern im gleichen Takt und feiern nachher dann auch die gemeinsam errungenen Erfolge. Gut möglich, dass dann hier der eine oder andere emotionale Funke überspringt.

Noch viel intensiver ist das im Breitensport und dabei gerade auf den längeren Fahrten. Da entdeckt man schnell Gemeinsamkeiten, die über den Sport hinausgehen und die dann in eine längere Partnerschaft münden.

Die Kultur der großen Vereinsfeste und Feiern wurde ja schon an anderer Stelle erwähnt. Nicht selten gehören Geselligkeit und Tanz dazu, auch das sicher ein Nährboden zum Kennenlernen. Und da das Bootshaus nicht nur bei Festen, sondern auch bei anderer Freizeitgestaltung ein Anlaufpunkt ist, sind die Gelegenheiten zum Treffen zahlreich gegeben.

Wie auch immer, der Verein als seriöser »Ehestifter« ist im Rudern nicht selten. Und wenn dann der sich vielleicht später einstellende Nachwuchs für diesen Sport auch Sympathien entwickelt, ist die Fortsetzung des nun schon seit Generationen nachzuweisenden Fakts wohl auch zukünftig abzusehen. Ich spreche da aus eigener Erfahrung.

111. GRUND

Weil in diesem Buch 111 Gründe, aber noch längst nicht alle genannt sind

Wir sind beim letzten Grund in diesem Buch angekommen. Und wenn ich jetzt so auf die vielen genannten Argumente blicke, die für meine Liebe zu diesem Sport stehen, dann muss ich schon jetzt feststellen, dass wohl längst noch nicht alle aufgeführt wurden. Das liegt natürlich an der Sportart selber, die sowohl mit ihren leistungssportlichen Aspekten wie auch den Aktivitäten im Freizeit- und Hobbybereich für alle Aktiven bei jeder Ausfahrt und damit – wenn man so will – quasi täglich neue Erlebnisse und Eindrücke vermittelt. Ich höre schon jetzt meine vielen Ruderfreundinnen und -freunde sagen: »Na das hätte er aber auch noch erwähnen können. – Da hat er aber eine Menge nicht berücksichtigt. – Da hätten wir noch viele ganz andere Erlebnisse und Fakten beitragen können, die gar nicht auf den zurückliegenden Seiten vorgekommen sind.« Dieser »Kritik« kann ich mich aber problemlos stellen, denn mit der

Mischung zwischen Historie, Ergebnissen, Großereignissen, Persönlichkeiten, eigenen Erlebnissen und der Betrachtung von breitensportlichen Aktivitäten und noch einigen anderen Gründen mehr soll natürlich ein Interesse bei jenen Leserinnen und Lesern geweckt werden, die bisher nicht so viel über unsere Sportart wussten. Für eine tiefer gehende Befassung mit einzelnen Facetten des Rudersports, die vielleicht auch dann den Experten genügen würde und in der alle Protagonisten dieser Sportart sich wiederfinden, reicht der hier verfügbare Platz nicht aus. Aber wer weiß, vielleicht bieten sich ja noch kleine Fortsetzungen in weiteren Auflagen.

QUELLEN

https://de.wikipedia.org/wiki/Anton_Rom – Grund 6

https://de.wikipedia.org/wiki/Stonehenge – Grund 13

»Hundert Jahre Deutscher Ruderverband« – Festschrift von 1983, Autor: Horst Ueberhorst, erschienen im Albrecht-Philler-Verlag – Grund 14, 15, 16, 17, 47, 48, 49

»The Story of World Rowing«, 1992, Autor: Christopher Dodd, Verlag: Stanley Paul & Co. Ltd. – Grund 15, 16, 18, 43

Fédération Internationale des Sociétés d'Aviron (FISA), Statuts, Ausgabe 1980 – Grund 18

FISA, Rule Book, Ausgabe Februar 2017 – Grund 18

»Der Rudersport im Spiegel der Olympischen Spiele 1896– 2004«, 2005, Autor: Detlef Rentel, Verlag Karl Maria Laufen, Oberhausen – Grund 21, 23, 24, 25, 26, 28, 29, 30

https://de.wikipedia.org/wiki/Liste_von_Regattastrecken – Grund 23

https://en.wikipedia.org/wiki/Peter-Michael_Kolbe – Grund 26

»Rudern – Das Lehrbuch der Erfolgstrainer« – Sportverlag Berlin, Autorenkollektiv unter der Leitung von Prof. Dr. Theodor Körner und Dr. Peter Schwanitz – Grund 28

https://de.wikipedia.org/wiki/Gregory_Searle – Grund 31

https://de.wikipedia.org/wiki/Asterix_bei_den_Briten_(Comic) – Grund 32

http://theboatraces.org/ – Gründe 33, 34

https://de.wikipedia.org/wiki/Gaudeamus_igitur – Grund 33

http://www.riversidestudios.co.uk/history.html – Grund 33

http://www.doddsworld.org/Doddsworld.org/Books_-_Boat_Race.html – Grund 34

http://www.horr.co.uk/ – Grund 36

http://www.rrm.co.uk/ – Grund 37

https://de.wikipedia.org/wiki/Steven_Redgrave – Grund 38

https://de.wikipedia.org/wiki/Matthew_Pinsent – Grund 38

https://de.wikipedia.org/wiki/Katherine_Grainger – Grund 38

https://de.wikipedia.org/wiki/Albert_II._(Monaco) – Grund 39

https://de.wikipedia.org/wiki/Grace_Kelly – Grund 39

https://de.wikipedia.org/wiki/John_B._Kelly_senior – Grund 39

http://www.worldrowing.com/ – Grund 41

https://de.wikipedia.org/wiki/James_Cracknell – Grund 42

https://de.wikipedia.org/wiki/Tyler_Winklevoss – Grund 46

https://de.wikipedia.org/wiki/Karl_Adam_(Rudertrainer) – Grund 47

https://www.sport-scholarships.com/de/rudernstipendienusa – Grund 68

http://www.concept2.de/company/concept2-ueber-uns/unternehmensgeschichte – Grund 78

https://en.wikipedia.org/wiki/Tour_du_Lac – Grund 89

https://de.wikipedia.org/wiki/Pierre-Auguste_Renoir – Grund 96

https://de.wikipedia.org/wiki/Thomas_Eakins – Grund 96

https://en.wikipedia.org/wiki/J%C3%BCri_Jaanson – Grund 98

http://www.rudern-gegen-krebs.de/index.htm – Grund 99

http://www.tour-international-danubien.org/ – Grund 107

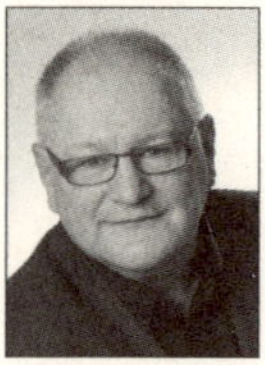

ARNO BOES, geboren 1956, kam mit zwölf Jahren durch die Schule zum Rudern. Da ihm die Statur für den Leistungssport fehlte, begann er schon wenig später, mit ersten Artikeln für die Lokalpresse über seinen Verein und den Sport zu schreiben. Heute ist er als freier Journalist und Moderator tätig und hat u.a. von sieben Olympischen Spielen und vielen Weltmeisterschaften über den Rudersport berichtet.

Arno Boes
111 GRÜNDE, DAS RUDERN ZU LIEBEN
Rückwärts voraus – von Olympiamedaillen und Freizeitspaß
Eine Liebeserklärung an die großartigste Sportart der Welt

ISBN 978-3-942665-58-2
 | Abbildungen im Innenteil: S.11: © diego_torres/pixabay.de; S.37: © everett225/depositphotos.de; S.59: © Detlev Seyb/meinruderbild.de; S.97: © Corepics/depositphotos.de; S.119: © Free-Photos/pixabay.de; S.143: © MabelAmber/pixabay.de; S.175: © giovannicaito2/depositphotos.de; S.187: © bluelightpictures/pixabay.de; S.213: ml12nan/depositphotos.de; S.225: © FS-Stock/depositphotos.de; S.243: © StockSnap/pixabay.de; S.263: © kahern/pixabay.de; S.279: © antony84/depositphotos.de; Vektorgrafiken © bokica/depositphotos.de; © sbojanovic/depositphotos.de | Autorenfoto © Tanja Böhm | Cover-Rückseite: © StockSnap/pixabay.de | Titelbild: Deutschland-Achter 2017. Er gewann in dieser Besetzung den Europameistertitel am 28. Mai in Racice (CZE) und dann den Weltmeistertitel am 1. Oktober 2017 in Sarasota/Florida (USA). Auf dem Bild v.l.n.r: Bugmann Johannes Weissenfeld, Felix Wimberger, Maximilian Planer, Torben Johannesen, Jakob Schneider, Malte Jakschik, Richard Schmidt, Schlagmann Hannes Ocik und Steuermann Martin Sauer. Foto © Detlev Seyb, meinruderbild.de in Florida bei der WM.

VERLAG
Schwarzkopf & Schwarzkopf Media GmbH
Kastanienallee 32, 10435 Berlin
Telefon: 030 – 44 33 63 00 | Fax: 030 – 44 33 63 044

INTERNET | E-MAIL
www.schwarzkopf-schwarzkopf.de
www.facebook.com/schwarzkopfverlag
info@schwarzkopf-schwarzkopf.de